アフリカの老人

老いの制度と力をめぐる民族誌

田川　玄・慶田勝彦・花渕馨也［編］

九州大学出版会

明るくポーズを取る，40 人の妻を持つ男性の第 6 夫人
(ケニア・ルオ)

1. ツィミヘティ／マダガスカル　2. ギリアマ／ケニア　3. ボラナ／エチオピア
4. サンブル／ケニア　5. ンデベレ／南アフリカ　6. コモロ／コモロ
7. アリ／エチオピア　8. バンナ／エチオピア　9. ルオ／ケニア

[民族名／国名]

（写真2，写真20は野中元氏撮影，それ以外は執筆者撮影）

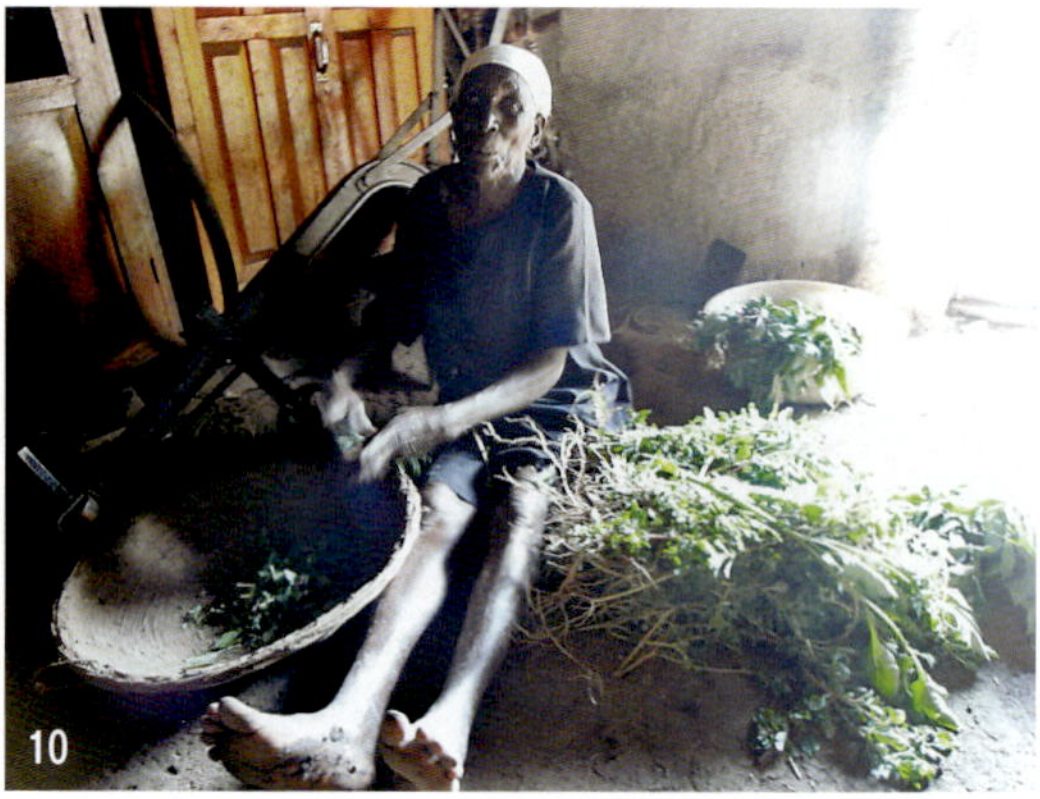

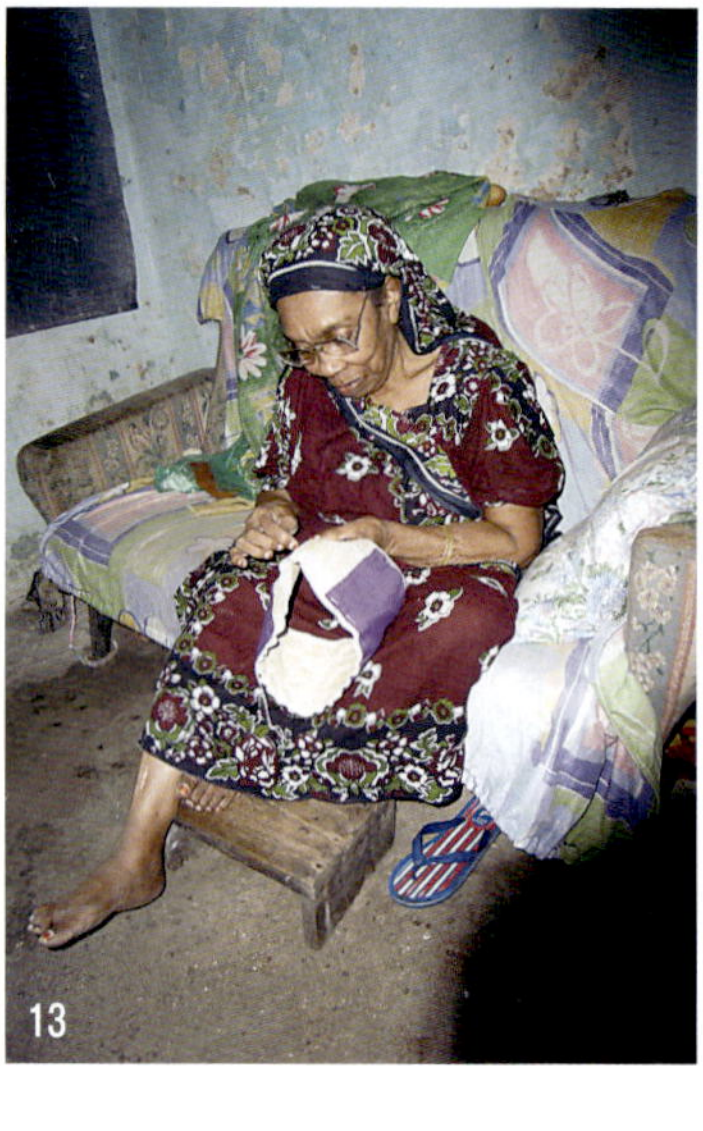

10. 「ワカナ，今夜食べていくだろう？」とおかずの野菜を準備するおばあさん（ルオ）
11. 一族の先祖を祀る場所でヒツジを供儀する長老（バンナ）
12. 赤ん坊の孫に思わず笑顔のおじいさん（ボラナ）
13. 孫のイスラーム帽に刺繍するおばあさん（コモロ）
14. 民族大会議で役職者の演説に耳を傾ける長老（ボラナ）

16

15

18

17

15. 大結婚式でのワゼー（長老）の集まり（コモロ）
16. ワンピースとそろいの布を頭に巻いてお洒落したおばあさん（ンデベレ）
17. ウシに食べさせるエンセーテの葉を刈り取ってきたおじいさん（アリ）
18. 自分で建てた小さな小屋の脇に立つおばあさん（サンブル）

19. ルオ村落には年齢差のある夫婦は多いが，子どもも多い（ルオ）
20. キオスクで買い物をするカヤの長老（ギリアマ）
21. 稲刈りの合間にくつろぐ嫁と義姉（ツィミヘティ）

目次

モロッコ
チュニジア
西サハラ
アルジェリア
リビア
エジプト
モーリタニア
マリ
ニジェール
チャド
スーダン
セネガル
ガンビア
ギニア=ビサウ
ギニア
ブルキナファソ
ナイジェリア
エリトリア
ジブチ
ソマリア
シエラレオネ
コートジボアール
リベリア
ガーナ
トーゴ
ベナン
カメルーン
中央アフリカ共和国
南スーダン
エチオピア
赤道ギニア
ガボン
コンゴ共和国
コンゴ民主共和国
ルワンダ
ウガンダ
ケニア
ブルンジ
タンザニア
コモロ
アンゴラ
ザンビア
マラウイ
モザンビーク
ジンバブエ
ナミビア
ボツワナ
スワジランド
マダガスカル
南アフリカ
レソト

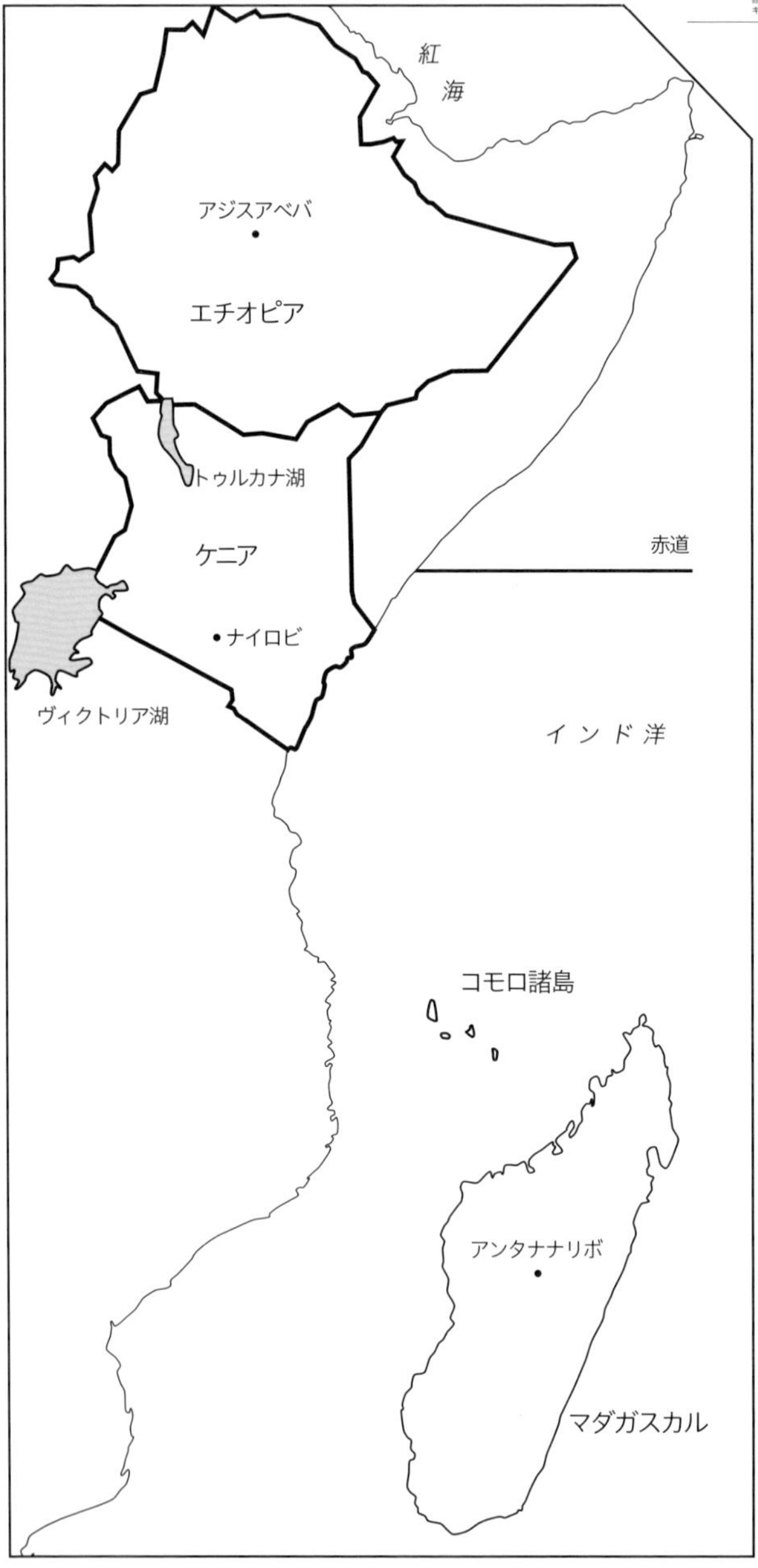
紅海
アジスアベバ
エチオピア
トゥルカナ湖
ケニア
赤道
ナイロビ
ヴィクトリア湖
インド洋
コモロ諸島
アンタナナリボ
マダガスカル

序 章

アフリカで老いること，
日本で老いること

田川 玄

1 高齢者大国の日本の老い

ホラ・ブラ（豊かでありますように、長生きしますように）。

この言葉は、南部エチオピアの牧畜民社会ボラナで人びとがしばしば発する祝福の言葉である。ボラナでは、お祝い事ではもちろんのこと、揉め事や心配事を抱えた人に対して、状況がよくなることを願って「ホラ・ブラ」と言葉をかける。ボラナにとって豊かさと長生きは、あるべき幸せの姿なのである。

世界第三位の経済大国であり、かつ世界第一位の長寿大国である日本は、ボラナの人びとが希う祝福の言葉を体現している。しかし、日本社会は世界一の長寿について手放しで喜んでいるわけではないように見える。二〇一五年七月三一日付けで新聞各紙は、二〇一四年の日本人の平均寿命は女性が八六・八三歳、男性が八〇・五〇歳で過去最高となり、女性は三年連続世界一、男性は前年の四位から三位に上がったという厚生労働省の調査結果を伝えた。ところが、世界一の長寿国であることが分かったにもかかわらず、新聞記事のほとんどが単に調査結果を伝える程度であった。世界一であるのだが一面トップで伝えるわけでなく、お祝いムードが見られないのはなぜであろう。

現代の日本では、老人は六五歳以上を示す「高齢者」と言われるようになったが、この言葉はしばしば「高齢者問題」というように「問題」という言葉を付されて、否定的意味合いで使われる傾向にある。二〇〇八年には、厚生労働省の医療制度の改変によって七五歳以上の人びとを指す「後期高齢者」なる用語が登場し、それに当てはまる人びとは「とうとう後期高齢者になった」と嘆息交じりにあるいは自嘲気味に語るようになっている。背景には、少子高齢という人口構造の変化がもたらす介護、年金、医療などの社会保障費の増大が深刻な政治経済的問題として議論されている現実がある。現代日本社会は高齢者となった老人たちを、やすやすとは祝福してくれない。

祝福される高齢者となるにはどうしたらよいというのだろうか。

「ピンピンコロリ」という言葉がある。長野県から発せられPPKと略されるこの言葉は「生きているうちは元気に暮らし、患うことなくころりと死にたいという願い」であり、多くの老人が望む死のあり様となっている。この言葉が流行るのは、実際には「ピン」と「コロリ」の間が長引くという事実があるからだ。二〇一五年七月三一日の平均寿命世界一の記事でもっとも紙面を割いていたのは日本経済新聞であったが、公衆衛生学者のコメントとして、自立して生活できることを指す「健康寿命」に言及していた。現実には「ピン」と「コロリ」のあいだに一〇歳の隔たりがあるそうだ。PPKは、その軽妙な語感に反して現代日本において老いることの困難さを示している。

近代になり公衆衛生や医療の発達によって、人間は死を遠ざけ平均寿命は伸びていった。しかし、一方で医学的な老年学は高齢者の様々な健康問題を明らかにし、老いは病気や障害と結びつけられるようになった［安川2002］。病いや障害としての老いの新たな発見は、それを受け入れるのではなく逃れるための振る舞いに人びとを追い立てる。こうした老いの否定性の身近な事例としては、女性に対する「年齢に負けない」、男性に対する「一生現役」などといった宣伝文句のアンチエイジングのサプリメント、ぼけ防止のための頭脳トレーニングなど枚挙にいとまがない。しかし、老いは長く生きていれば誰しも経験することになる当たり前の過程である。アンチエイジングで掲げられるような「一生現役」という目標は、皮肉を言えば生殖が終わればすぐに死んでしまう生物への「退化」であり、衰えながらも長く生きるという人類進化の結果として手に入れた老年期の否定である。

2 人類学と老い

人類進化史の観点から見ると、進化の結果として寿命が延びたことが明らかになっている。四〇〇万から一〇〇万年前のアウストラロピテクスを含む猿人では、もっとも長生きしても三五歳から五〇歳程度であったが、四万年ほど前に出現した現生人類では七〇歳から一二〇歳まで生きることが可能となった［森 2007］。人類進化において、身体と脳の発達と寿命の伸長は相関関係があることが示唆されるという［森 2007］。

類人猿と比較しても、チンパンジーなどのヒトに近い類人猿の標準的な寿命が五〇歳代であるのに対して、ヒトは標準的な想定では八五歳まで生きるが、加えて、ヒトの女性は閉経後も極めて長く生き続ける［スプレイグ 2007］。こうした閉経後の長い生存期間について、ヒトは長寿に合わせて閉経を遅らせて出産年齢を延ばすのではなく、閉経後に祖母として孫の育児を助けることによって繁殖成功率を高めたのではないかという「おばあさん仮説」が提示されている［スプレイグ 2007］。つまり、ヒトは進化の過程において、相互に助け合う複雑な社会構造を作り出し、そのなかで老人が社会的に貢献する重要な役割を担うようになったのだと考えられている［スプレイグ 2007］。

霊長類学者の伊谷純一郎は、年老いたオスのニホンザルの観察にもとづいて次のように述べる［伊谷 1986：126–127］。

老境とは進化の所産であり、もっとも人間らしいヒトの属性の一つに老齢者をあげてよいということである。種の成員としての生物学的な完成のあと、社会はさらに種社会の一員としての完成を個に要求する。したがって、真に老境の価値を支えるのはやはり社会だということになる。

老人の存在とは人を人たらしめている普遍的な特性である。そうであれば、老いを否定することは人間性をも否定することになりかねない。その老いは社会によって多様に意味づけられる。したがって、人類の普遍性と文化の多様性にまたがる老いという事象は、文化人類学の格好のテーマである。

しかし、文化人類学が老いを研究の対象としたのは、政治や宗教などの他のテーマと比べると比較的新しい。アメリカにおいて、通文化的な比較研究が一九四〇年代半ばにはじまったが、アメリカ社会における老人コミュニティ調査を含む研究成果が数多く発表されるようになったのは一九八〇年代前後であった。日本では片多順が老年人類学のパイオニアであり、その後、中産階級のヨーロッパ系アメリカ人高齢者を対象にした藤田真理子の研究[1999]や青柳まちこによる論集『老いの人類学』[2004]が登場する。[1]

片多[1981]は、老人研究と関連する文化人類学の研究テーマとして、「長老制社会」「年齢階梯と年齢組」「祖先崇拝」「通過儀礼」「親族関係」(忌避関係と冗談関係)を挙げている。これらのテーマはアフリカの古典的な民族誌的研究で数多く扱われてきたが、必ずしも老人に焦点を当てていたわけではなかった。そのなかでイギリスの人類学者であるポール・スペンサーは、東アフリカの牧畜民サンブル社会の年齢の社会制度の分析から「長老政治」という概念を提示し、権力をもつ長老の姿を描いている[Spencer 1965]。さらに、ポール・スペンサーの関心を引き継いだマリオ・アギュラは、植民地支配や社会変容という観点を織り込みアフリカ社会の老人を対象にした二冊の比較民族誌を編集している[Aguilar 1998, 2007]。

一方、社会老年学的なアプローチでは、アフリカは社会保障が未整備であるため、貨幣経済の拡大、都市化や家族の小規模化、若者の賃労働の就労などの近代化によって、老人の社会的地位が全体的に低下するだけでなく、親族を基盤として従来行われてきた老人への支援が衰えるという「近代化論」に沿った調査が行われてきた[Aboderin and Ferreira 2009]。こうした研究は、近代産業社会の高齢者研究にかつて見られた視点と同様に、公的領域から離脱した非生産的で社会的な弱者として高齢者を捉え、その支援の問題に焦点を当ててきた。しかし、アフリカ社会には、ローカルな社会制度があり人びとはそのなかで老人となる。近代産業社会の老人問題を前提として、アフリカの老人を記述することは適切ではなく、近年では、こうしたアプローチへの批判としてローカルなコンテクストを重視することが主張されはじめている[Aboderin and Ferreira 2009][2]。

このように欧米の文化人類学や社会老年学において、アフリカの老人への関心が徐々に高まり研究成果や民族誌が発表されてきたが、日本においては、アフリカの老人研究はこれまでほとんど進んでおらず、民族誌において主題化されることもなかった。そこで、本書では文化人類学者たちがアフリカでの長年にわたるフィールドワークにもとづいて、「伝統的な知恵者」というような本質主義的な老人像ではなく、当該社会のコンテクストのなかで現在のアフリカ老人の世界を示していく。

3 アフリカにおける〈老いの力〉

生物学的に見ると人の一生とは、受胎から始まり出産（出生）、そして身体的な成長と老化を経て心臓や脳の停止、さらに物質的な身体の消滅という連続したプロセスである。人間社会は、本来は連続している自然のプロセスを通過儀礼によって区切り、人生を形あるものとして作り出した。つまり、子ども、大人、老人といった存在は、社会が構築したカテゴリーである。そうであれば、社会によって子どもや老人といったカテゴリーの基準も異なり、そこに与えられる意味も様々である。

現代日本では、一人ひとりが出生年月日を持ち、それは個人に生まれながらに備わった本質的な属性であるかのように扱われる。このため、親子であろうが夫婦であろうが、誕生日を忘れずにいることは、相手を大切に思っているということの証しとされる。しかし、アフリカ社会では、必ずしも一年ごとに年齢を数えるとは限らない。例えば、数年にいちど行われる成人儀礼（イニシエーション）に参加した少年たちは互いを同年輩者として認識するようになり、自分たちよりも前に成人儀礼を受けたものたちは年長者、自分たちよりも後に受けたものたちは年少者となる。つまり、アフリカ社会においては、個人の属性としての年齢よりも、年長・同年輩・年少といった相対的な関係が重要なのである。

人生のプロセスは、世代関係として捉えることもできる。そもそもすべての人は誰かの子どもとして生まれるが、身体的な成長を経てやがて結婚し今度は自分の子どもを持ち、さらには孫を得るに至るかもしれない。現代日本では、法的には誰しも二〇歳になれば成人として扱われ社会への責任を持つが、多くのアフリカ社会では二〇歳になろうが独身であれば彼／彼女は半人前であり、結婚し子どもを持つことによってようやく一人前となる。さらに、孫を持つようになれば尊敬されるべき立派な老人である。

したがって、老いることが身体的精神的な衰えに結びつけられることはあるが、すべて否定的に捉えられることはない。むしろ、老いることは社会的な知識や能力、権威の獲得のプロセスであり、老人とは誰もが自然になるものではなく、人生において達成しなくてはならない社会的な地位である。

また、人びとは祖先から現在までの系譜を、しばしば「枝分かれ」というように木の枝葉のメタファーで語る。これは、年長であるということが多くの人びとと結びつくということを意味する。この結びつきは系譜的な関係に限定されず、それどころか同じ年齢という同質性によって特定の社会を越える。このため、ときとして老人は隣接社会との紛争調停において重要な役割を果たす。つまり、「老いる」とは社会的に時間的深度と空間的広がりを持つことなのである。

本書では、老いることによって獲得され、老人であるからこそ社会に及ぼすことのできる何がしかの力を〈老いの力〉と呼ぶことにする。

アフリカにおける〈老いの力〉の源泉の一つは、老人の政治的地位や経済的優位を保障する制度にある。社会によっては、長老階梯という年齢のステージや親族集団における年長者という地位には政治的経済的な特権が与えられる。また、〈老いの力〉のもう一つの源泉は、老人の宗教儀礼的な知識と力に由来している。祖先にもっとも近い存在であること、親族集団の祖先祭祀や慣習に通じていることから、老人は年少者に対して優位に立つ。また、老人は祝福と呪詛といった神秘的な力を持つとされることも多い。祝福とは特定のだれかや社会全体にプラスの状態を祈願する行為であり、呪詛とはその反対にマイナスの状態となることを願う行為である。

ただし、〈老いの力〉を、人びとが老人を敬う単なる動機づけとして捉えてはならないだろう。というのも、筆者は調査地に限らず多くの場所で人びとが自然に老人を敬う行為を目にすることが多いが、こうした行為は「一つの世界の中で育つことによって身に付けられた自然な所作」、「外部の観察者によっては対象化不可能な所与性を持った一つの傾向性（ハビトゥス）」であるからだ［浜本 1995］。重要なのは、老人を敬うというような当たり前の観念や行為が、〈老いの力〉とどのように関係して維持されているのか、あるいは変化するのかを検討をすることである。

このように〈老いの力〉の息づくアフリカ社会を知ることは、私たちの社会において与えられる老いの否定性を相対化し、老いることの可能性を広げることにつながる。また、人間の普遍的な現象である老いがどのように作り出され意味づけられてきたのか、人間社会の本質を考えるヒントを与えるであろう。

4 本書で何が語られるか

本書は、八つの章と三つのコラムから構成されたアフリカ社会の老人の比較民族誌である。

第1章は、老人の居眠りのエピソードからはじまる。七〇代後半にさしかかった阿部は若かりし頃のフィールドワークを思い起こし、その当時はあまり気に留めていなかった老人たちの行為を理解する。人類学者自身が老いることによってこそ、理解できることがあるのだ。そのうえで、人類学の古典的なテーマでありながらもアフリカ社会の老いを理解するうえで欠くことのできない、冗談関係と忌避関係、祝福と呪詛、年齢体系が、現代社会はもとより人類社会の未来を想像するために必要な示唆が含まれることを示す。また、この章は人類学者自身が老いることによって手に入れる視点が、人類学の方法に再考を促すものにもなりうることを指摘する。

第1章は本書を読むうえでの指針である。続く第2章と第3章では、主に冗談関係、祝福と呪詛という側面から〈老いの力〉について焦点を当てている。

第2章で、慶田は老人相貌論を展開し、老人や高齢者のどの「相貌」を捉えるのかによって当該社会にとって老いの問題が異なってくることを示す。この章で取り上げられるケニア海岸部のギリアマ社会では、呪詛や妖術によって周囲の人びとをマイナスの状態に陥れる負の〈老いの力〉が現れる一方で、それが「孫と祖父母」に代表される冗談関係の笑いによって、老いの正の側面へと復することを示す。慶田の章で思い出されるのが赤瀬川原平の「老人力」である［1998］。六〇歳に差し掛かった赤瀬川は、自分自身の物忘れなどの老いることによる精神的身体的な衰えを「老人力が増した」と諧謔的に言い換えたが、この諧謔はギリアマの笑いとしての〈老いの力〉にも一脈通じるところがある。

同じく慶田のコラムは、彼の担当した第2章の補足的な相貌論である。老いることによって生じる白髪頭という身体的な特徴が、副次的に妖術の疑いを老人に与えていることを明らかにする。

第3章で、深澤はマダガスカルにおける〈老いの力〉について日常と儀礼というふたつの文脈から詳細に描き出す。マダガスカルでは〈老いの力〉は祝福と呪詛というふたつに現れるが、必ずしも老人すべてにそれらの力が認められるわけではない。祝福については、「子どもや孫を得て老齢になるまで生きてきたそのこと自体が、神や祖先が与える抽象的な〈祝福〉の具現」であるというように、等しく老いに備わった力であるが、呪詛については常にその正当性が問われる。

アフリカには年齢体系を高度に発達させた社会が見られる。年齢体系とは、加齢という連続するプロセスを意味のある形に切り分ける制度である。この制度によって人間は人生を形あるものして経験することが可能になる。第4章、第5章、第6章はこの年齢体系と関係する〈老いの力〉を扱う。

アフリカ社会に限らず老人になることとは、単に年をとることだけではなく世代関係のなかで地位が上昇するということである。年齢体系は個人の老いを規定するだけでなく、世代関係を作り出す。前章では深澤が特定の老人が祖先との媒介者として祝福を与える役割を持つことを示したが、第4章では田川は南部エチオピアの牧畜民ボラナ社会の年齢体系を取り上げ、男性すべてが老人階梯を終えることにより新たな世代が生成すること、祝福の〈老いの力〉が社会を再生産することに結びついていることを示す。

第4章を含め、多くの年齢体系の民族誌は華やかにライフステージを上っていく男性を扱ってきたが、女性についての記述は少ない。第5章の中村が描くケニアの「男性中心主義」と言われる牧畜民サンブル社会では、男性は結婚すると戦士階梯から長老階梯に入り権威と権力を持つようになる。このような社会では年長の男性が社会の表舞台で活躍するが、女性の活動はその陰に隠れて見えにくい。中村は、見えにくいがゆえに可能となっている女性の主体的な人生のあり方、特に閉経後の女性の活躍を明らかにする。

現代日本社会では（最近は男性に対しても指摘されているとはいえ）女性の四、五〇歳代以降の身体的心理的に不安定な状態は「更年期障害」と名づけられ、医療によって治療しなくてはならない「病い」となった。医療は一元的に身体を扱うが、女性が特定の社会のなかで経験する閉経は文化的に様々な意味が与えられている。アフリカ社会では閉経後の女性に儀礼的社会的な役割が与えられることが報告されており、すべての女性が経験することになる閉経は、老いの文化的な多様性を考えるうえで重要なトピックとなるだろう。

年齢体系の研究が明らかにしてきたことは、「老いる」ことは誰しもが辿るプロセスであるが、一方で「老人」の地位は能動的に獲得しなくてはならないということである。このため年齢体系は誰しも老いるという平等性と、個々の能力によって達成される地位という競争性のふたつの極を揺れ動くが、さらにグローバル化による社会や経済の構造的変化がその揺れ動きに大きな影響をもたらしつつある。

第6章の花渕論文は、インド洋に浮かぶコモロ諸島のンガジジャ島の年齢階梯制度のなかで威信ある老人の地位に上昇するために男性たちが悪戦苦闘する姿を描く。興味深いのは、ローカルな年齢階梯制度における儀礼が、フランスへの出稼ぎというグローバルな経済行為と結びつき、老いの威信の競争が激化していることである。そのなかで〈老いの力〉を獲得することはますます難しくなっているが、威信ある老いへの希求はやむことはない。

老いることは年齢体系という制度によって形作られるだけではなく、親族関係のなかで多くの子孫を生み出し父系親族集団の高みに立つことでもある。

第7章で椎野は、ケニアの一夫多妻制社会のルオにおける男女の老いについて明らかにする。そのなかで両極にあるふたりの老人――ひとりは無数の妻と子どもを持つ有名カリスマ老人、もうひとりは盲目の独り身の老人――から、それぞれの老いを描き出している。カリスマ老人は、老いてもなお多くの若い妻と結婚しその妻たちは子どもを生み続け、一夫多妻の豊饒性を過剰なまでに極めた存在であるが、実はルオの慣習を無視することもしばしばであり、また近代という時代の波に乗った人物でもあった。一方、子孫のない独り身の老人は社会の周縁的な存在であるが、一夫多妻制のルオ社会が生み出す寡婦たちにとって慣習的なパートナーとして必要とされる存在となっている。ふたりはそれぞれ違う形ではあるが、老いてもなお男女の関係を取り結んでいた。

近年、老いは日本のような超高齢社会の社会問題に限定されず、多様な地域のテーマとなっている。二〇〇二年にマドリッドにおいて開催された第二回高齢者問題世界会議が採択した国際行動計画では、二一世紀前半に開発途上地域において急激な高齢化が起きると指摘され、開発と人口高齢化の問題が優先課題の一つとして取り上げられた［UN 2002］。国際医療分野では発展途上国を視野に入れた「地球規模の人口高齢化」（グローバル・エイジング）の問題が提起されている。アフリカでも、人口変動の予測から今世紀末には高齢化社会となることが指摘されており、国家制度が脆弱とされるアフリカは、グローバル・エイジングの観点からも老人のローカルな様態について明らかにすることが必要とされている。しかし、そのような人口シミュレーションとは関係なく、近年のグローバル化は、アフリカの老いに質的な変化を及ぼしているのかもしれない。高齢化されてはいないが、激しく変化するアフリカの社会状況は、グローバル・エイジングが質的にも量的にも決して均質に進むものではないことを示していよう。

第8章の増田論文は、来るべきアフリカの人口高齢化のメカニズムとその議論について明らかにする。そのうえで、本書で語られてきたアフリカの人びとの老いが、今後、社会保障や医療といった近代的国家制度とどのように関係していくのか、民族誌的アプローチの可能性を示す。

日本では、高齢社会の問題といえば介護と年金の問題である。日本とは異なった形でこれらの問題を扱っているのが、亀井と野口のコラムである。アフリカのほとんどの国では年金制度が十分に整備されておらず、年金について語られることは少ない。亀井のコラムでは年金制度が整備されている南アフリカ共和国において、年金をめぐり老女を取り巻く様々な困難が語られる。一方、高齢化していないアフリカの村落社会では、老人介護の問題は存在していないと考えられやすい。野口のコラムでは、エチオピア南西部の農耕民アリ社会における「寝たきり老人」の「介護」をめぐる手探りの状況が描かれる。

これまでの民族誌には、しばしばインフォーマントとして「長老」が登場してきたが、社会の描写のなかには老人の姿は明確には見えなかった。本書は、老人を主題化してアフリカ社会を描きなおす作業でもある。それはまた、現代日本社会における老いのあり方を相対化する一助になるであろう。

＊＊＊

本書は、日本学術振興会科学研究費助成事業・基盤研究B（海外学術）「グローバル化するアフリカにおける〈老いの力〉の生成と変容――宗教儀礼領域からの接近」（研究課題番号：24401041）として行われた海外調査と研究会での議論がもとになっている。その中間的な成果発表として、二〇一四年四月一九日に開催した第二三回日本ナイル・エチオピア学会学術大会の公開シンポジウム「アフリカから〈老いの力〉を学ぶ――老年文化の多様性」を開催した。このシンポジウムは、科研プロジェクトのメンバーである慶田、花渕、椎野、田川に、同じくアフリカの老人を対象にした科研プロジェクト「東アフリカにおける「早すぎる高齢化」とケアの多様性をめぐる学際的研究」(研究課題番号：25300048)の代表者である増田を加えて行われた。このとき、多くの出席者から出版を勧められて企画が立ち上がり、さらに新たに執筆者としてアフリカ地域の研究者であり本書のテーマに関心を持つ阿部、深澤、中村、亀井、野口に加わってもらった。九州大学出版会の永山俊二氏には「アフリカ」と「老人」というこれまでにない企画を快く引き受けていただき、その後の編集作業では様々にお世話になった。永山氏なくしては、本書は日の目を見ることはなかった。

最後に、読者にとっては、「アフリカ」と「老人」の結びつきは馴染みがないかもしれない。一方で、フィールドワークをしている多くの人類学者にとっては、老人は身近であるため主題化しにくい面もあるだろう。どちらにとっても、老いていくわたしたちという立場で読んでいただければ幸いである。

[付記] 本書の出版は、日本学術振興会科学研究費助成事業・基盤研究B(海外学術)「グローバル化するアフリカにおける〈老いの力〉の生成と変容——宗教儀礼領域からの接近」(研究課題番号：24401041)からの助成によるものである。

[注]

(1) 青柳の『老いの人類学』は沖縄やオーストラリアのアボリジニ、アメリカなど幅広い社会を扱った比較民族誌的な論集である。また、近年では、福井栄二郎のオセアニア・バヌアツの老人を対象にした論文[2008]や高橋絵里香のフィンランドの高齢者の民族誌などがある[2013]。

(2) 近年はアフリカにおけるＨＩＶ／ＡＩＤＳの影響、都市のスラムの老人、都市や海外への若い世代の移動による老人への影響などが注目されている[Aboderin and Ferreira 2009]。

［参考文献］

Aboderin, I. and M. Ferreira 2009 'African Region,' Palmore B.E., F. Whittington, and S. Kunkel (eds.) *The International Handbook on Aging : Current Research and Development* (Third Edition), ABC-CLIO.

Aguilar, M.I. (ed.) 1997 *The Politics of Age and Gerontocracy in Africa : Ethnographies of the Past & Memories of the Present*. Africa World Press.

——— 2007 *Rethinking Age in Africa : Colonial, Post-Colonial and Contemporary Interpretations of Cultural Representations*. Africa World Press.

Spencer, P. 1965 *Samburu : A Study of Gerontocracy*. Routledge

United Nations 2002 "Madrid International Plan of Action on Ageing, 2002," *Report of the 2nd World Assembly on Ageing*. (http://www.un.org./esa/socdev/ageing/madrid.intplanaction.html（2010年10月15日アクセス）.

青柳まちこ編著 2004『老いの人類学』世界思想社。

赤瀬川原平 1998『老人力』筑摩書房。

伊谷純一郎 1986「老い——生物と人間」伊東光晴・河合隼雄・副田義也・鶴見俊輔・日野原重明編『老いの人類史（老いの発見1）』岩波書店。

片多順 1981『老人と文化——老年人類学入門』垣内出版。

スプレイグ、デビッド 2007「祖母の役割——霊長類における老化と老齢期の意味」『エコソフィア』19、民族自然誌研究会。

高橋絵里香 2013『老いを歩む人びと——高齢者の日常からみた福祉国家フィンランドの民族誌』勁草書房。

浜本満 1995「ドゥルマ社会の老人——権威と呪詛」中内敏夫、長島信弘編『社会規範——タブーと褒賞』藤原書店。

福井栄二郎 2008「伝統を知らない老人たち」『国立民族学博物館報告』32（4）。

藤田真理子 1991『アメリカ人の老後と生きがい形成——高齢者の文化人類学的研究』大学教育出版。

森望 2007「寿命の進化史と遺伝子」『エコソフィア』19、民族自然誌研究会。

安川悦子 2002「現代エイジング研究の課題と展望——文献解題を手がかりに」安川悦子・竹島伸生 編『「高齢者神話」の打破——現代エイジング研究の射程』御茶の水書房。

第*1*章

老いの情景

祝福・呪詛・年齢集団

阿部年晴

1 アフリカの「老い」との対話

アフリカの老いについて考えていると、かつてフィールドワークで目にしたいくつかの情景が甦る。主として一九六〇年代後半の北ガーナと一九七〇年代から一九八〇年代にかけての西ケニアでのことである。

それらの情景からは、祝福、呪詛、年齢集団など、高齢化をめぐる昨今の日本での議論にはほとんど登場しない主題が浮かび上がってくる。それらはいかにも古くさく迷信じみたこと、いずれにしても現代の高齢者問題とは無縁のことと一蹴されるかもしれない。だが意外なことにそれらは、少子高齢化を文明の転機と積極的に捉えて、高齢者の新しいイメージ、生き方、社会的役割などを創りだそうとする者にさまざまな示唆を与えてくれる。現代文明は一元化と画一化を推し進めるので、私たちは、自分たちを客観的に見るための鏡、自分たちとは異なる生き方をする他者との対話、温故知新を必要としているのだ。

本章ではそれらの情景の中に分け入って、伝統的な制度や習俗と対話を交わしてみたい。論文ではなく問題提起のためのエッセーのつもりで書いてみよう。

2 居眠りする老人

西ケニア・ヴィクトリア湖畔のサバンナ、半農半牧のルオ社会の村。草ぶきの小屋の土壁にもたれて居眠りしている老人をよく見かけた。まだ若かった私は老人たちがただぼんやりと居眠りしていると思っていたのだが、そうではなかった（ぼんやり居眠りしているだけの老人もいたのであろうが）。

ある日、私が間借りしていた家の娘のボーイフレンドが訪ねてきた。老人（祖父）はいつものようにうつらうつらと居眠りしているように見えたのだが、若者が去ったあとで不満そうにつぶやいたのだ。「なんで長ズボンなんかはいてくるんだ、近頃の若い者は腿もないのに娘の尻を追う！」。かつて土着のレスリングに熱中する若者たちは腿の筋肉の発達具合で値踏みされた。意中の女性の実家を訪ねるときには、腿の筋肉を誇示する服装をしていたものだ。居眠りしているように見えた老人はじつは、訪ねてきた若者をそれとなく観察していたのだ。

居眠りといえば、村の会議のとき首長から少し離れた木陰で居眠りばかりしている老人が、問いかけられると目を開けて適確な意見を述べていたことも思いだす。

こういうこともあった。ある朝親しい老人が鶏を一羽抱えて道を急ぐのに出会った。どこに行くのか聞くと、孫の夜泣きがひどいので占ってもらいに行くところだという。老人は孫の夜泣きにいつもと違う何かを感じた。祖先の誰かの合図かもしれないので、占いで確かめることにしたのだ。家族に異変が生じたようなとき、それに気づいて占い師を訪ねるのは祖父の役目とされている。死者と生者の好ましい関係を維持するのも老人（家長）の役目だ。

私自身七〇代後半に差しかかった今では、これらの情景が以前よりもはるかにリアルに感じられる。老人たちは居眠りばかりしているようでも彼らなりのやり方で周囲を観察し、家族の者たちを見守っていたのである。老人は青年や壮年とは別の眼で共同体を見守っているのではないだろうか。この問いは、老人の居眠りについて改めて考えさせる。老人の居眠りは心身の衰えの表れであるだけではなく、社会的な活動や責任からの解放や社会の第一線との距離感の表れでもあろう。だがそれだけではないのではないか。老人は身近な人びとや状況への関心を失ったわけではなく、かつてとは異なるかたちの深い関心を持っている。彼らは社会的な競争や責任から解放された者に特有の意識の状態、つまり表層の意識の緊張が低下して深層の意識の働きが活発になる半分目覚め半分眠っているような状態に特有の観察眼や直観を働かせて周囲を観察することがある。そのような意味での居眠りはむしろ老人特有の力と見なされるべきではないか。これらの村々では老人の居眠りは無価値なものと馬鹿にされるのではなく、生活のなかでさり気ない働き（役割）を与えられているのであろう。

老人は身のまわりの事柄に意外と関心を持っているだけでなくその関心の持ち方には一定の特徴があるようだ。私自身、心身が衰える反面、若いときに気づかなかったことに気づくようになった。とくにそれぞれの人の人柄と生き方に対する直観、つまりは人間に対する直観が深まったように思う。それと同時に若い人たちを「見守る」という気持ちも自然に湧いてくる。人生の終焉が近づいていると思うと、自分の生の何がしかを受け継いでくれる者たちの幸せを願う気持ちが湧いてくる。

人類は長い経験のなかで「見守る」ことが相手の生命力を強める力を発揮することを感得したのであろう。たとえば万葉の昔、天皇が高いところに登って「国見」をすることは、「見守る」ことであり、人びとの生活を活性化する力を持っていたのだ。人類社会にほとんど普遍的なこうした観念を弊履のように捨て去ったが、私たちの人間理解はその分だけ貧しく浅くなっているかもしれない。現代社会で老いを論じる人たちは「見守る」という〈老いの力〉には関心を持たず、またその力を生活のなかで活かす習俗も失われて久しい。

3 孫と食事をする老人

北ガーナのサバンナ、焼畑民カッセーナの村でのこと。首長の顧問格の老人の一人が相談相手になって親切に面倒を見てくれた。この老人は、同年配のもう一人の老人とともに首長の顧問であり後見人でもあるような役割を果たしていて、長老会議ではこの二人が首長の左右の座を占めた。老人が若かった頃には隣接民族との武器を用いる小競り合いが頻繁にあり、彼は名を知られた戦士だったようだ。その頃の話をしながら槍の使い方を見せてくれたことがある。動きは見事に決まって、往年の逞しい筋骨の躍動まで想像させた。仲間の老人を誘って神話を話してくれたときには、突然私をそっちのけにして、神話の内容をめぐってひそひそと議論を始めるようなこともあった。

村の会議などでは威厳があったが、そういう場を離れると、当時二〇歳台後半の私のことを、「あれはまだ一〇代の子供だが、育ち盛りの頃食べ物がよかったので大人のような様子をしているだけだ。それで子どもなのに神様のことなどをあれこれ質問するのだ」と言いふらしたり、昼間から地酒を買ってこさせて、酔うと私をからかいの種にして哄笑したりした。

あるときこの老人の自宅を訪ねると大人抜きで孫たちと食事をしていた。その地方では後で述べるように男（父親）は成人した息子とくに長男とは一緒に食事しないのだ。そんなことは知らなかったので、公の場での貫禄たっぷりの印象との落差が大きく何か奇異な感じがしたのを覚えている。食事のときだけではない。家では孫たちと一緒にいることが多く、よく孫たちを集めてお話しをしてやっていた。

祖母と孫娘の関係も親密で、思春期になると娘たちは母の小屋を出て、祖母の小屋に入りびたりになり、そこで寝起きすることもあった。少女たちは家事や手芸や男との付き合い方など生活のための知恵を祖母から教わった。

祖父母には両親とは異なる役割があり伝えるべきことがあることを、人びとははっきりと意識していた。単に意識していただけでなく、具体的な振る舞いによって示してもいた。市が立つ日、平素は威厳のある老人が多くの人びとが往来する路上で、若い女性と「いちゃついて」いるのを見てびっくりしたことがある。後で聞くとその女性は他村に婚出した孫娘だった。これをきっかけに祖父母と孫が特別の関係にあることを知った。

祖父母と孫の関係と親子の関係は、対照的なものとして互いに補完し合っているように思われる。親子はある種の距離を保って折り目正しく付き合わなければならない。なれなれしくすることは許されず、性的な話題なども避けられる（人類学者はこういう関係を「忌避関係」と呼ぶことがある）。特に長男と父親は強い忌避関係にある。この村で父親が成人した息子と一緒に食事をしないのもその表われだ。

これに対して祖父母と孫の関係は、親密で遠慮のないもので、なれなれしく振る舞い性的な冗談を交わすことも許される。好んでからかいあったり罵りあったりする。そうすることが作法に適うことなのだ（人類学者はこういう関係を「冗談関係」と呼ぶことがある）。

そう言えば日本でも、テレビで若いタレントが先輩タレントとの親しさを示すためにわざとからかったり馴れ馴れしくするのを目にすることがある。

アフリカでは孫を祖父母の分身と考える社会も少なくない。父親が男の子を打って叱っていると、祖父が「なぜ私を打つのだ！」と父親（自分の息子）を叱責して孫をかばったりする。祖母が孫息子に「私の夫」と呼びかけたり、反対に、孫息子が祖母に「私の妻」と呼びかけたりすることもある。

市が立つ日、くだんの老人は孫娘と冗談関係にある者同士の挨拶を交わしていたのだ。

冗談関係と忌避関係は、あとの章でも出てくるように、アフリカの諸民族の生活を理解するうえで重要なキーワードである。

一見奇妙な習俗のようだが、理解できなくもない。私たちにとっても子と孫では同じ可愛いといっても可愛さの内容が異なるし、孫に自分の分身を見る感覚にも共感できる。親は子どもを養育する義務があり、しつけもしなければならない。とくに長子の場合は初めての経験で気持ちのうえでも余裕がなく、距離をおいて客観的になることがむずかしい。他方、孫の場合は養育やしつけの義務はなく、独特の強い愛着が生じても、気持ちのうえで余裕があり客観的になることができる。また、孫には子に対してとは別のかたちで別のことを伝えようという気持ちが生まれる。とは言っても現代の日本ではこうしたことが生活のなかで深められることはないし、習俗として人びとの振る舞いをかたちづくることもない。確かに、孫の可愛さが歌謡曲に歌われたりもするが、各種お祝いや生前贈与など祖父母から孫への金銭の流れのほうに関心が向きがちだ。

他面、アフリカにおける祖父母と孫の関係には私たちにとって分かりにくい部分もある。

孫にとって祖父母は惜しみなく祝福を与えてくれる存在であるが、同時に、祖父母の「呪い（呪詛）」は、数ある呪いのなかでもっとも恐ろしいものと考えられている。祖父母と孫は単に親密なだけではないし、罵り合ったりセックスを種にからかい合ったりすることが作法であることからも分かるように、単純な無礼講的関係でもない。呪い……、これもまた〈老いの力〉の一面である。祖父母にはどこか深いところに怖さがある。それは親の怖さとも、気難しい祖父に感じる「怖さ」などとも異なる。その怖さの正体を探ることは、私たち自身にとっての祖父母と孫の関係についてもこれまでとは異なる観点から掘り下げることにもなるだろう。(1)

〈老いの力〉は祝福としても呪詛としても作用する、そういう両面性がある。祝福と呪詛はアフリカの諸民族の人間観や世界観を集約している。祝福と呪詛が理解できなければ祖父母と孫の関係だけでなく、人生についても老いについても理解できない。

昨今の日本の祖父母は、そして一般に老人たちはこのような〈老いの力〉を培っているだろうか。孫たちはここで述べたような怖れへの感性を身につけているだろうか。

4 人生と祝福と呪詛

祝福や呪詛といったことは今日の私たちの生活においてはほとんどリアリティを持たないようだし、悪くすれば「迷信くさい」と思われるだけかもしれない。そうでなくても、祝福と呪詛が生活のなかでそんなに大きな位置を占めているというのが腑に落ちないと感じられるだろう。そこで、話を進めるまえに簡単に用語の解説をしておこう。

まず祝福について。相手に対する愛情、期待、感謝などが凝集して幸運を祈る気持ちとなり、それを定式に則った言葉と所作で表わしたものが祝福である。その対極をなすのが呪詛だ。呪詛とは、相手に対する怒り、恨み、憎しみなどが凝集して攻撃性を帯び、それが定式に則った言葉と所作で表されたものである。ここでは便宜的に「表す」と言ったけれども、当事者、関係者にとっては祝福も呪詛も単なる表現ではなく、現実に効力のある行為である。祝福は相手に幸せと幸運をもたらし、呪詛は不運と災厄をもたらす。呪詛された者は幸せな人生を送ることができない。

祝福と呪詛は他者（と自分を取り巻く社会）に対する態度を集約した二つの極だ。人びとの意識はふだんはその両極のあいだを揺れ動いている。中立的な場合が多いとはいえ、ある時は相対的に祝福の色が濃くなり、別の時には呪詛の色が濃くなる。ある場合には挨拶も自他を幸せにする祝福となり、挨拶しないことは呪詛になる。とすれば、私たちの人生（生活）はさまざまな濃度における祝福と呪詛によってかたちづくられていると言えなくもない。

現代の日本人にとって分かりにくいかもしれないので呪詛についてもうすこし解説しておこう。呪詛は正当性のあるものと正当性のない邪悪なものとに分けられる。正当性のない邪悪な呪詛は密かに行われ、反社会的な呪術である邪術や妖術と区別できない場合が多い。正当性のある呪詛には公的なものと私的なものがある。長老が行う正当で公的な呪詛は、共同体の秩序を乱すものへの制裁や、内外の敵から共同体を守るためのものだ。これとは別に正当防衛としての私的な呪詛がある。しかし、後で述べるように、正当とされる呪詛といえども、止むを得ず行われる必要悪で、呪詛される者にとってだけでなく呪詛する者にとっても危険な行為だ。これに対して祝福は、祝福される人にとって幸運をもたらすだけでなく、祝福する人にとっても喜ばしいことである。

すでに述べたように、祝福と呪詛は特に「老い」と結びつけられる傾向がある。祝福と呪詛は〈老いの力〉の異なる表れで、老人は祝福することも呪詛することもできると考えられている。老衰し他人に世話してもらわざるを得ない老人は、祝福と呪詛によって身を守る。味方には祝福で報い、虐待する者は呪詛で攻撃する。これが少なくともアフリカの文脈における祝福と呪詛の素描だ。

私たちは祝福や呪詛を迷信のようなものとみなすか、そうでなくても個人間の心理劇に矮小化するけれども、これは人類史的に見れば少数派だ。祝福と呪詛が人間社会の根底に関わるものだという観念は、人類社会にほとんど普遍的に見られる。突然話が飛ぶけれども、たとえば日本の『古事記』においては、イザナミの呪いによって人間は死ぬようになったし、ニニギノミコトに姉娘のイワナガヒメを送り返されたオオヤマツミの呪いによって人間の寿命は限られることになった。根《ね》の堅州国《かたすくに》の主になった老いたスサノオは、訪ねてきたオオクニヌシに数々の試練を与え、オオクニヌシが試練を克服すると祝福して葦原中国《あしはらのなかつくに》へと送り返した。祝福されたオオクニヌシは国づくりに成功した。このように、「老い」の持つ力の両面である祝福と呪詛は、人間社会を人間社会たらしめる力とも関係しているようだ。

祝福と呪詛をこのように理解したうえで話を「老い」へと進めることにしよう。

5 若者のぼやき——祝福する老人、呪詛する老人——

一九七〇年代にはアフリカでもすでに大きな変化が始まろうとしていた。出稼ぎから戻った若者たちがボヤくようになった。「近頃の老人はどうなってるんだ。会えば金をせびる」。老人は老人でボヤく。「近頃の若い者は敬老精神をどこかへ落としてきたのか」。かつて若者たちは老人に祝福してもらおうと、折に触れてちょっとした贈り物をしたものだ。仏教圏の托鉢の情景を連想する人もいよう。戦士階梯の若者が戦に行くときなどには老人に祝福してもらうことが必須だった。老人はその頃のことをよく覚えているが、現在の若者はよくは知らない。そのギャップが両者のボヤキに表れているのだ。ボヤく老人と若者はかすかな戸惑いの表情を浮かべていた。社会の深層の変化を予感した者の戸惑いだったのだろうか。

ここで、祝福と呪詛の働きは家族や親族の範囲内だけの私的な事柄に止まらないということを強調しておきたい。長老（老人）の祝福は共同体に繁栄をもたらす。長老（老人）が公的な場で行う呪詛は共同体の秩序を脅かす者に対する抑止力や制裁になる。だが呪詛は軽々しくなされるべきでない。正当な呪詛と不当で邪悪な攻撃としての邪術や妖術の境目は紙一重だ。長老の呪詛がじつは利己的な動機によるものだと感じられるようになると若者たちの反撃を招く。権威ある長老たちが妖術者として告発されたり、暴力による攻撃を受けたりする。政治的経済的な状況や価値観が大きく変動するにつれてそうした事件が起こることが多くなってきた。

家族内部の呪詛はもっと微妙だ。日本で警察が家族内部のもめごとに介入したがらないのと同じように、アフリカでも家族内部には公的な制裁は及ばない。稀にではあるが、度し難い子や孫に対して万策尽きた親や祖父母が、呪詛に訴えることがある。それに対する世間の反応と評価は、同情と哀れみと嫌悪を含む微妙で複雑なものだ。この場合も正当防衛の呪詛とはいえ、見方によっては邪術や妖術すれすれだ。かけた側も無傷ではすむまい。呪詛は、かけられる当人にとって災難であるだけでなく、かける当人にとってもこの上なく不幸なことなのだ。

他方、祝福は受ける者を幸せにするだけでなく、祝福する人にとっても他者を祝福する気持ちになったこと自体が幸せなことだ。

死にゆく人の臨終の祝福と呪詛が強い効果を発すると考えられている。それはある意味ではその人の人生の総決算と考えることができる。死に臨んで身近な人びとを祝福することは、自分の人生を肯定して死ぬことでもある。逆に、死の床で誰かを呪詛することは……、私たちの言葉では「成仏できない」ということになろう。

アフリカでは祝福と呪詛は人生と老いを理解するための鍵の一つだったが、学校教育やメディアを通して浸透する新しい思考は祝福や呪詛の基盤を侵食しつつある。ただ、こうした観念や習俗が近代日本におけるほど急激に捨て去られるかどうかはまだ分からない。このことは日本の近代社会とアフリカの近代社会の差異につながる可能性もある。

6 老いをかたちづくり、老いを支える制度——年齢集団——

アフリカでは地域共同体の全成員を年齢によって組織する制度が発達している。それは、見方によっては共同体の成員の人生に、つまり老いていく過程にかたちを与える組織である。「老い」はそれまでの人生の総決算であると言われることがある。青壮年期の過ごし方が老いのかたちを決めると言われることもある。〈老いの力〉つまり祝福や呪詛の力も年取れば自然に身につくというものではない。他の世代と深い関係を取り結ぶ能力もそうだ。個人の資質や努力によるところも大きいが、多分に社会的につくられるものでもある。アフリカの場合、〈老いの力〉を磨き維持するうえで年齢集団が重要な役割を果たしている。すくなくとも近年までは果たしてきた。年齢集団は日本にもあった。大規模な祭りの組織などには今でも部分的に伝承されているが、多くは近代化の過程で消滅した。そのことで「人づくり」のあり方がどのように変わり、何が起こったかを検討する機運すらない。現代日本における「老い」のあり方と「人づくり」のあり方を検討する手がかりになることを期待して、年齢集団について少し詳しく考えてみよう。

年齢集団の実態については他の章に詳しい叙述があるのでそちらに譲ることにして、ここでは単純化し、いくらか理念化したモデルで考えてみたい。年齢集団は、共同体の全成員を年齢や世代を基準に組織するもので、大まかに言えば未成年（少年）、戦士（若者）、長老（壮年）、老人の四つの階梯からなる。もっとも単純な場合だと、地域共同体の同年配もしくは同世代の若者が一斉に加入儀礼を経て年齢集団に加入し、数年ごとに通過儀礼を経て上の階梯に進む。一番下の階梯に新しい成員が加わり、一番上の階梯の成員は引退する（言わば卒業する）。同学年の者が一斉に進級し、新入生を迎え、卒業生を送り出す学年システムを思わせる。事実、年齢集団は包括的総合的な生涯学習の制度、つまり人が人になり、人として生き、人として死んでいくことを支援する総合的な装置とみなすることができる。

同じ階梯に属するメンバーは生涯強い一体感を持っていて互いに助け合う。リーダーを生みだし（選び）切磋琢磨して与えられた社会的役割を果たす。

青年階梯はしばしば戦士階梯と呼ばれる。戦士階梯の役割は何よりもまず武力で共同体を守ることだ。他民族に奪われた牛を取り返し、他民族の牛を略奪することは戦士階梯の義務であり権利であり、お気に入りのゲームである。特別腕力を必要とする仕事も彼らが引き受けなければならない。戦士階梯は特定の価値（徳）も体現しなければならない。勇気と不羈独立と仲間への忠誠とは戦士の徳だ。外の世界を放浪して広範な人脈を作っておくのも戦士がやっておかなければならないことだ。多少の逸脱は「若気の至り」として大目に見られる。それだけではない。お洒落で無鉄砲で極端に走りがちな戦士階梯の美意識はかつての日本語の「かぶく」という理念を連想させる。

壮年階梯への通過儀礼を終えた者は槍を捨てて杖を持つ。これは、暴力や戦いによらずに、知略と協議と駆け引きによって問題を解決することを表している。壮年階梯は長老とも呼ばれ、政治や経済の担い手として共同体の中枢を占める。このような長老たちはときに、「近頃の政府は戦士階梯のようだ」と嘆息する。やたらと実力行使に及ぶからだ。

老年階梯は、政治や経済の実権を壮年階梯に譲って、儀礼の執行、神話や伝統の伝承などに専念する。通過儀礼を仕切って、次の階梯に進む者たちを祝福するのは老年階梯だ。世俗の実権は手放しても、精神的な権威は保持していて、共同体全体に関わる重大な決定に際しては強い影響力を発揮する。年齢集団という組織の理念や全体的なあり方は老人（老年階梯）が主導してかたちづくられるものなのだ。老人たちは死者に最も近い存在であり、祖先たちが老年階梯の権威の後ろ盾になっている。

老年階梯の内部にもいくつかの段階があり、次第に社会的活動から退き、ついには年齢集団から引退する。人類学者ヒンナントが聞き書きで復元したエチオピアの農牧民グジの年齢集団では、引退間際になった最高齢の老人たちは、少なくとも建前のうえでは、どの家で乞食をしてもよい。彼らの願いを拒否してはいけない。また、止むを得ない事情があり、かつ女性が調理に使うナイフを用いて、人目に触れるかたちで行うのなら、どの家の家畜を食べてもよいという。こうした習俗は今風に言えば福祉制度としての意味を持っているのかもしれない。[2][3]

それぞれの階梯には独自の社会的役割、体現すべき価値や生き方のスタイル、振る舞い方だけでなく、独自の装身具や歌や踊りなどまである。各人は厳格な通過儀礼を経て次の階梯に進むとこれらすべてを変えることになる。年齢集団における人の一生とは、同年配の仲間とともにそれぞれの年代にふさわしい社会的役割や価値や生のスタイルを体現しつつ次第に共同体の中枢部に入り、再びそこから次第に遠ざかって死へと向かう過程だ。

先に引用したグジ社会では、人は年齢集団という文化的装置のなかでいろいろな儀礼を経験し社会的な役割を果たすことで自分を浄化し、他人の運勢に影響を及ぼす力、つまり祝福と呪詛という〈老いの力〉を身につけていく。そこでは老いるとは心身を浄化して他人を祝福したり呪詛したりする力を身につけることにほかならない。それはまた次第に死者に近づき、世俗の（共同体の）秩序の周縁に身を移す過程でもある。それによって老人は半分社会秩序の外部からの眼で共同体を見ることができるようになる。

7 私たちの社会を映しだす鏡

年齢集団の生成のプロセスや組織原理はそれ自体興味深いだけでなく、私たちの社会を映しだす鏡としても役に立つ。

まず生成のプロセスについて考えてみよう。年齢集団は専門家が設計したものではないし、国家が上から設置したものでもない。地域共同体の成員が生活の場から自前で立ち上げた自生的な組織・制度であり、年齢集団の特徴はすべてそこに由来している。

年齢集団の目的あるいは機能について。自生的集団（組織）の多くがそうであるように年齢集団も多目的、多面的、総合的だ。それは外敵から共同体を守るとともに内部の秩序を維持し、共同体の運営に関わり、相互扶助の組織としても機能する。そして何よりも成員が少年から老人への、未熟から成熟と老衰への人生をスムーズにたどるための装置であり、いわば総合的な「人づくり」のシステムである。

年齢集団の組織原理あるいは理念について。基本となるのは「自然と文化の統合」である。近代以前・以外の年齢集団は、人間の普遍的な条件つまり人の一生の自然な推移と社会での役割を摺り合わせ結びつける方向で洗練されてきた。老い（老人）との関連で言えば、老いの客観的な特性や内的経験を表現すると同時にそれを社会に役立たせる方向で洗練されている。

年齢集団は、人生の各段階の独自性を尊重すると同時に、それを孤立させず、たとえば老年を少青壮との関連で捉え、それらとの類似や対比や補完関係に注目して社会的な役割を与える。老年階梯は彼らの後を継いで政治的経済的権力の座についた長老階梯（壮年）と忌避関係に置かれる。つまり共同体の中枢を担う勢力と、実権を譲ってからも一定の距離感と緊張を孕んだ関係にあり、批判勢力として振る舞う。同時に助言する顧問的な立場でもあるのだが。

グジ社会の年齢集団では、社会的活動から引退したばかりの老人と成人式直前でまだ社会的人格とみなされない少年たちとは同じ髪型をしている。彼らは男であるにもかかわらず互いに女性形の名前で呼び合う。社会的人格として認められる直前の少年たちと、社会的な義務や責任から解放されたばかりの老人たちとが、ある意味で同一視されているのである。しかも、両者とも、男性集団の理念とは異質な女性的なものと親近性を持つとみなされる。

これは、人の一生のそれぞれの段階すなわち幼少期の急速な発達、青年期の不安定と逸脱、子どもを生み育て社会の中枢を担う壮年期、老いていくことなどをそれ自体として豊かにすることよりも、経済や国家の手段として利用することに傾きがちな現代文明のやり方とは大きく異なる。全体主義国家の青年団組織などと比べてみるとこの点がさらにはっきりしてくるだろう。第二次世界大戦中の日本、ナチス・ドイツ、ファシスト・イタリア、いくつかの社会主義国家などでは、一見すると既存の年齢集団（青年団）が活かされているようで、その実まったく異質なものに作り変えられていた。そこでは人間は一方的にシステムに従属する手段や資源とみなされている。

年齢集団を貫くもう一つの基本的な組織理念あるいは原理は「対立と連携のバランス」だ。内部の諸勢力や諸価値を拮抗関係におくこと、つまり対立と連携のバランスをとることだ。先ほど触れたように、隣接する階梯同士は忌避関係にあり、一つ離れた階梯同士は冗談関係にある。つまり、隣接する世代や年齢集団同士が対立してきびしく批判し合い、一つ離れた世代や年齢集団同士が連携する。たとえば戦士階梯は長老階梯とは忌避関係にあり、その一つ上の老人階梯とは冗談関係にある。このため状況によっては、戦士階梯と老人階梯が連携して長老階梯を批判し対立するようなことも起こる。この「対立と連携」のバランスによって年齢組織全体が健全に機能するようになっている。少青壮老のそれぞれが体現する価値を互いに拮抗関係におくことでそれらを強化し深める。これもまた、現代社会がもっとも苦手とするところだ。現代文明は建前では多元性を唱えつつ現実には強力に一元化を押し進める。豊穣な拮抗関係を排してますます一元化の性格を強める。その結果、老いや老人について言えば、少青壮老の交流、拮抗、補完が人生と社会に活気と深みを与えることはなく、若さに憧れたり若さを誇ったりする老人たちが人気者になっているようだ。

だが、好むと好まざるとにかかわらず、少子高齢化あるいはさらにその先の長寿社会に向けて、私たちは新しい高齢者のイメージ、高齢期の生き方、そして高齢者の社会的役割を見出さなければならないだろう。それは私たちの一人ひとりが生活の場から自分自身の生き方を通じて、老いや老年期がこれまでよりはるかに大きな位置を占める文明の新しいかたちを立ち上げなければならないということでもある。その際、アフリカの〈老いの力〉やそれを涵養し活用する年齢集団はさまざまな示唆を与えてくれるにちがいない。温故知新と言う。年齢集団の具体的な形は過去のものだとしても、そこに含まれる原理や理念はなお可能性を秘めているはずだ。

8 老いとフィールドワーク

あの懐かしい村々にもう一度想いを馳せて、老いをめぐる私自身のフィールドワークをふり返ってみよう。

いまにして思うとまだ若かった自分が、特に老いをテーマとしていたわけではないのに、老いの諸相をよくカバーしている（本章で述べたのは一部分でしかない）。なぜそういうことができたのか。もちろん屋敷の中に住まわせてもらって朝から晩まで人びとの生活を観察するフィールドワークだからということもあるだろう。それだけではない。それらの社会では家庭や共同体における老いや老年の役割がはっきりしており、老いや老年をめぐる習俗も発達していて、老いや老年が比較的見えやすいということもあった。

しかし同時に気づいたこともある。多くの老人の話を聞いていながら、彼らが老いをどのように考えどのように経験しているのかについてつっこんだ話をしていなかった。その点では調査に抜かりがあった。とはいえ、これは仕方のないことでもあった。社会科学であろうとしていた（いまもそうか？）当時の人類学では制度の記述と分析が重視され、主観的な事柄は軽視したり避けたりする傾向があった。また、人類学の研究は人生百般を対象にするけれども、フィールドワークが欠かせないので、ある意味では青壮年中心の学問でもある。老いや老年を調査するとき相手の内面にまで立ち入るという点で手薄になるのは仕方のないことでもあったのだ。だが、それから歳を経て今では次のように考えている。人類学的なフィールドワークだからこそ、青壮老それぞれのやり方があるし、そのことを積極的に活かすべきではないだろうか。また、フィールドワークの利点を活かして対話を重ね、できるだけ彼らの考え、内的経験、彼らに見えている世界に近づこうと努力すべきではないだろうか、と。

あらためてアフリカの老人たちと老いや年齢集団についてゆっくり話し合ってみたい。今あの村々にもどれば、最高齢の老人たちは、私をエイジ・メイト（同年代の仲間）として迎え入れ、若かった時とは別のかたちで心を開いてくれるはずである。

アウトプットについても次のように思う。研究者は最後までアカデミックなスタイルを保った論文を書きたいと思うものだ。それが研究者の業《ごう》であろう。だがこのところ、アフリカの老いと対話するうちに、自分自身を含めて身近な老いだけでなく、来るべき老いの文化を構想するという課題にも向き合うようになった。同時に、研究と非研究のはざまで、研究と日常生活の境界上で考え書きたいという気持ちも強くなった。それもまた研究を仕事としてきた老人の役目かもしれない。

［注］

（1）祖父母と孫、老人と若者の関係については次の拙著で素描した。阿部年晴　1982『アフリカ人の生活と伝統』（人間の世界歴史15）、三省堂。

（2）John T. Hinnant 1977 *The Gada System of the Guji of Southern Ethiopia*. University of Chicago.

（3）次の拙著でグジ社会の年齢集団についてやや詳しく紹介するとともに、老いの様式の様式の一例としてアフリカの老いについても言及した。阿部年晴　1987「老いの価値」（多田富雄・今村仁司編）『老いの様式——その現代的省察』誠信書房。

第2章

老いの相貌

ケニア・ギリアマにおける
老人の威厳，悲哀そして笑い

慶田勝彦

1 相貌としての老い

人はふとした瞬間に老いに出会う。それは鏡に映った自分の顔に皺や白髪が増えたときかもしれないし、昨日まではすぐに頭に浮かんできた人、場所、モノの名前がすぐに思い出せない自分を発見するときかもしれない。また、どこか疎ましくも元気に動き回っていた父親や母親の背中、振る舞い、言動などに老いを読み取る瞬間はきっと誰にでもあるに違いない。

あるいは、バスや電車の中、路上、街角、デパートの休憩所、観光地などに高齢者が溢れ、見慣れた日常の光景全体に老いを見てとり、少子高齢化社会という言葉が妙に現実味を帯びることもある。これまで老いを特徴づけていた白髪、皺の多い顔、曲がった腰、居眠りや日向ぼっこする老人たちの姿は人びとに安らぎや温もりを与えてきたが、現代社会を特徴づける少子高齢化という言葉には不安や困難を喚起する老いの響きがある。

そして、今日、認知症の原因と考えられるアミロイドβ蛋白の塊は脳内画像として視覚化され、老人斑と呼ばれている。認知症の症状は自分の記憶を失い、自分が何者であるのかも分からなくなることであるため、発症率が高いとされる高齢者にとっては特に深刻な問題となっている。これまでは一般的に「ボケ」として捉えられていた老いの特徴は、老人斑として現代社会の高齢者が抱える認知症の脳内の表情として可視化され、人びとを不安へとかき立てている(1)。

このように、私たちは日常的にさまざまな老いに出会い、また、何らかの形で老いを経験する。老いは人、モノ、社会あるいは環境などの相貌であり、老いをめぐる問題は老いをどのような相貌として捉えるのかによって異なる。相貌は見え方の問題であり、また、それは半ば無意識的に見えている人、風景、モノであり、それらの姿、形、表情などの全体である。例えば、「私の目の前に一人の老人が立っている」というとき、私には一人の老人が見えている。そして、私は容姿、風貌、振る舞いなどの全体の表情から、ほぼ無意識のうちに〈老人〉としてその人物を捉えている。そのとき、私はある人物を老いの相貌のもとに捉えているのである。

この相貌の全体性について着目してきた哲学者の大森荘蔵ならば、老いは私の目の前に「立ち現われて」［大森 1973］いるのであり、それは私が老いの相貌のもとにある人物を捉え〈老人〉として見ているというかもしれない。理屈を越えて私には〈老人〉が見えているのであり、老いの相貌が目の前に展開しているのである。

そして、相貌としての老いは社会や文化に深く埋め込まれている一方で、その時代の影響を受け変貌する。現代社会では老いよりも高齢化という語句の使用が一般化しているのは、従来の老いの相貌とは異なる相貌があることを示したいからではないだろうか。少子高齢化や認知症に代表される高齢者の医療や福祉の問題は、現代社会において老いを捉える新しい観点を提供しており、これらの観点から捉えられる老いの相貌が私たちの目の前に新しく立ち現われている。

アフリカにおける老いの相貌はどのように立ち現われているのだろうか。また、われわれはアフリカの老いの相貌から学ぶことがあるのだろうか。もちろん、それを判断するのは読者であるが、上記の問いに私なりに答えてゆきたい。

本章では、第一に私が長年にわたってフィールドワークを行ってきたケニア海岸地方（主にモンバサ以北のキリフィ、マリンディ地区）のギリアマ社会（ミジケンダ・グループのひとつ）を中心とし、私自身の経験も交えながらギリアマではどのような相貌のもとに老いが捉えられ、それらの相貌のうち、どの相貌がどのような形で社会的な問題となっているのかを検討する。

私は二八歳のときにケニア海岸地方のマリンディ後背地ではじめてギリアマの人びとと出会い、それから二七年の月日が流れている。最初、私は独身で老いとは無縁の存在であり、その存在は社会的に無価値だとされていたが、いつのまにか長老の仲間入りをしつつある。

第二に、私は現代のギリアマ社会の老人たちが抱えている問題のひとつに妖術使いとして告発され、最悪の場合は殺されるという社会的な問題があることを指摘し、この妖術問題を解きほぐすために人びとは老人たちが醸し出す笑いやユーモア溢れる相貌に着目している点を描く。

最後に、私たちの社会において深刻化しつつある高齢者問題もまたグローバル化する世界における老いの相貌のひとつであり、また、その問題を日常的に解きほぐすための方法も案外、ギリアマ社会における実践とその本質は大きく変わらないのではないかと示唆することになるだろう。

なお、ミジケンダは言語、社会、文化、歴史の面で隣接し、南はタンザニア国境付近から北はラム島周辺までケニア海岸地方の後背地に帯状に居住する九つのグループ——ギリアマ、チョニィ、カウマ、カンベ、リベ、ジバナ、ラバイ、ドゥルマ、ディゴ——からなるエスニック集団のことである。

2 屋敷・冗談関係・忌避関係

生活の中心としての屋敷

ギリアマの老いの相貌を理解するために、ギリアマにおける社会的距離感覚に慣れておきたい。なぜならば、ギリアマ社会に埋め込まれた社会的な距離感覚が老人を含む他者の相貌を捉える際の視点を提供しているからである。最も基本的かつ重要なのは、ギリアマの生活は屋敷（ムジ）を中心としている点である。屋敷には夫妻（妻は複数のことも多い）とその子どもたちや孫たち、そして夫方の両親が一緒に生活していることが多い。一組の夫妻を中心に上の二～三世代と下の二～三世代までが主たる屋敷の構成員となっているのが一般的である。

ひとつの屋敷には複数の家屋（ニュンバ）があり、妻帯者と子どもたちは一つの家屋に住まう一方で、両親、祖父母、そして成人男子は別々の家屋に住まう。女性の場合、成人であっても屋敷内に個別の家屋が建造されることはなく、婚出するまでは母親や祖母の家屋で寝泊まりし、家事を手伝う。通常、祖父母の家屋、両親の家屋、自分（既婚、子持ち）の家屋、そして自分の成人した息子たちの家屋からひとつの屋敷は構成されている。ギリアマにおいて基本となる人間関係は屋敷内の人間関係であり、また、親族や姻族そして近隣の屋敷との人間関係である。

私を事例として、ひとつの屋敷の人間として認知されるまでの呼称の変化を辿ってみたい。一九八六年、最初にギリアマ社会に到着したとき、私はムズング（外人）と呼ばれたり、チナ（中国人・東洋人）と呼ばれたりした。ムジャパニ（日本人）と呼ばれることもあったが、呼びにくいうえにチナとの区別も曖昧だったためかどこに行ってもムズングと呼ばれ、親しみというよりは好奇心や警戒心が入り混じった蔑称に近い呼称だと感じていた。少し打ち解けると、ムズングではなくカツヒコという名前で呼ばれるようになり、また、意外にこの名前の響きが気にいられたのか今でもカツヒコで呼びたがる知人も多い。

しかし、滞在がやや長くなり、あるギリアマ人が私にカズングという名前を付けるとあっという間にカズングが流行した。カズングというのは異国人的な相貌をしたギリアマ人に付けられる一般的な愛称であり、私が外国人であったことやカツヒコという名前の響きから付けやすい名前だったのだろう。私はしばらくカズングあるいはカツヒコと呼ばれていた。いずれにせよ、この二つの呼称は外人性や部外者性を強調するムズングよりもギリアマ的な親しみを込めた呼び方となっていたが、基本的に私は旅人であり、お客（ムジェニ）とみなされていた。また、私の姓であるケイダで呼ぶ人びとは役人や教師などのごく少数で、いまでもケイダという私の姓を知るギリアマ人は極めて少数である。

現在、私をカズングと呼ぶギリアマ人は誰もいなくなった。なぜなら、私の場合、調査上の都合もあってフィールドワークの比較的初期に、ギリアマ的なやり方でひとつの屋敷に編入されることになったからである。編入先はムァトーヤというギリアマのクラン（本章でギリアマのクランという場合、父系出自を原理とした集団を指し、ギリアマには二六ほどのクランが確認されている）で、その地域ではムァトーヤ・アジェニと呼ばれている集団だった。一九八〇年代後半、七人の長老が大きめの敷地内に各々の屋敷を構え、七屋敷全員で一〇〇人以上の構成員がいる屋敷群だったため、人びとはムァトーヤ・アジェニの屋敷群をトーヤ村と呼んでいた。

アジェニはムジェニの複数形で客、旅人、部外者などを意味する言葉であり、トーヤ村の人びとは一九六三〜一九六四年、すなわちケニア独立期にソマリ人の襲撃から逃れるためにタナ川流域からマリンディ後背地まで逃れてきた国内「難民」の一族であった。その経緯に因んでトーヤ村はムァトーヤ・アジェニと呼ばれ、当初は難民キャンプのように一ヵ所にまとまり、その地域では比較的大きな屋敷を構えていたのである。

私はトーヤ村で当時最年長の長老が住んでいた屋敷に正式な儀礼を通じて編入されることになり、ムァトーヤ・クランの名前であるミツァンゼを襲名した。部外者をギリアマのクランに編入するのは珍しいことではなく、また、編入手続きにはいくつかの方法があったが、長老たちの話し合いの結果、私はトーヤ村で最も年長者のイーハ・ワ・トーヤをギリアマの父親とし、彼からクラン名をもらうのがよいだろうということになった（この儀礼の詳細については［慶田 1999］を参照のこと）。私の父親となった長老はジョラという愛称で呼ばれ、また彼のクリスチャン名がダニエル（現地の発音ではダニエリ）であったため、トーヤ村近郊ではダニエル・ジョラとして知られていた。私の正式なクラン名はイーハ（ダニエル・ジョラ）の息子ミツァンゼという意味のミツァンゼ・ワ・イーハ（ダニエル・ジョラ）に決定され、それ以降、私はミツァンゼと呼ばれることが最も多くなった。とはいえ、トーヤ村をはじめとしてミツァンゼは複数いるため、他と区別する必要がある場合はミツァンゼ・カツヒコとかミツァンゼ・ジャパニと呼ばれることもあった。

ギリアマにおける私の父親となったジョラには三人の妻がいて、私には第一夫人の長男の名前ミツァンゼが与えられた。なぜなら長男のミツァンゼは生後すぐに病死したため、私が名前をもらうときに第一夫人の長男ミツァンゼの名は「空き」状態にあったと同時に、長男の名前は使用者が多いため同名の仲間を増やすには都合の良い名前になるという配慮もあったと聞く。

第一夫人には私よりも実年齢が上のトーヤ（サミュエル・ケンガ）、姉（既婚）にあたるムェンダとミ・カヒンディ、妹（独身）にあたるカレンボがいた。第二夫人には男子が一人（フレッド・ミツァンゼ）しかおらず、当時はナイロビの軍隊で技術者として働いていたため屋敷にはいなかったが、彼の五人の姉妹のうち三人は屋敷に留まっていた。第三夫人には三人の男子（スタンリー・ミツァンゼ、モーゼス・トーヤ、エノック・マーシャ）がおり、第三夫人の長男スタンリー・ミツァンゼはカズング、次男はカタナという愛称で呼ばれることが多く、三男のマーシャが私同様、ムァトーヤのクラン名で呼ばれていた。

ギリアマの各クランは、独自のクラン名のセット（男性）を二つ持っている（表1参照）。例えば、ムァトーヤの場合、ひとつはミツァンゼ、トーヤ、マーシャ……のセットであり、もう一つはイーハ、バーヤ、ムァムーレ……のセットである。それぞれ、長男、次男、三男……に対応し、ひとつの世代を形成する。私はミツァンゼ・ワ・イーハであり、人びとはイーハの長男ミツァンゼだとすぐに理解するし、父親の愛称を使いミツァンゼ・ワ・ジョラを名乗るとムァトーヤ・アジェニのイーハ（ダニエル・ジョラ）の息子であることを人びとに伝えることができる。また、私には二人の息子がいるが、日本人の彼らはまだ会ったこともないギリアマ人にイーハ・ワ・ミツァンゼ（カツヒコ）とバーヤ・ワ・ミツァンゼ（カツヒコ）として知られている。私の長男に子ども（男子）ができた場合、私にとっては孫となる男子の名前はミツァンゼ・ワ・イーハとなり、孫の世代で私は自分の名前を回復する。ここから想像がつくように、ギリアマのクラン名セットは一世代で交替し、二世代目で元に戻る。また、同一のクラン名を持つ者はチートワと呼ばれ、チートワ同士の親密性は特に高いとされる。

実際、私のミツァンゼ襲名式では父親のダニエル・ジョラが柄杓の水を口に含み、その水を私の耳や胸に吹きかけながら、私の右耳をつかんで「今日からお前の名前はミツァンゼ・ワ・イーハだ」と三回叫んでいたが、その傍らで父親ジョラの助手をしていたのはジョラの第三夫人の長男ミツァンゼ・ワ・イーハ（ジョラ）、通称カズングであった。すなわち私と同じクラン名（チートワ）の人物が私のミツァンゼ襲名式に付き添うべき最も近しい人物

表1　ムァトーヤのクラン名セット

ミツァンゼ・セット		イーハ・セット	
生まれの順番	名　前	生まれの順番	名　前
1	ミツァンゼ	1	イーハ
2	トーヤ	2	バーヤ
3	マーシャ	3	ムァムーレ
4	マチンガ	4	ムランバ
5	ゴーウェ	5	マイタ
6	ニャンジェ	6	ムァバーヤ
7	ムェリ	7	コンボ
8	ツム	8	カイーハ

として選ばれていたのである。

ムズング（外人）、チナ（中国人・東洋人）、カズング（ニックネーム）、カツヒコ（日本名）という呼称、さらにはスワヒリ語で友達を意味するラフィキ（ギリアマ語ではムセナ）やギリアマ語でムジェニ（お客）と呼ばれていた私は、ミツァンゼを襲名してからはカツヒコ以外の前記呼称で呼ぶ者はいなくなった。その代わりに、人びとが頻繁に使用し始めたのは家族や親族関係を示す呼称であり、それらはバーバ（父）、ムワナ（息子）、ンドゥグ（兄弟）、ツァーウェ（祖父）、ムズクル（孫）、ジョンバ／アフ（オジ）などである。このように、ギリアマにおける人間関係の基本は屋敷を中心とした家族、親族関係にあり、程度の差はあるものの、私のような中長期滞在型の部外者にも次第に親族および姻族関係を示す呼称が適用され、彼らの日常生活の基本となっている屋敷の人間関係に絡み取られてゆくのである。

冗談関係と忌避関係

冗談関係（joking relationships）と忌避関係（avoidance relationships）への着目は一九二〇年代から一九四〇年代に盛んだった親族研究から生まれている。特に英国の社会人類学者ラドクリフ＝ブラウンやフランスのマルセル・モースが民族誌的に重要な社会関係を

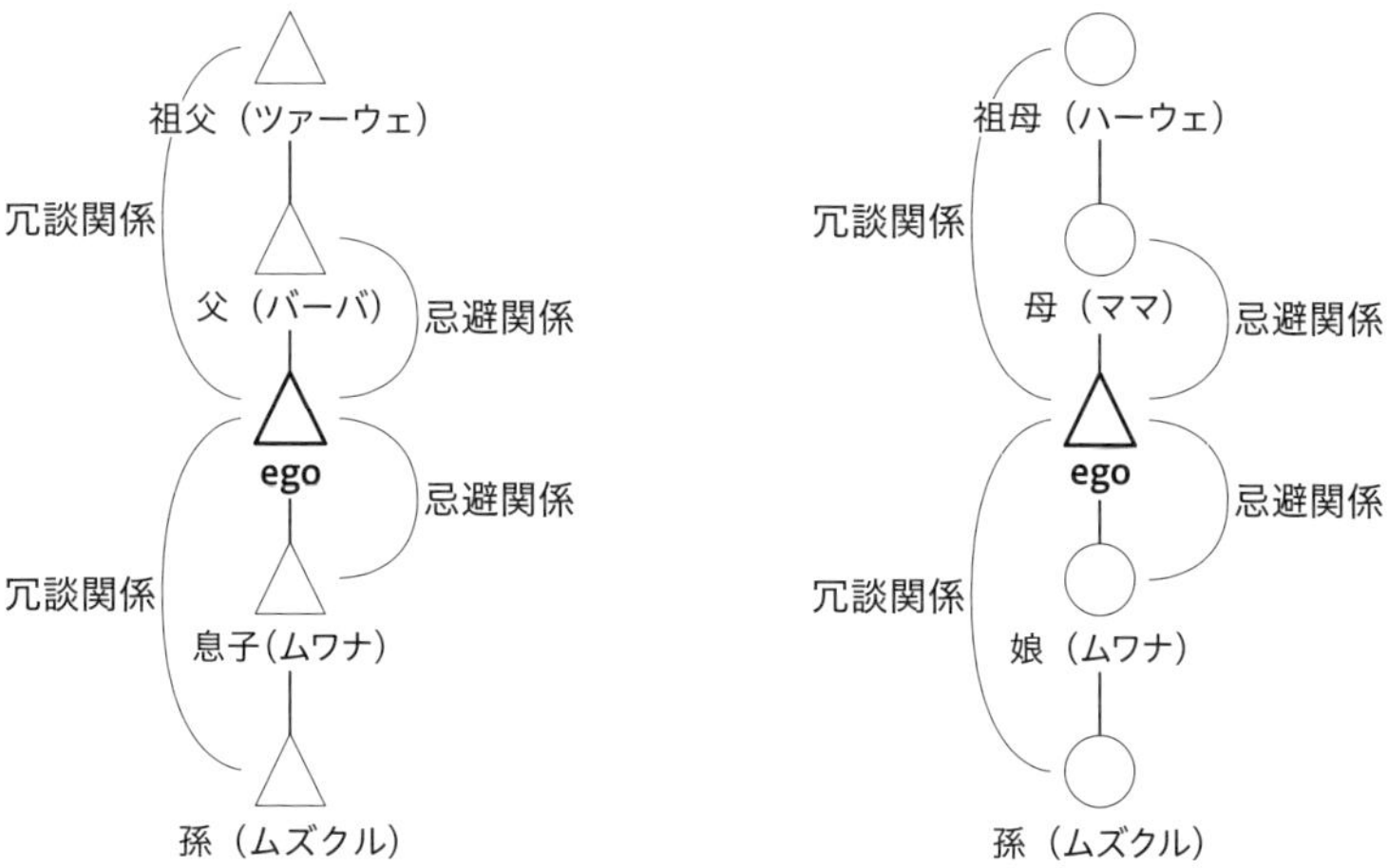

図1　忌避・冗談関係（両親・祖父母・子ども・孫：父の兄弟姉妹，祖父の兄弟姉妹なども同じ関係性）

示す概念として冗談関係と忌避関係について論じている。一般的に、冗談関係はある親族カテゴリーと特別の関係にある親族カテゴリーの人びと同士の間では必ず、自由で、親しみのある会話（性的なからかいや冗談もそのひとつ）を含んでいる（義務ですらある）一方で、忌避関係は尊敬すべき親族カテゴリーの人びととそのカテゴリーに尊敬を払う立場にあるカテゴリーの人びとの間には強い形式性（かた苦しさ）が含まれているとされている。また、ラドクリフ＝ブラウンは冗談関係には「容認された不敬（permitted disrespect）」があり、また、忌避関係にはもともと構造的に緊張がある関係を結果としては対立へと導かないための「究極の尊敬（extreme respect）」があると言い、冗談関係と忌避関係はともに敵対関係を制限し、社会的統合を促進すると考えていた。[Barnard 2012 : 303]。

　ギリアマでは、ツァーウェ、ムズクル（以上、図1）、ジョンバ（図3）などが冗談関係を示す。一方、バーバ、ムワナ（以上、図1）などは権利、義務を中心にした忌避関係を示している。ギリアマでは冗談関係や忌避関係は個人が属している世代や生まれの順番によって決定される。同一世代に属する人びと（兄弟姉妹）は冗談関係（図2）にあり、ひとつ世代が異なる人びと（父母と息子や娘）は忌避関係（図1）にあたる。二世

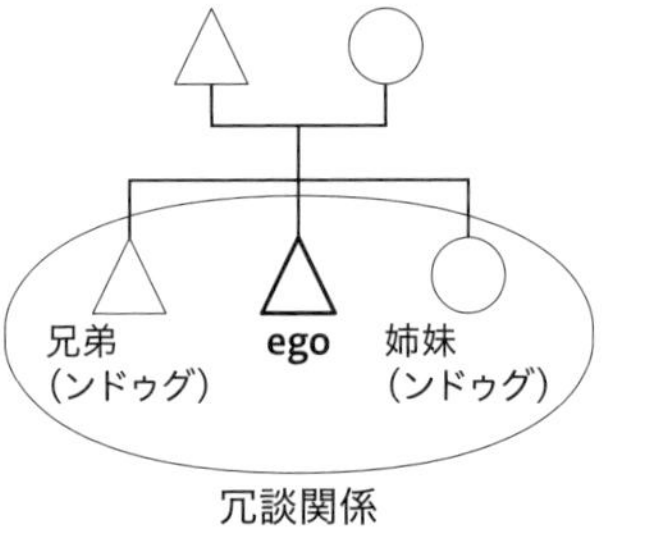

図 2　冗談関係（兄弟姉妹）

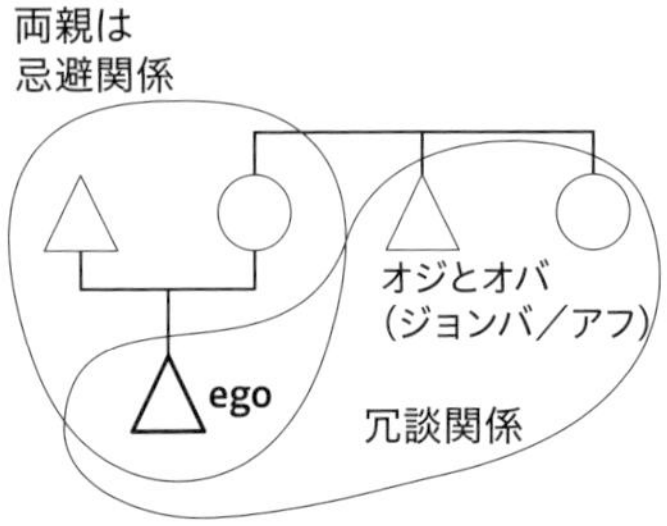

図 3　冗談関係（母方のオジとオバ）

代離れる（祖父母と孫）と冗談関係（図1）になるが、どの世代においても年長の者に社会的な優位性が認められている。

　また、冗談関係や忌避関係は異性との関係性によっても規定される。例えば、ハーウェは字義的には「おばあさん」（図1）であるが、自分の兄弟の妻にも適用される呼称である（図5）。ハーウェとの関係は冗談関係を基礎としており、この冗談関係には性的なからかいも含まれている。また、祖父（ツァーウェ）が自分や兄弟の孫娘（ムズクル）を妻にするということも、両者の年齢差がかなり大きい場合は認められるケースもあったといい、これも祖父と孫娘という典型的な冗談関係において可能になっている（図5）。また、自分の父親の兄弟の妻や実母以外の父親の妻（第一、二、三……夫人）はミソモと呼ばれ忌避関係にある（図8）。

　また、婚姻関係を通して形成される冗談関係を示す呼称もある。例えば、ムラムは自分の姉妹の夫あるいは妻の兄弟に適用される呼称であり、ムラムと呼び合う者たちは冗談関係にある（図6）。また、ある姉妹と結婚した男同士（日本では義理の兄弟に相当する）はマニュンバ（しばしばマニュ）と呼び合い、冗談関係的な行為が奨励されている（図7）。さらに、ムツェザング（私のムツェザ）は、父方・母方の姉妹の夫を指す言葉であり、ムツェザは構造的に自分の父親と同じ位置（義理の父親）を占めるが、ムツェザには冗談関係的な親しさが内包されている（図9）。義理とはいえ、両者は世代的にはバーバ（父親）とムワナ（息子）との忌避関係が基本にあるため、ムラムやマニュン

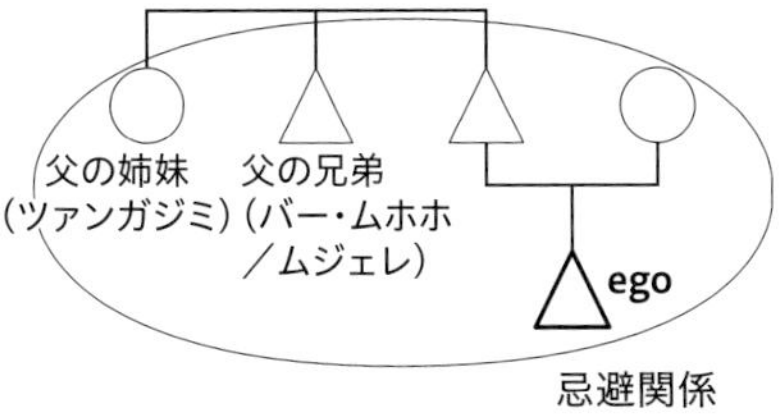

図 4　忌避関係（父方のオジとオバ）

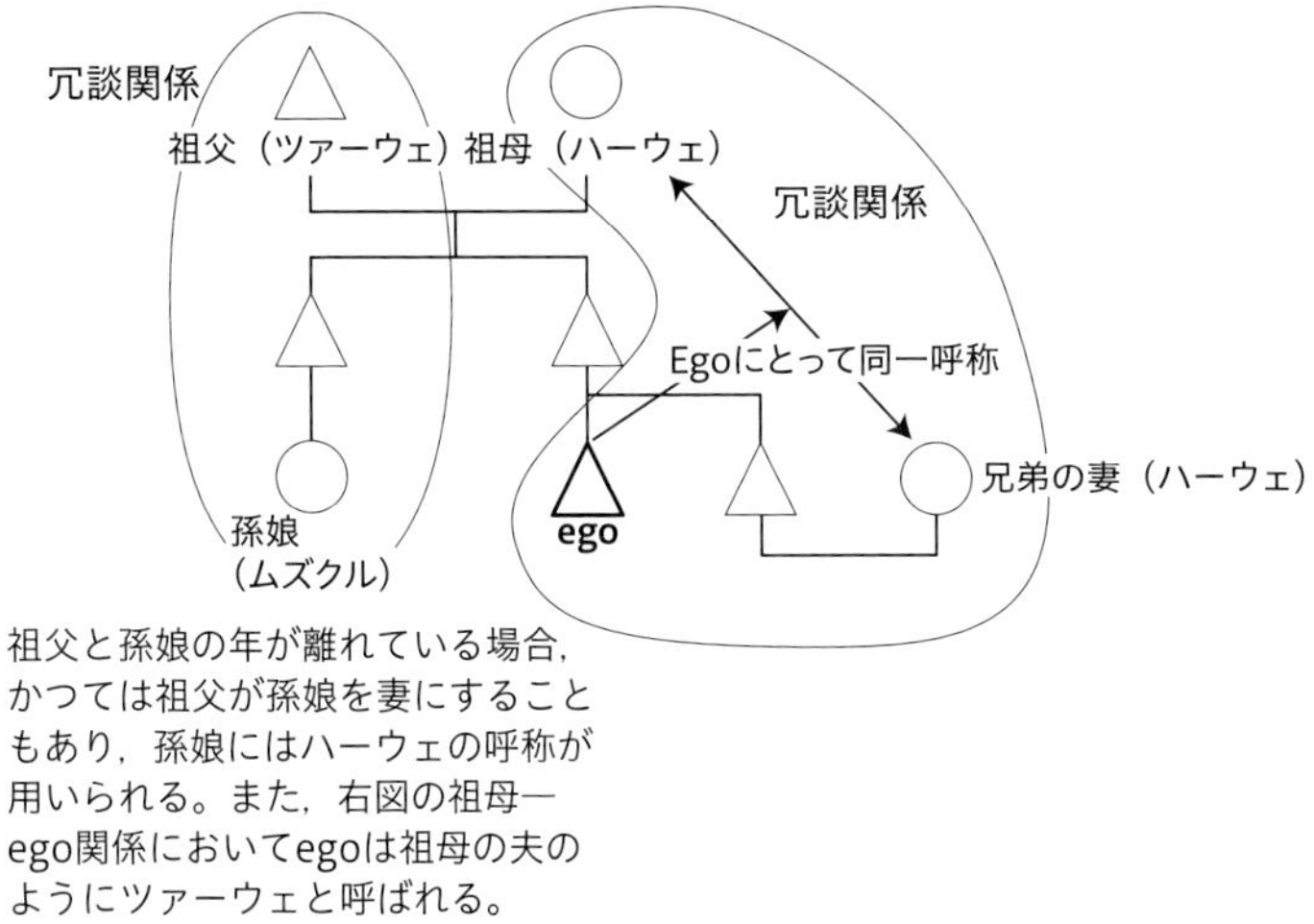

図 5　冗談関係（祖母と兄弟の妻，祖父と孫娘）

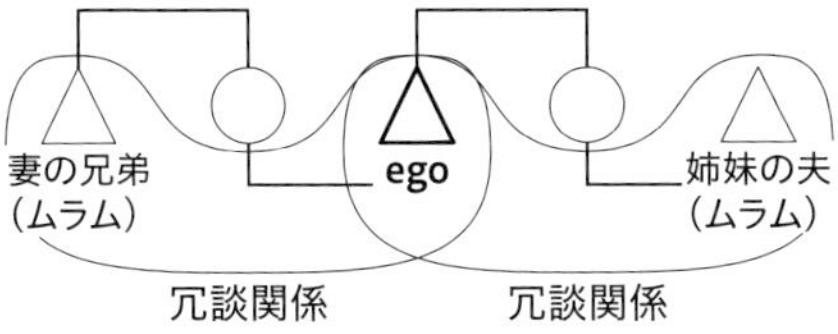

図 6　冗談関係（妻の兄弟，姉妹の夫）

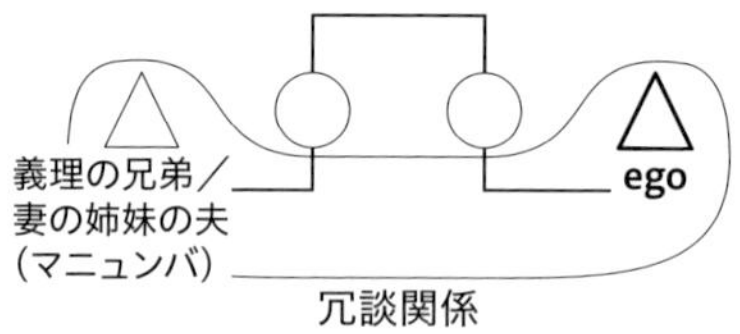

図 7　冗談関係（義理の兄弟／妻の姉妹の夫）

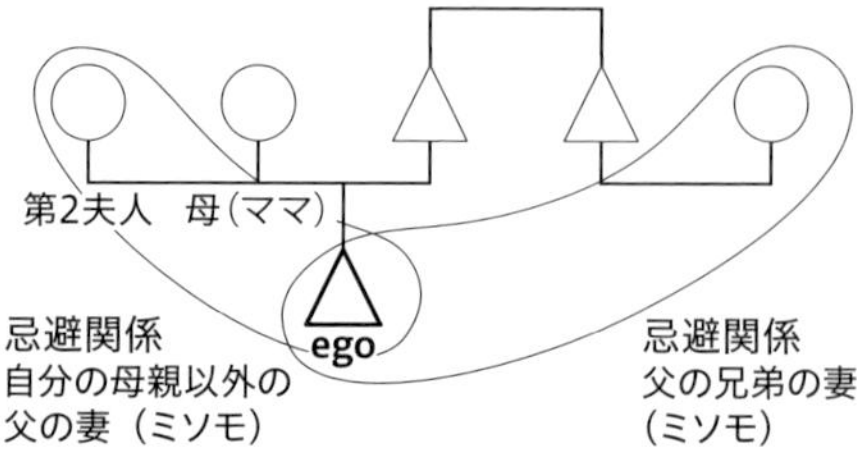

図 8　忌避関係（父の兄弟の妻，実の母親以外の父の妻）

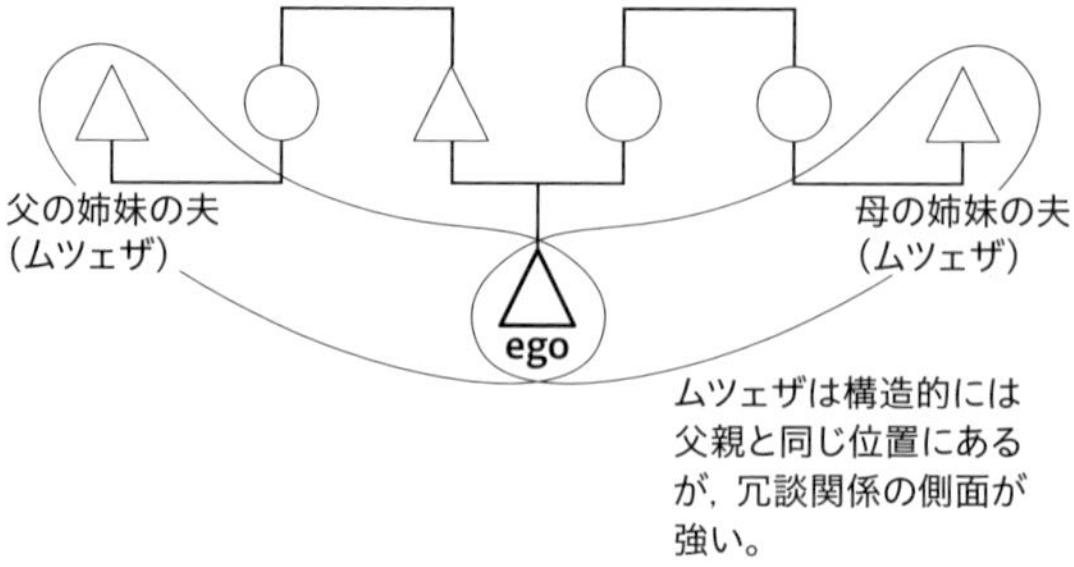

図 9　忌避関係か冗談関係か？（父方・母方の姉妹の夫）

バの間にあるような同一世代における冗談関係とは異なっているようにも思えるが、その一方で婚姻を媒介としてムツェザという同一の呼称を手に入れることで同一親族内のバーバとムワナの関係性にはない親密性がそこにはある。(2)

3 屋敷の秩序とムトゥミアの力

長老としてのムトゥミア

ギリアマの人びとと一緒に生活しているとムトゥミアという言葉を頻繁に耳にするようになる。この言葉は上述してきたような親族や姻族関係を示すものではない。スワヒリ語のムゼー（ご老人、長老）に対応する言葉であり、ケニアやタンザニアを旅した人ならばラフィキ（友達）と同様にムゼーという言葉を聞いたことがあるに違いない。そして、ムトゥミアやムゼーは単に年齢を重ねた老人という以上に社会文化的な規範が反映されている言葉であることに気がつく。そのため、ギリアマ語のムトゥミアは老人でも高齢者でもなく長老と呼びたくなる。ツァーウェ（おじいさん）やハーウェ（おばあさん）が屋敷の親族や姻族関係に基礎づけられているとすれば、ムトゥミアは規範を示す概念であり、ギリアマ社会の権威や権力、尊敬と結びついている。

ムトゥミアという言葉は広く高齢者や老人という意味で使用されることもあるが、一般的には妻子を持つ家族の長であり、屋敷を構え、屋敷の経済的、政治的、儀礼的問題の解決を指揮する人物として認知されているため、比較的実年齢が若くてもムトゥミアと呼ばれている。私にミツァンゼの名前を与えてくれたバーバ・ジョラは私にとっては父親のカテゴリーにあたるけれども、彼はギリアマの立派なムトゥミアとして認知されていた。ムトゥミアには屋敷の秩序を各種儀礼の実践を通じて司り、屋敷の人びとを祝福し、安全や幸福を祈願する力が認められている。

私のミツァンゼ襲名式の際にバーバ・ジョラが私の胸や耳に柄杓の水を吹きかけながらミツァンゼという名前を与えた行為はムトゥミアによる祝福のひとつである。また、ムトゥミアはしばしば各家屋内の中央に設置されている大黒柱ムホンゴヒにも喩えられ、ギリアマの屋敷秩序の中心的存在とみなされている。さらにムトゥミアは、死後にコマと呼ばれる祖霊になる。屋敷には同名のコマやキガンゴ（名士用の木彫）と呼ばれる木彫が設置され、祖霊となったムトゥミアは再び木彫のコマとして屋敷に導入され、屋敷の強力な守護霊となることが期待されている。

上述してきた冗談関係を示すツァーウェやハーウェ、忌避関係を示すバーバやママの相貌を含みつつも、ムトゥミアはギリアマにおける理想的な社会規範を示しており、それ自体が敬愛や威厳の観念を含んでいる。例えば、言語、文化的にスワヒリ文化圏と隣接しているギリアマにおいてはケニア内陸では一般的には使用されない長老に対するスワヒリ語の挨拶が日常的に使用されている。それは「シカモー（跪き、あなたの足を触る）」であり、長老による応答は「マラハバー（そなたの尊敬を受け取る、あるいは尊敬に感謝する）」である。子どもたちにとって冗談関係にあるツァーウェやハーウェであっても、公的かつ一般的な挨拶では「シカモー」を使用するし、そうしない場合、その子どもは礼儀を弁えていないと非難される。このような挨拶が使用されることからも、ムトゥミアはその存在自体に敬愛や威厳の観念が含まれているし、ムトゥミアたちも人びとから尊敬され、また、ギリアマ社会の規範を体現しているムトゥミアとして振る舞うのである。

加齢の意味：屋敷の先頭、中心にいること

ムトゥミアは屋敷の先頭にいる人物であり、また、中心にいる人物である。人びとは自分の先を行くもの（＝年長者）を追い越してはならない（結婚や各種儀礼の順番など）という長幼の序を重んじる。また、ムトゥミアは屋敷の起点であり、中心である。さらに、屋敷の先頭、中心にいるムトゥミアは子ども、そして孫を持つことで屋敷

の世代を再生産してゆく。屋敷の秩序は冗談関係と忌避関係の区別（親族、姻族、世代、性別による区別）が「混ざり合う」ことによって壊れると考えられている。ムトゥミアは年少者に追い越されない点で優位性があると同時に、屋敷の秩序が各種「混ざり合い」によって混乱するのを防いだり、混乱した秩序を回復したりする儀礼的な力があるとされている。人びとはムトゥミアには混乱した秩序を「真っすぐにする（立て直す）」役割があるという。

このように、ギリアマのムトゥミアは屋敷の先頭を走り、また屋敷の中心にいて屋敷の秩序を司る存在であるため、その存在自体に規範的な観念が含まれている。この視点からすると、加齢は単に年齢を重ねること自体にではなく、先に生まれ落ちた者が長く生き、同時に父親や母親の義務を経て祖父や祖母になる過程で屋敷を作り、また作り直しながら社会文化的に成熟するという点において意味を持つのであり、そのような社会文化的成熟を遂げた者がムトゥミアと呼ばれるのである。

ギリアマにおいてもムトゥミアになることが単に心身の衰えを意味することもあるが、それ以上に、屋敷の継続と繁栄をもたらす〈老いの力〉とでも呼びうる力がムトゥミアには認められている。それは屋敷やギリアマ社会を司る政治的な力であり、また、言葉や儀礼を通じて示される力である。ムトゥミアには巧みに言葉を操り、大勢の前で人びとを笑わせたり驚かせたりしながら説得するトーク力が求められるし、屋敷の秩序を支える年長者の追い越しや混ざり合いの禁止、また禁止が侵犯された際の修復を司る力が認められている。ギリアマでは加齢を極めることは、これら究極の〈老いの力〉を手に入れることなのである。ギリアマの屋敷や人びとを守護し、祝福する〈老いの力〉を持ったムトゥミアは、ツァーウェやハーウェのようなユーモアや温もりに溢れている老いの相貌とは異なり、ギリアマの屋敷や社会全体の威厳や品格を代表する規範的な相貌であると同時に、その規範自体に強い影響を与える〈老いの力〉が認められた存在なのである。

4 老いの呪詛的相貌

上述してきたムトゥミアの相貌は魅力的であり、健全で活力ある高齢者社会のひとつのモデルを示しているとさえ言えるかもしれない。しかしながら、現地生活に深く分け入ると人びとから愛されているツァーウェ、父としての威厳を持つバーバ、そして人々から尊敬され、屋敷と人々を守護し祝福する社会規範としてのムトゥミアとは異なる老いの相貌が見えてくる。それは、本来守護し、祝福すべき屋敷の人びとに病気や死をもたらして苦しめ、最終的には屋敷そのものを崩壊させてしまいかねない老人たちの姿である。

この破壊的で暴走的な老いの相貌は、基本的には上述したムトゥミアが持つ〈老いの力〉を反転したような力の行使として捉えられている。例えば、本来は屋敷を祝福するために行うべき儀礼において、その手続きを不当に省略したり、儀礼の要請を無視したりして儀礼の効力を台無しにすること（儀礼規則の逸脱や乱用）、屋敷の秩序を守り、家族関係を円滑にするための祝福の言葉をその関係の断絶に導く力として行使すること（呪詛）、祖霊となったムトゥミアが適切に取り扱われなかったことに怒り、本来守護すべき屋敷を崩壊させようとすること（祖霊の怒り）などである。

浜本はミジケンダのドゥルマ社会において親が子どもに対して行使する呪詛（バコ：相手に悪い言葉を投げつけることによって、相手になんらかの災難をもたらす行為。ムフンド：言葉を投げつける必要はなく、心にわだかまりやしこりを抱き、怒りや悲しみの感情を持つこと）を事例として、ムトゥミアの呪詛的相貌を描いていた［浜本 1995：450-457］。ドゥルマでは「老人（ムトゥミア）は尊敬され、その言うことには従わなければならない」という命題がドゥルマの人びとには疑うことのない「満場一致の命題」になっているという［浜本 1995：460］。それゆえ、ドゥルマ（ギリアマでもそうだが）では長老への尊敬と服従は「一つの世界で育つことによって身につけられた自然の所作」であり、ハビトゥスであると述べる〔浜本 1995：462〕。しかし、その所作には呪詛の観念が組み込まれており、それは長老への尊敬と服従を動機づけるものではなく、「当然生ずるであろう現実との乖離から、満場一致の命題を保護する物語の装置」〔浜本 1995：462〕であるとの考察を行っていた。

「当然生ずるであろう現実との乖離」とは、人びとから愛され、また、日常的に尊敬され、社会的にも政治的にも究極の力を有する理想的なムトゥミアは現実的には存在せず、当然、ムトゥミアにも嫌な面もあるだろうし、ムトゥミアの力の増大を恐れ、人びとがそれに反発したくなる側面もあるだろう。ムトゥミアの呪詛は後で触れる妖術と似て、呪詛された人物を不幸にするとして恐れられているが、妖術とは違ってある種の正当性が認められている。特に忌避関係にある親子の間で子が親に背き、親の権威を踏みにじったときに呪詛は行使される傾向にあるため、社会規範からの違反や逸脱に対する制裁や正義の側面が呪詛を正当化している。それゆえ、社会的な正当性が認められている呪詛の行使によって、ムトゥミアは尊敬すべき存在であるという命題自体は揺るぐことはなく、結果としてはむしろムトゥミアが示す理念的な社会規範を保護、強化する効果がある。

以上から、ギリアマの老いの相貌にはムトゥミアとしての尊敬や威厳の相貌、ツァーウェやハーウェとしての笑いや温もりの相貌、そして人びとを呪詛する忌まわしい相貌が見てとれる。以下では、長老カタナ・カルルの殺人事件の顚末を通して、ギリアマにおける老人の威厳、悲哀そして笑いを考えてみたい。

5 カタナ・カルルの権威と悲哀

カタナ・カルルが殺された！

カタナ・カルルが銃殺されたというニュースをケニアの友人から知らされたとき、私は驚き、落胆した。ケニアから知らされるニュースにはいつも悲しい事件性がつきまとっている。

本名グンガ・バーヤ・トーヤ、通称カタナ・カルルは推定年齢七五歳（九五歳という説もある）で「カヤの長老」（ミジケンダに点在する聖なるカヤの森を守護する長老、ムトゥミア・ワ・カヤ）、マリンディ文化協会の議長、マウマウ退役戦士協会委員を務め、ミジケンダをはじめとしてケニアの平和と繁栄を祈願する代表者のひとりであり、メディアへの露出度も高いギリアマ人であった。すなわち、カタナ・カルルはギリアマやミジケンダの人びとを守護し、祝福する強力な〈老いの力〉を有した偉大なムトゥミアのひとりとして広く知られていたのである。

その老人は、二〇一四年一月十六日夕刻、自宅（ケニア海岸地方マリンディ近郊の観光地ワタム）のベランダで午後七時のラジオニュースを聴いていたときに若い二人組の暗殺者に襲われ、口に銃を突っ込まれて射殺された。一〇人ほどの容疑者（実行犯以外の容疑者を含む）がすぐに逮捕され、カタナ暗殺を依頼した人物の中にはカタナの息子も含まれていたという。犯行の動機としてはカタナが所有する土地の分配をめぐる親族内の争いであると語られる一方で、若者たちはカタナが親族に災いをもたらしていた妖術使いであると確信し、殺害したとも語られている（二〇一四年三月に実施したフィールドワークに基づく情報）。ここには、屋敷の人びとを守護し、祝福するというカタナの姿はなく、屋敷の人びとに災いや死をもたらす妖術使いとしての破壊的な老いの相貌が立ち現れている。(3)

妖術と老い

ここで妖術と老いとの関係について簡潔に言及しておきたい。(4)ギリアマでは嫉妬心によって発動する呪薬、呪物、そして邪悪な言葉が人々自身や彼らの所有物を攻撃する妖術（ウツァイ）および妖術使い（ムツァイ）の概念と実践が知られている。妖術によって人を殺害する妖術殺人事件は日常茶飯事とまでは言わないが、ギリアマやミジケンダ、あるいはケニア海岸地方およびケニア国家内部においては歴史的に、また、現在においても珍しくはない事件である［浜本 2014, 慶田 2002, Parkin 1991］。

妖術殺人事件には大きく二つのケースがある。一つは、妖術使い（加害者）が親族や近隣の者たち（被害者）を妖術で殺害するケースであり、他方は、妖術使いの嫌疑をかけられた者（被害者）が、嫌疑をかけた親族や近隣の者（加害者）によって殺害されるケースである。カタナ・カルルのケースは後者にあたる。

前者のケースでは、妖術使いによる攻撃は被害者の命を一気に断ち切るというよりは、病気にしたり、作物を不作にしたりなど、ありとあらゆる災いを多岐にもたらすのが特徴であり、被害者の範囲も本人だけではなく、屋敷、親族、共同体の者たちが含まれている。このような妖術使いの攻撃に対しては、施術師の力を借りて、予防、対抗、治療などの措置がなされる。妖術殺人事件は通り魔的な殺人ではなく、上記どちらのケースにおいても比較的長い時間を経過した後に人の死という形をとる。カタナの場合（後者のケース）は、殺害されるまでに屋敷の人びとの不幸や死に妖術使いとして関与していたというカタナへの疑惑が殺害の動機のひとつとして語られている。

なお、イギリスによるケニア植民地統治時代において、カタナのケースに類似した妖術殺人事件は単なる殺人事件として処理されることがほとんどだったため、妖術殺人事件としては成立せずに、逆に「妖術使い」を殺害した方が有罪となっていた。カタナのケースにおいても、カタナ銃殺に関与した者たちは逮捕されているし、罪に問われることは間違いないが、ギリアマ社会ではこの事件が妖術殺人の観点から検証されるべき問題であると考えられている事実も見逃せない。なぜなら、カタナが妖術使いであるならば殺されて当然だと主張する者たちも少なからずいるからである。

ここで、カタナ・カルル妖術殺人事件には新しい点があることを確認しておきたい。ひとつは、妖術殺人事件の解明においては、容疑をかけられた妖術使いの有罪か無罪かは、親族会議、占い（親族レヴェル）、ロケーション会議（行政地区のチーフが参加）、占い（第三者を含む公共性が高いとみなされるもの）、妖術使いを捕まえる儀礼、パパイヤの試罪法（呪術的に管理されている毒入りのパパイヤを用いた伝統的な裁判の方法。神判ともいう。

原告と被告が小さく切りわけられた同じパパイヤの実を食べ、顔が腫れたり、口が爛れたりした者が敗訴となる）など「ギリアマのやり方」に従い長い時間をかけて審議してゆくのが一般的であったのに対し、近年はカタナの事例が示すように従来の「ギリアマのやり方」による妖術使いか否かの検証過程を省略し、一方的な妖術使いの嫌疑を理由とした銃や鉈での衝動的な殺害が目立つようになっている点である。

もうひとつは、もともと妖術使いとして告発される者には老人が多いという傾向性はあったが、近年は「老人狩り」とも言えるような状況が顕著になってきている点である。特にケニア海岸地方では、「白髪頭」の長老が白髪であるという外見上の相貌だけで妖術使いと断定され、殺害される事件が相次いで報告されており、ひと月の間に三人は殺されているという（二〇一四年三月に実施したフィールドワークとケニアの新聞に基づく情報[5]）。従来、浜本が指摘していたようにムトゥミアには呪詛的な相貌があったが、近年では呪詛以上に妖術的な老いの相貌が強調され、社会的な老人問題へと発展している。

呪詛の場合、その攻撃にはある種の正当性が認められていることは先に述べたが、妖術にはこのような正当性は認められておらず、個人の嫉妬や欲望による妖術の行使はギリアマにおける究極の悪とみなされている。現代のギリアマ社会においては屋敷内部で呪詛を行使するムトゥミアではなく、社会の究極悪である妖術使いとしてのムトゥミアの相貌が際立っており、白髪老人＝妖術使いというイメージによる老人襲撃事件が後を絶たない（コラム1参照）。

ギリアマにおいては、社会的な成熟を伴う老いは屋敷を守護し祝福するという力の獲得と増大の側面がある一方で、その力には負の側面があり、どうやらそれが呪詛や妖術の力の行使として捉えられているようである。ギリアマの人びとは老いによる衰退以上に、老いによって獲得される〈老いの力〉を焦点化する傾向にあり、この〈老いの力〉を行使する老人たちの相貌がこの社会を特徴づけ、老いをめぐるギリアマ社会固有の問題を作り出しているのである。

6　グローバル化するカヤの長老

カヤの長老とグローバル化

妖術の相貌のもとに老いを捉え、老人たちを襲撃する近年の傾向はミジケンダに点在する「聖なるカヤの森」の世界遺産化に伴う「カヤの長老」のグローバル化がその背景にある点を指摘しておきたい。

ミジケンダには二〇〇八年にユネスコ世界遺産に文化遺産として登録された「ミジケンダの聖なるカヤの森林群」が存在している。カヤは歴史的にはミジケンダの各グループの要塞村であり、人びとはソマリア南部の伝説の土地「シュングワヤ（シングワヤ）」から現在のケニア海岸後背地の森林に移住し、そこにカヤを建造して居住していたと言われている［Spear 1978］。二十世紀初頭までにカヤは放棄されて無人化していったが、ごく一握りの長老がカヤの内部に住み続けていたという。彼らは「カヤの長老」としてミジケンダ固有の文化、宗教、呪術、儀礼によってカヤを管理し続け、その結果、ケニア海岸地方に残る貴重な自然森林を森林開発や環境破壊から保護することになった。そして、無人化した以降もカヤの森はなにもない空っぽの聖域として歴史的にミジケンダのアイデンティティの中心であり続けてきた［Parkin 1991］。

二〇世紀前半、カヤは英国による植民地化への抵抗拠点として位置づけられ、焼き討ちの対象になったこともある［Brantley 1970］。また、ケニア独立に向けて、カヤはミジケンダのエスニック・アイデンティティを示す拠点として復興した経緯もあり、現在にいたるまでカヤの刷新は状況に応じて形を変えながらも継続している。そして二一世紀には、カヤに関する知識を持ち、カヤの儀礼的管理に従事してきた長老たちは「カヤの長老」として広く認知されるようになり、ユネスコ世界遺産の守護者としての地位を世界的に確立しつつある［慶田 2010］。カヤをミジケンダの政治的な力の源泉にしようとする国内の政治家の動き［Willis 2009］と、「聖なるカヤの森」の世界遺産化というグローバルな動きによって、実質的には衰退しかけていた「カヤの長老」の権威は現代において甦ったのである。

ケニアで推進されてきた近代化はギリアマの若い世代に影響を与えており、「聖なるカヤの森」を住宅地や地域の経済を活性化するために有効利用することを支持するギリアマ人も増え、実際、「カヤの長老」がいなくなるのは時間の問題とされていた。そのような状況において、「ミジケンダの聖なるカヤの森林群」は世界遺産に登録された。その結果、ユネスコの調査関係者や世界遺産目当ての調査者が国内外から頻繁に「カヤの長老」を訪問するようになると同時に世界遺産のローカルな守護者としての地位をユネスコやケニア国家から保証された「カヤの長老」は急速に「カヤの長老」組織の再整備を開始するとともに各種メディアを通じて「カヤの長老」の権威を国内外にアピールしてきた。

「聖なるカヤの森」の世界遺産化と「カヤの長老」のグローバル化は、ギリアマでは忌避関係にある父（バーバ）と子（ムワナ）の世代間の対立を煽ることになった。なぜならば、若い世代の人びとは自分たちにとっては不可視のグローバルな資金が長老たちに流れ込み、長老たちは父としての権威や長老としての力を必要以上に獲得し、その力を独占しているように映っていたからである。カタナ・カルルはこのような動向においてメディアへの露出も多く、ギリアマの偉大な伝統的ムトゥミアとしてグローバルに注目を集める存在となっていた。このように、現代の「カヤの長老」の刷新は内的な圧力よりも、外的な、グローバルな価値の導入によって可能になったのであり、その結果、若者の目の前には老いの負の力を増大させる長老たちの相貌が急激に立ち現れたのである。

カタナ・カルルは「カヤの長老」なのか?

さてここで、カタナ・カルルの「カヤの長老」に関する二つの語りに着目してみたい。カタナは先述したように「カヤの長老」として知られ、メディアにも露出していた人物である。そのため、長老たちの一部（特にマリン

写真 1（右） カタナ・カルル
墓石の前での祝福／久我麻梨子氏撮影
写真 2（左） エマニュエル・ムニャヤ（カヤの長老）
カヤ・フンゴの入口にて／野中元氏撮影

ディ文化協会のメンバー）はカタナをカヤ・フンゴ（ギリアマの中心的カヤ）内部に埋葬するように主張していた。その一方で、アブダラ・ムニャンゼ（ディゴ）を中心とした「カヤの長老」たちは、カタナ・カルルは尊敬すべき長老ではあったが、「カヤの長老」ではなかったと主張した。その理由として、第一にカタナはカヤの内部ではなくマリンディ近くの観光地ワタムの実家で死んでいる点、第二にカヤの外で死んだ者をカヤには埋葬しないのがカヤのやり方である点を指摘し、カタナ・カルルの遺体をカヤの内部に埋葬することに異議を唱え、カタナを「カヤの長老」として認めようとはしなかった。結局、カタナは通常のギリアマ人と同じように自分の屋敷内に埋葬されている。

「カヤの長老」の権威をめぐる論争は、カタナ・カルルのケースにのみ生じているのではなく歴史的に反復されている。マッキントッシュ [McIntosh 2009] は「カヤの長老」の一部はミジケンダの伝統を商品化して売却したり、政治的に流用したりする「いかさま師」として、他の「カヤの長老」たちから長老の権威を剝奪され、カヤから追放されたケースについて論じている。上述したディゴの長老たちは、カタナもまた「カヤの長老」を偽装しているとして、カタナをカヤに埋葬することに反対していたのである。ムトゥミアの究極的権威であるはずの「カヤの長老」でさえも実際には世俗的であり、その権威自体には常に不確定性が内包されている。権威をもった「カヤの長老」級のムトゥミアの間では、逆説的ではあるが「いかさまの長老」の存在が「カヤの長老」の正当な権威を補完していると言えるかもしれない。

屋敷における守護者（長老）と被守護者（屋敷の人びと）の間では、〈老いの力〉は守護力（屋敷の守護と祝福）と破壊力（呪詛や妖術）としての両義的な相貌を示し、「聖なるカヤの森」の守護者（「カヤの長老」）の間における〈老いの力〉は真の守護力と「いかさま」の守護力としての両義的な相貌を示しているようであり興味深い。

7 負の〈老いの力〉を解きほぐす言葉と笑い

カタナ・カルルが銃殺されておよそ一年後の二〇一五年一月、カタナ・カルルの死を記憶する式典がマリンディ文化センターでささやかに開催された。カタナ・カルルの近しい親族や知人とカタナがリーダーを務めていたゴフ（組織が有する知識や技術を外部に知らせたり、持ち出したりすることを禁じているギリアマの秘密結社のひとつで、コマやキガンゴと呼ばれる祖霊を記念する木彫の作成を行う）のグループのメンバーが集結し、カタナ・カルルの長老（ムトゥミア）としての偉業を記念するという趣旨でその式典は開かれていた。

ギリアマでは死者を記念する儀礼や式典は小規模な屋敷のレヴェルでも見られる一般的なものである。伝統的には第二次葬送（ニェレ・ザ・ムエジ）と呼ばれており、死者が埋葬されて一～三年以内に、死者を記憶するために屋敷内で行われる儀礼や式典のことである。新月出現の確認後に開催される式典であり、また、近しい親族は髪を剃ることからニェレ・ザ・ムエジ（月の髪）と呼ばれている。カタナ・カルルの場合は、ゴフやマリンディ文化協会の顔役でもあり、また、上述したような議論はあるものの、「カヤの長老」として認知されていたこともあり、マリンディ文化協会の敷地内で開催された。

秘密結社ゴフのメンバーであり、カタナ・カルルの後継者と目される人物は見た目には若かったが、他のメンバーよりもムトゥミアとしての威厳を有していた。参加者は口々にカタナ・カルルの人物像について語り、涙を流していた。その一方で、カタナ・カルルの後継者は式典会場に入場したときからカタナの声や身振りを模倣していた。最初、私は彼がなにを言っているのかよく分からなかったのだが、近くにいた人びとは、あれはカタナだと言い、「似ている!」と笑っていた。彼がスピーチを始めたころ、彼の声を通して私にもカタナ・カルルがしゃがれた大声で人びとに語りかけるユーモラスな姿がまざまざと甦ってきた。人びとはそれぞれにカタナ・カルルを思い出しながら笑い泣きし、徐々にユーモアと親しさに満たされたツァーウェ・カタナ・カルルの相貌を取り戻していった。

カタナ・カルルには妖術使いとしての容疑がかけられ、妖術使いであるために殺されたとの語りがギリアマでは流通していた。カタナの実の息子のひとりが首謀者になっていた暗殺者たちは、大きな屋敷を構えて富を独占する欲深い妖術使いとしてカタナ・カルルを銃殺したと公言していたからである。カタナ・カルルもギリアマでしばしば暴走する妖術の想像力［浜本 2014］に絡み取られていたと言えるかもしれないが、私がここで強調しておきたいのは、妖術の想像力の発動と同時に、その想像力を解きほぐしてゆく試みが常に並行してなされることである。

それは冗談関係の典型とされるツァーウェ（祖父）やハーウェ（祖母）に示されている、ギリアマ社会の中に組み込まれ人びとのハビトゥスにすらなっているような笑い、からかい、ユーモアの感覚に満ちた言動や振る舞いである。また、カタナ・カルルが死んだあと、マリンディ文化協会のメンバーだった詩人のカズング・チャロはカタナ・カルルに捧げる詩をつくり、カタナ・カルルを追悼する詩の朗読をはじめている。カズング・チャロの詩は切ない感情を喚起する一方で、カタナへの愛情に満ちており、また、ユーモアを伴っている。妖術使いとしてのカタナ・カルルの相貌は彼の後継者によるカルルの模倣が示していた冗談関係的な笑いやユーモアによって解きほぐされ、ギリアマの屋敷で最も愛されているツァーウェ（おじいさん）の相貌を人びとに思い出させるのである。

現代社会では、認知症をはじめとする医療や介護の問題、そして少子高齢化に伴う年金や高齢者ケアの問題はますます深刻化しているし、グローバルな共通問題となりつつある。そして、これまでになく高齢者がクローズアップされ、深刻化する高齢者問題への対応が求められている。

一方、妖術使いとして銃殺されたカタナ・カルルの死は、グローバル化の影響でそれまでのツァーウェ、バーバ、ムトゥミアなどの伝統的な老いの相貌のバランスが壊れ、破壊的な妖術使いとしての負の老人相貌が支配的になりつつあるギリアマ社会の高齢者問題を浮き彫りにしていた。しかし、いまだにギリアマ社会では負の老人問題は、従来の多様な老いの相貌の豊かさ、特に威厳や規範よりもユーモアを重視するツァーウェやハーウェ的な相貌によって解きほぐされてもいる。

どのような相貌において老いを捉えるかによって、老人や高齢者の相貌も想像以上に変化するし、その問題の在り方や問題への対処の仕方も異なる。現代社会において深刻化している高齢者問題は老いをめぐる負の相貌を固定化する傾向にありはしないだろうか。どの社会においてもツァーウェやハーウェと呼べるような笑いとユーモアに満ちた老いの相貌があるはずであり、この相貌を現代社会で取り戻したり、作り直したりする個々人の工夫が、案外、画一化する深刻な老いの問題への基本的な向き合い方なのかもしれない。

［付記］本章は二〇一四年四月一九日に開催された第二三回日本ナイル・エチオピア学会学術大会公開シンポジウム「アフリカから老いの力を学ぶ――老年文化の多様性」で発表した内容に基づいているが、内容は大幅に加筆、修正している。なお、シンポジウムでの発表および本稿は科学研究費「グローバル化するアフリカにおける〈老いの力〉の生成

と変容——宗教儀礼領域からの接近」（基盤B、代表者：田川玄に研究分担者として参加）および「ケニア海岸地方のスピリチュアリティおよび宗教性に関する人類学的国際学術研究」（基盤A、代表者：慶田勝彦）の助成に基づく調査研究のデータや成果に基づいている点を明記しておきたい。

[注]

（1）例えば映画『アリスのままで』（二〇一四年、アメリカ）は主演（アリス役）のジュリアン・ムーアが第八七回アカデミー賞の主演女優賞に輝いているが、ムーアは若年性アルツハイマー病と診断された五〇歳の言語学者を好演している。アルツハイマー病であることを告げられる場面では脳内写真の老人斑が効果的に使われていた。

（2）浜本（1988）はミジケンダのドゥルマ社会におけるインセスト（マヴィンガーニ：近親相姦）の概念を論じる際に上記三者の同一性や親密性の違いについて鋭い考察を行っているので、関心がある方は是非参照されたい。

（3）以下の新聞記事を参考にしている。

"Kaya elder shot dead," *Daily Nation*, 17 January 2014. http://www.nation.co.ke/counties/Kilifi/Kaya-elder-shot-dead/-/1183282/2149828/-/view/printVersion/-/12oh56i/-/index. html（2015年9月12日閲覧）. "Assassins killed top kaya elder, say detectives," *Daily Nation*, 19 January 2014. http://www.nation.co.ke/counties/Assassins-killed-top-Kaya-elder-say...ectives/-/1107872/2152080/-/view/printVersion/-/2uutie/-/index. html（2015年9月12日閲覧）.

（4）本章ではギリアマ語のウツァイを妖術、ムツァイを妖術使いと訳している。エヴァンズ=プリチャードの分類に従うと、ギリアマのウツァイは呪薬（ムハソ）を使用することが多いため、邪術とすべきかもしれないが、他の章との兼ね合いや先行研究との統一性を考慮して妖術の用語を使用している。邪術に置き換えて読んでいただいても支障はない。

（5）以下の新聞記事を参考にしている。

"Kaya elders, rights group work to end lynchings", *Daily Nation*, 29 May 2014. http: //www. nation. co. ke/counties/Kilifi/-Elders-step-in-to-stop-lynchings/-/1183282/2330990/-/view/printVersion/-/yew4w/-/index. html（2015年9月12日閲覧）.

［参考文献］

Barnard, A.　2012 'joking and avoidance.' in *The Routledge Encyclopedia of Social and Cultural Anthropology* (Second Edition), Alan Barnard and Jonathan Spencer(eds.), Routledge.

Brantley, C. 1970 *The Giriama and Colonial Resistance in Kenya*, 1800–1920. University of California Press.

McIntosh, J. 2009 'Elders and 'Frauds' : Commodified Expertise and Politicized Authority among Mijikenda.' *Africa*. 79–1 : 35–52.

Parkin, D. 1991 *Sacred Void : Spatial Images of Work and Ritual among the Giriama of Kenya*. Cambridge University Press.

Spear, T. 1978 *The Kaya Complex : A History of the Mijikenda Peoples of the Kenya Coast to 1900*. Kenya Literature Bureau.

Willis, J. 2009 'The King of the Mijikenda and Other Stories about the Kaya.' In *Recasting the Past : History Writing and Political Work in Modern Africa*, Peterson, D.R and G.Macola (eds.), pp.233–250, Ohio University Press.

大森荘蔵　1973「ことだま論」『講座哲学　第2巻　世界と知識』東京大学出版会。

慶田勝彦　1999「屋敷の主人が不在であるということ」『住まいはかたる　シリーズ建築人類学3〈世界の住まいを読む〉』佐藤浩司編、pp. 211–232, 学芸出版会。

―――2002「妖術と身体――ケニア海岸地方における翻訳領域」『民族学研究』67–3：289–308.

―――2010「スピリチュアルな空間としての世界遺産――ケニア海岸地方・ミジケンダの聖なるカヤの森林」『宗教の人類学』吉田匡興・石井美保・花渕馨也編、pp. 239–271, 春風社。

浜本満　1988「インセストの修辞学――ドゥルマにおけるマヴィンガーニ＝インセストの論理」『九州人類学会報』16：35–51.

―――1995「ドゥルマ社会の老人――権威と呪詛」『社会規範――タブーと褒賞』中内敏夫・長島信弘他、pp. 445–464, 藤原書店。

―――2014『信念の呪縛――ケニア海岸地方ドゥルマ社会における妖術の民族誌』九州大学出版会。

コラム1　ギリアマにおける白髪老人と妖術
――その結びつきを問う――

慶田勝彦

日本において白髪は老いと等価の記号であり、老いの相貌のひとつである。そのため、人びとは自分の頭に白髪を発見したとき、その白髪を抜いたり、染めたりする傾向にある。若白髪の場合は、白髪が目立つという理由で「じいさん」などと呼ばれ、からかいの対象になる。白髪は衰退としての老い、若さの対極にある老いの兆候として個人的な悩みや憂いを誘発する。その一方で、白髪は知識や経験が豊かであることの記号でもあり、老人と呼ばれるに相応しい実年齢に達した人びとにとっては知的で紳士淑女的なイメージを抱かれることもある。いずれにせよ、白髪は〈若さ〉と対比的な〈老い〉の相貌として捉えられる傾向にあり、一方では衰退や老化そのものであり、他方では〈若さ〉にはない熟練した知性や品格を示してもいる。しかしながら、白髪はあくまで老いの相貌の一部であり、自他ともに老いを認知する指標とはなるが、特に重要な社会的な問題を形成することはない。

ケニア海岸地方のギリアマ（第2章参照）においても白髪は個々人の老いの相貌である一方、深刻な社会問題となっていることに驚かされる。二〇〇九年二月九日付けのケニア有力新聞『デイリー・ネイション（*Daily Nation*）』紙の記事(1)を抜粋してみよう。

記事の見出しは「高齢者男性が妖術の廉《かど》で若者たちに殺害される」となっており、ケニア海岸地方のマリンディ地区マガリーニでカリッサ・バーヤ・ムサンズという五〇代後半の男性が自分の息子を埋葬した数分後に、埋葬のために集っていた三、〇〇〇人ほどの村人の前で投石によって殺害されたと伝えている。殺害の動機はムサンズ老人が妖術を行使して自分の息子を殺したことへの「裁き」であった。ムサンズの息子の埋葬が終了すると屋敷内で親族会議に参加していたひとりの若い男性が外に飛び出してきて「奴（ムサンズ）はそこにいる。殺ってしまえ！（Finish him!）」と叫び、これを契機に若者たちの集団が暴徒化してムサンズを追い詰め、殺害したという。

デイリー・ネイションは、ムサンズ妖術殺人事件はギャング化した若者たちが「白髪頭世代」を妖術使いとして殺害する事件のひとつであり、二〇〇八年から数えると八件目にあたるという。ムサンズを殺害した若者の群衆は「幸せそうに歌を歌い、ヤシ酒を自らにふり注いで（ムサンズ=妖術使い殺害を）祝い始めた」といい、これらギャング化した若い世代と白髪頭世代の対立は深刻な社会問題として先鋭化し、高齢者たちは身の危険をメディアに訴え始めていたのである。マリンディ地区行政官によると「妖術の伝統と文化は非常に深くミジケンダ共同体に根づいており、それは〈宗教〉になっている」という。そして、「カヤの長老たちは海岸部における（白髪頭世代を標的とした）殺人事件は人道にもとるとの声明を出すに至り、また、白髪頭世代がこの世からいなくなる前に行動を起こすため、政府当局を訪ねた」とデイリー・ネイションは結んでいる。

昨今、ギリアマや他のミジケンダの老人たちが白髪頭を理由に妖術使いと断定され、上記記事のように若者主導で暴徒化した群衆によって農耕用の大鉈パンガ（マチェーテ）で斬りつけられたり、投石によって殺害されたりするケースが増え、第2章で紹介した二〇一四年のカタナ・カルル銃殺事件まで続いている。これらの記事は迷信や個人の悩み相談として書かれているのではなく、白髪頭の老人たちを標的とした妖術殺人事件として深刻な社会問題になっていることが焦点化されている。

さて、私はこの問題について白髪頭の老人と妖術使いの結びつきを〈老いの力〉として捉えてよいのかという問いに答える形で考えてみたい。なぜなら、しばしばアフリカにおいては老いることによって獲得される力として祝福力と呪詛力が語られるからであり、呪詛には正義や正当な防衛あるいは復讐の側面があるものの、邪術や妖術などの正当性がない悪の「呪い」と同様に、結果としては攻撃対象を呪い、不幸にし、痛めつける力が認められているからである。それゆえ、アフリカでは老人たちは妖術使いとして告発される傾向性にあるとか、老いと妖術との結びつきが社会的、文化的な前提となっているという記述が見られるのである。

しかしながら、私はこの前提がギリアマの人々にとっても自明なものとして語られている一方で、その前提自体を少々疑ってみる必要があると感じている。呪詛、呪術、妖術などの力は老いとともに増大するのだろうか。そうだとすればその理由をどこに求めればよいのか。それとも、上記の力は老いとは直接関係してはいないのだろうか。そうならば、これらの力はどこに由来し、さらにはなぜ老人と妖術との結びつきが自明であるように人びとは語るのだろうか。

老人とは対極にある子どもと呪術的な力との結びつきから生じた事件をムサンズ妖術殺人事件との対比で考えてみたい。タンザニアにおいてアルビノ（色素欠乏により肌が白くなる病気）の子どもたち（中には成人した者もいる）が誘拐され、二〇〇七年暮れまでに四五人が殺されるという事件がBBCニュース等で報じられ[2]、アムネスティなどの人権団体までもが注目する国際的な社会問題になっていた。警察は次の動機を確信しているという。「殺人者たちはアルビノ犠牲者の四肢、髪の毛、皮膚、性器を伝統的施術師たちに売る。なぜなら、伝統的施術師は上記犠牲者の身体部位を使って人びとを富豪にすることを保証する呪薬を作るからである」。アルビノの子どもを誘拐して施術師に売り、施術師がアルビノの子どもを殺し、その身体を使って呪薬を作り、その呪薬を金儲けに賭けるビジネスマンや漁民、鉱山労働者たちに高値で売るのが一般的なケースになっているようである。

特にアルビノの「髪の毛」が標的にされたとの報告[3]も少なくない。このような非人道的行為に国際的な人権団体も反応し、アルビノの子どもたちを守れというキャンペーンが展開され、BBCもその経過を追いかけている。タンザニアでは二〇〇八年にアルビノ殺しで逮捕されていた四人の施術師に対して二〇一五年には死刑が宣告され[4]、また、新たな被害者を出さないためにも二〇〇人を超える施術師が逮捕された[5]。さらに、国際的な批難を浴びた政府はこの誤った信念に基づく事件を恥じて大統領が謝罪し、施術師の活動自体を二〇一五年一月に禁止している[6]。

白髪頭の老人殺しとアルビノの子ども殺しを安易に比較するのには慎重になる必要があるが、両者とも特別な力を持つ者として位置づけられており、妖術や呪術の力の一側面を検討する素材として対比することは全くの無駄でもあるまい。そして、私が着目するのは老人や子どもという集団的カテゴリーよりも身体の色、すなわち白色である。両者とも髪の毛や髪の毛の色それ自体が標的にされているからである。

白髪にしろ、アルビノにしろ、外見的な色の差異に力点が置かれている。白髪頭＝妖術の使い手、アルビノ＝特殊な呪術力を宿した身体であり、まずはこれらの力は〈老いの力〉とは直接関係していない点を確認しておきたい。実際、アフリカにおいて白色は病気治療や儀礼などで力を発揮する色として捉えられているし、アルビノとしての白い身体にも特別な力があると考えられている地域は多い。おそらくどの社会にも聖なる色、邪悪な色など個々人や集団にとってある種の力を付与された色がある。さらに、白髪老人とアルビノの子どもへの攻撃は人種差別に代表される肌の色の違いによって生じた理不尽な差別の歴史を喚起する。〈白さ〉を所有するものは、それを所有しているという外見的事実だけである種の力を持っているとみなされるのであり、その〈白い力〉が実際の社会空間において人々を殺したり、傷つけたりしてきたのは歴史が証明している。

このように、老いという年齢や成熟に結びつけられる傾向にある概念と呪術や妖術の力との結びつきは一面的であり、白髪老人が標的にされるのは老いそれ自体よりも「白髪」＝身体の色に力点が置かれているのかもしれない。すなわち呪術や妖術を可能にする〈白い力〉を宿していることが身体的外見として露出することが人びとに脅威を与えているのではないだろうか。老人はその白髪所有率が高い集団であるというに過ぎない。また、白髪の白色は生れながらのものではなく、加齢とともに変化し、獲得される色である。そして、アフリカではこの白色は衰退や「枯れ」の指標ではなく、人々に強い影響を与える力の獲得や増大として捉えられている点に特徴がある。それゆえ、呪詛や妖術などの負の〈老いの力〉は老いに伴う知識や経験の量や内容以上に、身体の外見的変化としての白髪頭が〈老いの力〉そのものとして捉えられることになるという解釈も成り立つように思える。

一方、アルビノの場合、その白色は生まれながらのものであり、その色によって特別な力〈善であったり悪であったりする両義的な力〉を宿した子どもが力の担い手とされる。そしてアフリカの多くの地域でアルビノの子どもたちは、生まれながらの色によって生まれた時から妖術や呪術的な力と不可分の存在として位置づけられてきた。このように身体の色を基準に人びとを差異化する力学は肌の色である人びとを差別する人種差別と同質であり、さらにアルビノ殺人の場合は犠牲者が主として子どもであるため、後天的に白髪化する老人の訴えよりも国際的な共感を生みやすいのかもしれない。

呪術や妖術の力は老人であることに由来する力というよりは、白髪の発現が呪術や妖術の力を宿していることの証明であり、白髪になるということはそれらの力の獲得や増大を外部に露出し、公にすることである。それゆえ、ギリアマの人びとは白髪を単なる老いの兆候や知識、経験の蓄積以上の力の獲得、すなわち呪術や妖術の力の相貌として捉えるのである。そして、白髪頭の多くは老人たちであるために、老人世代と呪術や妖術との結びつきが本質的であるような語りを可能にする一方で、呪術や妖術の力の宿主は老人ではなくアルビノの子どもたちでもよいのである。新聞記事において白髪頭やアルビノの髪の毛が強調されているのは偶然ではないだろうし、白髪頭であるがゆえに妖術使いとして恐れられたり、特別な力が認められたりするのであり、その力の宿主が老人や子どもであることは呪術や妖術の力にとっては副次的であるというのが私の見解である。

もちろん、私の見解はひとつの解釈に過ぎないだろうし、この短いコラムでは十分に説得されない読者も多いに違いない。けれども、このコラムにおける私の意図は私の解釈を正当化すること以上に、フィールド調査によって浮かび上がってくる民族誌的な傾向性（老人と妖術の強い結びつき）を説明の前提にすることには慎重であるべきだという点に注意を向け、調査から浮かび上がる民族誌的な傾向性それ自体を人びとの語りや実践に即して説明する必要性を喚起することにある。本書においても深澤（第3章）は呪詛と老人との結びつきを自明とするのではなく、詳細な民族誌的事実の検討を通じて両者の結びつきを説明しようと試みている。私はこのような姿勢に他の学問にはない文化人類学的な解釈の特徴を見るし、また、読者を惹きつける厚い記述の源泉を読み取る。

最後に、ギリアマの白髪頭世代に属する長老の一人が自分たちの身の危険を世界に訴えるためのビデオ撮影をしていたときに発していた言葉を引いておきたい。「最近の若者たちは白髪頭という外見だけで老人たちを妖術使いと断定して殺害するという暴挙に出ている。本来、ギリアマには妖術使いに対処するために長い時間をかけて独自の裁判や施術を用いてきた文化があるのに、それには従わず短絡的に問題を解決したがる」。私にとって印象的だったのは、第一に妖術のような問題についてビデオ映像を通して世界に訴えかけようとしている点であり、第二に妖術のような問題には

写真1　白髪老人殺しの現状と老人救済を訴えるギリアマの長老ジョセフ・ムァランドゥと映像撮影するシモーネ・グラッシ

その問題を解決するにふさわしい独自のやり方があり、それに従うべきだと主張していた点である。

アルビノの子ども殺しや白髪頭の老人殺しなど呪術や妖術と関係づけられる伝統的問題はいまや国際的な人権や倫理の観点からその被害者たちへの救済の道が開かれようとしている点は歓迎すべき事である一方で、このような力が作動する論理空間や実践空間がある限り、それらの空間内での対処も依然として必要とされる。現代の日本においても老人をめぐる問題は画一的で短絡的なやり方で問題化され、対処される傾向にありはしないだろうか。ギリアマの長老が世界に対して老人たちの危険を訴える一方でその存在を否定しなかった妖術や呪術のように、アフリカと日本では老人問題の相貌のいくつかは極端に違っているのかもしれないが、それぞれの問題への対応を画一的に急ぐのではなく、個々の社会や地域に相応しいやり方を模索する必要性があるという意味では日本人もアフリカ人も共通の地平に立っているように思えてならない。

[注]

(1) "Elderly man killed by youths on witchcraft claims," *Daily Nation*, 9 February 2009. http://www.nation.co.ke/Mombasa/-/519978/526816/-/view/printVersion/-/f0hl21/-/index.html (2010年1月4日閲覧).

(2) "Tanzania 'witch-naming' under way," BBC News, 10 March 2009. http://news.bbc.co.uk/go/pr/fr/-/1-/hi/world/africa/7935048.stm (2012年1月10日閲覧).

(3) "Tanzania's albino community: 'Killed like animals'," BBC News, 9 December 2014, http://www.bbc.com/news/world-africa-30394260 (2015年10月12日閲覧).

(4) "Tanzania albino killers sentenced to death," BBC News, 5 March 2015. http://www.bbc.com/news/world-africa-31748400 (2015年10月12日閲覧).

(5) "Tanzania albino murders: 'More than 200 witchdoctors' arrested," BBC News, 12 March 2015, http://www.bbc.com/news/world-africa-31849531 (2015年10月12日閲覧).

(6) "Tanzania albino killings to end, vows President Kikwete," BBC News, 3 March 2015, http://www.bbc.com/news/world-africa-31709165 (2015年10月12日閲覧).

第3章

マダガスカルにおける老いと力

祝福・呪詛・勘当

深澤秀夫

1 古謡に見る老いと祖先の祝福

マダガスカルの中央高地一帯に居住する水田稲作民のメリナ系の人びとの間で伝承されてきた古謡がある。

子どもが遊ばないなら、若者になれ
若者が働かないなら、老人になれ
老人が乳を飲まないなら、死んで祖先になれ
祖先が祝福しないなら、起きてサツマイモを掘りに行け

この古謡には、学校教育を含むイギリスやフランスなどの生活様式や価値観を受容する一八世紀以前のマダガスカルの人びとの年齢に応じた望まれる行動様式、とりわけ老いをめぐるそれが簡潔に表現されている。前半部分の子ども=遊び、若者=労働については、メリナ系の青壮年男性が果たすべき労働とは水田における稲作を強く想起させる点を除いて、特に説明を費やす点はない。これに対し、三行目と四行目の歌詞にはローカルな知がさまざまに凝縮されている。

マダガスカル語で〈乳を飲む〉と言う表現は、文字通りの行為を指すと同時に、「退職する」[Rajaonarimanana, N. 1995, p. 270] ことを表す。この理由を説明するためには、バンガというマダガスカル語を援用しなければならない。バンガとは、「空白があること、人であれば歯がないこと」[Richardson, J. 1885, p. 80]、「歯の抜けた、刃のこぼれた、傷ついた、不完全な、一部欠けた」[Abinal et Malzac, 1888, p. 73] を意味する。さらにバンガは「歯の抜けた」と言う意味から転じて、男女双方の「老人」ないし「老年層」を指示する。すなわち、マダガス

カルにおいて老齢であることとして想起される身体的特徴の一つが歯の欠損であり、このため老人に対しては特別の食事が提供されていた。その老人向け特別食が、牛乳、あるいは牛乳とハチミツをかけた粥にほかならない。しかし、これだけの説明では〈乳を飲む〉と言う表現に込められたマダガスカルの人びとの心情を、説明し尽くしたことにはならない。忘れてならないのは、食材としての牛乳の貴重さである。マダガスカルで飼育されている在来牛は、東アフリカから人為的に持ち込まれたと推測されている熱帯牛のゼブである。ゼブ牛は熱帯環境に適応しているため、高温、水不足、粗食、害虫にもよく耐える長所を持つ一方、肉を利用する場合には肥育度が悪く、乳を利用する場合には産出量が少ないとの欠点を持つ。そのため、マダガスカルにおける牛の乳は、授乳中の子牛がいる母牛からのみ搾ることができる貴重な食材である。すなわち、〈乳を飲む〉とは、貴重な食材である牛乳を、歯を失った老人たちに敬意をもって提供する行為を表しており、このような特別食待遇を受けるようになった人間は、水田作業などの労働を退き、子どもや孫の世話になることが当然視される。農村における名実ともに〈乳を飲む〉生活が、二〇世紀以降公務員などの屋内労働従事者にも適用されるようになった結果、一九世紀に出版された辞典には見られなかった「乳を飲む＝退職する」の意味として汎用されるように至ったものである。

　牛乳ないし牛乳をかけた粥をも食することができなくなった老人たちには、この古謡を私に教えてくれたマダガスカル人自身が「きつい表現」と述べたように、もはや死しか残されていなかった。しかしながら、マダガスカルにおける人生の階梯は、死をもって終わるわけではない。その点を簡潔に表現しているのが、三行目後半から四行目である。第3節において説明するように、死者が「祖先となる」ためには、複数の条件と手続きを経なければならない。それらの条件と手続きを完了し、無事祖先の列に連なることができた場合、祖先には強く期待される役割がある。それが、四行目に出てくる〈祝福する〉ことである。〈祝福する〉というマダガスカル語は、タヒを語根とするミタヒであり[1]、一八三五年にロンドン宣教協会の手によって編集され出版された世界初の『マダガスカル語—英語辞典』においても、「祝福する、特定の人に祝福を述べる」[Johns, D. 1835, p. 228] と説明がなされている。この〈祝福する〉という単語は、マダガスカル国歌における「神よ、祝福したまえ」の歌詞にも見られるように、いささか抽象的な意味にもかかわらずよく用いられており、そうであるがゆえに、〈祝福〉の具体的な内容として祖先に対し、健康、子宝、稲の豊作、牛の増殖、道中の安全、試験の合格や就職などを願い求めることは、民族や都会／農村を問わず現在もなお連綿として行われている。

子孫に対して祝福を与えることこそが祖先にすべからく期待された役割であり、仮にそれを果たさない祖先がいたとしたら、それは祖先の名に値しない。その事を揶揄的に表現したのが四行目である。メリナ系の人びとの間では、「サツマイモを掘る」あるいは「サツマイモを煮る」などの言いまわしは、「取るに足りないつまらないことをする」侮蔑的意味として用いられている。これらの慣用表現が侮蔑的意味を持つのは、コメを「白い食べ物」あるいは「香ばしい食べ物」、それ以外のイモ類や穀類を総称して「黒い食べ物」もしくは「ごちゃまぜの食べ物」に二分する、メリナ系の人びとの米食至上主義の観念が投影されているからである。子孫を祝福しない祖先は地中に安眠することさえ許されず、サツマイモなどという「低級な食べ物」を自ら採って食べるのがお似合いの、子孫から敬われることのない卑しい存在と化す。

上に紹介した古謡は、マダガスカルにおいて二〇前後識別されている民族集団の一つメリナ系の事例にすぎない[2]。しかしながら、この古謡にマダガスカルの人びと全般に共通する加齢に伴う社会的役割の変化と祝福を与える存在という人生の最終目標が表現されていると言っても、あながち間違いではない。マダガスカルの人びとはいかに老いを生きるとともに課せられた老いの役割を果たしているのか、その点を日常生活と儀礼的脈絡双方において老人が及ぼす「力」を中心に提示してゆきたい。

2　老いをめぐる語彙と植物の比喩

マダガスカルにおける年長男性の供犠や誓願の執行者としての力や役割に言及した民族誌的記述は多く見いだされる一方、老人たちの日常生活に着目した記述はいちじるしく少ない。その数少ない記述を残した一人が、一九二七年に南東部の焼畑耕作民タナラについて二ヵ月間の調査を行い『タナラ　マダガスカルの山地民』［1933］を著した文化人類学者Ｒ・リントンである。質問項目票に基づいた網羅的調査成果である民族誌を構成する一章「個人のライフ・サイクル」の中の一項目「老年」を満たす二頁あまりの紙幅にすぎないとはいえ、すでに一年以上マダガスカルの複数の民族において調査経験を重ねてきたリントンの記述には、老いに対する先駆的な眼差しが認められる。リントンは、タナラ系における老人をめぐる記述の最後の部分において、子どものない高齢者とその世話について触れている。

子どものいない老人は男女とも、子どもを持つ老人たちに比べ低い地位に置かれる。近親が子どものいない彼らや彼女たちの面倒を見るが、もし貧しかったり、吝嗇だったりする場合には、子どものいない老人を世話する人間はいない。しかしながら、このような老人たちといえども、本当に困窮したままで捨て置かれることはない。このことは、愛情と言うよりも、彼らや彼女たちの世話をしなかった人びとに対し、死後彼らや彼女たちの死霊が仕返しをするかもしれないと言う恐怖感に基づくものである［Linton, R. 1933, p. 312］。

必要な世話が与えられないまま死んだ子孫のいない老人の死霊による報復の恐怖がタナラ系の人びとの間では老人に対する最後のセーフティネットを成していたとの一九三〇年代のリントンの指摘を、私が調査を行ってきた北西部のツィミヘティ系の人びとについて見いだすことは難しい。その一方、人生の階梯を上がるためそして日常生活の作業を果たすために子どもや孫の存在は不可欠であり、とりわけ〈乳を飲む〉に至った時の自身の身の回りの世話をする労働力確保への配慮は今なお強い。そして、水田や牛などの財産の保有の重要性。ツィミヘティ系の人びとの間では、後述する〈土地の主〉に生まれ、どんなに長生きをして多くの子孫に恵まれたとしても、水田や牛など子孫たちに分け与えることのできる十分な財産を持たない老人は、形式以上の尊敬を受けることがなく、村内で発言が重要視されることは決してない。すなわち、長命と健康、〈土地の主〉の地位、子孫の繁栄、財産の蓄積が、人びとによって望まれる、とりわけ男性にとっての老後をもたらす外形である。しかし、いくら望まれてもこれらすべてを実際に得ることのできる人間は一部に限られている。そうであるがゆえに、これらのすべてを手にした老人に、神や祖先の〈祝福〉が具現した「力」を村びとたちは見ているのである。

では、何が老人であることの内実を規定するのであろうか？〈年齢とった〉を表す最も広範に用いられるマダガスカル語はアンティチャであり、この単語は「熟した、熟れた、年齢を重ねた、老齢の、永続的な、長持ちした、成し遂げられた、果たされた、完成された、暗い色彩、ペンや上着などが使い古された」[Richardson, J. 1885, p. 57] と多様な脈絡で用いられる。一方、ツィミヘティ系の人びとの間ではマトイという単語が用いられており、マトイとは「(水田の稲やコーヒーについては) 熟した、(マンゴーやグアヴァのような果実については) 未熟でもなく熟してもいない」[Faridanonana, *ibid.*, p. 77] を表し、「古い、年齢とった、熟れた、固い、分別のある、威厳のある (方言)」[Richardson, J. *ibid.*, p. 651] の意味であると解説されている。以上を考えあわせると、マダガスカルにおける人間の老齢化は、多くの民族において生業の基盤となっている稲に代表される植物の成長過程や登熟過程と並行関係をもって思考されている可能性が極めて高いと言えよう。子孫という枝葉を茂らせる自らは根や幹となり、そのとき人は人生の中で最も英知と分別に富む瞬間が期待されるのである。あるいは、このような植物の繁茂と子孫の繁栄とを重ね合わせる思考様式は、マダガスカルの人びとが五世紀から八世紀頃にインド洋を渡ってきた東南アジアのオーストロネシア語族の人びとの末裔であることに結びついていると想像することも許されよう。

3 祝福への過程――死者を祖先にするやり方――

子宝に恵まれ財産をもなした老人が天寿を全うしたとしても、それによって直ちに子孫を祝福する祖先の列に加わることができるわけではない。そのためには、それぞれの民族で定められた祖先となるための手続きを経なければならない。これらの手続きが果たされないとき、望まれた老後を過ごした故人といえども、祖先として子孫を祝福するのではなく、死霊として子孫を悩まし続けることになる。

マダガスカル語で「死んでいる」ないし「死ぬ」を意味する形容詞のマティの語根はファティであり、ファティとは人間と動物の双方を含めた「死体」を指す［Richardson, J. *ibid*., p. 173］。このマティには未来形と過去形がないため、「死ぬだろう」との可能性未来を表現したい場合には、「死体になるだろう」（フ・ファティ）との言い方をする。私が一九八三年から臨地調査を続けているマダガスカル北西部に居住する稲作―牛牧民のツィミヘティ系の人びとの間では、フランス植民地化以前の十九世紀頃までは人が危篤に陥ると、すぐさまその人を村から運び出し、離れた特定の森の中に置いたと伝えられる。さらに、同民族においては、昔は死者が短期間に複数出た場合には、それまで住んでいた村を放棄し、新たな村を造ってそちらに移転したと語られ、私の調査地においても一九世紀中に村落立地が四回移動したことが確認されている。あるいは、南部に居住する畑作農耕―牧畜民のマハファリ系やタンドゥルイ系の人びとにおいては、死者の居住していた家屋を、現在でもなお葬儀終了後に焼き払う習慣が守り続けられている。

今でこそ一九世紀から浸透の始まったキリスト教の影響により、天国と地獄という単語や観念が広く受け入れられているものの、マダガスカルの人びとには、死後の世界を説明することばに乏しいと言う共通の特徴が見られる[Bloch, M. 1971, pp. 124-127]。その一方、これらの行為や習慣からは、生きている者の死に対する強烈な忌避感あるいは断絶感が看取される。それゆえ、人びとはこの厄介な災いなす「死者＝ファティ」を、子孫を祝福する「祖先＝ラザナ」へと置き換え定位しなければならない。しかし幸いなことに、死者の魂はどこにいるのか、死後の世界とはどのようなものかについてことば豊かに語られなくとも、遺体をどのように取り扱えば祖先へと定位することができるのか、言わばマニュアルはそれぞれの民族において明瞭に取り決められている。

個体の死に始まる第一段階の葬儀を、一般にファンデヴェナナと呼ぶ。ファンデヴェナナの語根はレヴィナで、「埋めること」、「穴に入れること」を意味し、そのためファンデヴェナナは〈埋葬（式）〉を表している[Rajaonarimanana, N. *ibid.*, p. 191]。当然すぎる行為と看過されがちであるが、死者を祖先にするやり方の第一歩はここから始まる。すなわち、「死体を埋める」という行為は、人間の死体に対して当然なされなければならない習慣なのである。私が調査を続けてきている村の近くの道端に、今から四〇年くらい前のある朝のこと、四歳前後の男の子の遺体があったと言う。村人たちは近隣の村々に使いを走らせ遺体の特徴を伝えたものの、ついにその男の子の身元は判明しなかったため、両親や親族が遺体を引き取りに現れることもなく、やむなく道路脇に埋められたと伝えられる。また、一九世紀までの中央高地のイメリナ王国において実施された死刑には付加刑があり、その一つが刑死者の遺体の埋葬を禁止することであった。さらに、ある一族が特定の動物を敬う場合、一族の者がその動物の死骸を見つけた時には、必ずこれを土中に葬らなければならないとの習慣も、この点に淵源がある。そして、胎盤も〈水子〉も地中に埋められなければならない。しかしながら、生後一〜二年未満に亡くなった〈水子〉は埋められこそすれ、恒久的な墓には安置されない。さらに、ツィミヘティ系の場合、〈子ども墓〉と名付けられた〈水子〉を埋める場所が各村に設けられているものの、親が一人で〈水子〉を埋めに行くため深い穴を掘ることができず、結果イヌなどに遺体が食べられてしまうことも珍しくない。〈水子〉段階を越えた子どもは成人と同じ儀礼的手続きを経て同じ墓に埋葬されるものの、共同の誓願や供犠において呼びかけられることはない。このようにして祖先に定位された亡くなった子どもが生者に対して集合的に〈祝福〉を与えないわけではないものの、〈祝福〉を与える存在と言うよりは、生者を悩ますことがなくなった「安定した死者」の性格が強い。

死体を土中に埋葬した後の次なる祖先にするための手続きは、遺体をマダガスカル語で〈祖先の土地〉(タニンドゥラザナ)と呼ばれる墓や墓地に納めることである。すなわち、ある人が親族関係に基づいて埋葬される権利を持つ墓や墓地のある場所がその人にとっての〈祖先の土地〉であり、マダガスカルの人びとの間におしなべて強い帰属感情を引き起こす [Bloch, M. *ibid.*, pp. 105-137]。死体の埋葬場所と遺骨の埋葬場所とが一致することが望ましいものの、両者が一致しない事態が客死という形で生じることは何ら珍しいことではない。その一方、客死をめぐる対応の凄惨な実話が、一八世紀から一九世紀イメリナ王国の拡張期に故郷から遠く離れた遠征先で亡くなった将兵の遺体の処置方法である。一九世紀に神父がイメリナ地方の歴史伝承を採取し記録した『マダガスカルにおける王族の歴史』には、次のような記述が遺されている。奴隷などの従者を同伴してきている上級兵士についてはその従者たちが遺体を持ち帰る一方、そのような労力を提供できない下級兵士の遺体については、「肉を削ぎ落とす。肉が削げたら、関節の部分で切り離し、運べるよう箱や籠に入れる。また臭わないよう塩を加える。肉が削ぎ落とされたら、人が担いでいく。削ぎ落とされた肉は布で包まれ、死んだ場所に墓が造られ、そこに埋められる。肉体はその場にずっと埋められたままとなる。親族が弔意を示す祖先の墓に、遺骨の到着することこそが求められる。遺骨は祖先と一緒になるのである」(Callet, R.P. 1908, p. 268)。情景の陰惨さからは逆に、遺骨を何としてでも上記の〈祖先の土地〉にまで持ち帰ろうとする当時のメリナ系の人びとの凄まじいまでの情念が伝わってくる。それゆえ、マダガスカルの人びとの間では、「遺体よ、なくなってしまえ!」との表現が、相手に対する強烈な侮辱ないし呪いのことばとなる。さらに、遺体や遺骨を回収し埋葬できなかった死者に対しては、上記の〈祖先の土地〉に石柱を建立し供犠を行わなければならない。遺体や遺骨が〈祖先の土地〉に戻らなかったにもかかわらず、供犠もなされず石柱も建立されなかった場合には、死者は家族など関係者を病気にするなどの形で適切なる死後の処置の遂行を生者に求めてやまない。

このような死体全体よりも骨を葬儀と祭祀の中心に置く習慣は、フランスの民族学者R・エルツが「死の宗教社会学」において着目したインドネシア地域を中心に行われている二重葬制の問題と直結する。エルツ自身はこの問題について、「待機の期間は、実際のまたは予想される解体の期間と一致してくる。だから一般に、最終の葬儀が営まれるのは、残余物が乾燥して、動くものが皆無になった時期に相当する。ということになると、仮葬というやり方と死体の解体が呼びおこす表象とのあいだにひとつの関係があるとみるのが当然のように考えられる」［エルツ 1980, p. 61］と述べている。エルツはマダガスカルにおける葬礼をも例証に挙げているが（*op.cit.*, pp. 65–66）、ここでは私が調査した事例を紹介する。上記のツィミヘティ系の人びとにおいては、一度〈祖先の土地〉に埋葬した遺体を一定期間経過後に掘り起し骨だけを最終的な墓地に納める村ないし一族と埋葬したままにする村ないし一族、二つの異なる慣行が見られる。しかしながら、いずれの慣行を持つ村や一族であれ、故人の死から二年から三年後に、牛を一頭屠る〈財産を切る〉と呼ばれる供犠を必ず行わなければならない。この供犠を行う理由とは、故人の取り分の牛を贈ることであり、これを行わない場合、死者は家族や親族を病気にし、自らの分け前を生者に求め続けることになる。自己の親族の祖先を呼び出しそのことばを語ることのできる女性霊媒師に、「亡くなった自分の親族であれば、誰でも呼びだすことができるのですか？」と尋ねたところ、「〈財産を切る〉を終えていない死者は臭くて、呼びだすことができない」との答えが返ってきた。すなわち、故人の死からこの〈財産を切る〉供犠を行うまでに設定される二年から三年という時間の経過は、肉体の腐敗過程が終わり〈乾いた骨〉となるために必要な、エルツの言う「待機の期間」にほかならない。遺骨の取り上げと再埋葬を行うか否かにかかわらず、死体が祖先に定位されるためには、肉体の腐敗過程が終わるための時間が必須とされる何かしらの習慣ないし心情は、二次葬を「不衛生」、「汚い」とする否定的な感情や態度が外国生活の長い人びとや都市に住む人びとを中心に生まれはじめているものの、多くの民族と地域において依然として健在である。

4　老人の力——祖先の祝福と生者の祝福——

前節において示した、マダガスカル人にとって望まれる「子孫を祝福する祖先」を作るための葬儀や供犠においては、神や祖先や霊と生者とを媒介する人間が必須とされる。それが、ある土地において土地の霊との間で儀礼的な関係を築き土地の豊穣性を引き出すことに成功した人間の子孫たる年長の男性である。この役割を担う男性を、ツィミヘティ系では、〈杖を持つ者〉または〈祈願を行う者〉と呼ぶ。前者の名称は、供犠などの場面においてこのような男性が手にした杖ないし棒で牛を抑えたり叩いたりしながら祖先に呼びかける所作に由来する。ツィミヘティ系においてこの役割を果たすことのできる男性は、当該の土地を伐りひらいて定住した人物の共系子孫である〈土地の主〉(トゥンプン・ターニ)、〈土地の子孫〉(ザフィン・ターニ)と呼ばれる社会的カテゴリーに属し、かつその中の男系子孫の年長男性、すなわち村の開祖たちに最も近いとされる人間である。多数の村民や参加者たちの前で、横たえられた牛

写真1　供犠の執行

を前に杖を持ち、腰布を巻き、時には帽子を被りワイシャツやジャケットを着て祖先への呼びかけを行う年長男性の姿には、選ばれた地位に達しえた者の晴れ舞台における矜持がよそ者の調査者たる私にまで伝わってくる。このため、男性が母方や妻方の村に住むことを快しとしない理由について、男性も女性も、「年齢を重ねても杖を持って供犠ができず、村内で敬われない」ためであると異口同音に述べている。

その一方、社会によっては、祈願や供犠を村人や一族を代表して行うことには、たいへんな緊張が執行者に加わる。なぜならば、供犠や誓願の執行者が公的な儀礼の場において発したことばはそのもの自体が力を持つゆえ、言い間違えたりあるいは言いよどんだりすることが許されないからである。そのような社会の一つに、マダガスカル中央高原東北部に居住する水田稲作民のシハナカ系の人びとがある。さらに、シハナカ系における供犠・祈願執行者は、関係する祖先すべてをその場に呼び求めるという分け隔てのない網羅性についても細心の注意を払わなければならない。シハナカ系の祈願の場における、祖先への呼びかけは下記のようなものであった。

以上のすべてを呼び求めました。そこで Ravoronkobinkobina よ。このことを伝えて下さい（…中略…）聞こえない者たちに伝えて下さい。知らずにいる者たちに伝えて下さい。わたしどもが *joro* を行うのは以上の理由です。私どもが誓願を行うのは以上の理由です。ですから、聾者には触れ、盲者には告げ、手を取ってきて下さい。わたしどもは *joro* を行っているのです(3) [森山 1996, p. 39]。

森山が挙げている五例の祖先への呼びかけには、儀礼的な機会およびそれを発した人間ごとの表現や言及対象の差異が認められるものの、父方および母方双方について呼びかけられなかった祖先ないし呼びかけが聞こえなかった祖先がないようにとの注意は通底している。おそらく、シハナカ系の供犠や祈願における呼びかける祖先の網羅性への配慮は、その双方的な祖先に対する関係のあり方に起因するものと考えられる [森山 同上、pp. 58–83]。

これに対し、ツィミヘティ系の場合、供犠や祈願の執行者ごとの祖先への呼びかけにおける文言の差異が大きいだけではなく、父方・母方双方の祖先に対する網羅性への配慮をうかがわせるような表現は見いだされない。下記のことばは、先に述べた故人の死から二年から三年後に、ウシを一頭屠る〈財産を切る〉と呼ばれる葬制において、煮えた肉とご飯を供える際に発せられた祖先と故人への呼びかけの一例である。

すべての男性を呼びます、かなたの祖父レハーリナのすべての者、サカラヴァの墓穴のすべての者、この煮えたものを捧げない墓穴のなきよう。レミーラは、去ってしまい逝ってしまいました。これが、彼の取り分です。ですから、今日から、どうか病気にしないでください。かなたのすべてが来るよう、注意してください。ここに来て煮えたものや財産をめしあがってください。今日から病気にしないでください、わたしたち村の者もこれから食べます。取り分があります！

さらに、相続水田を持つ〈土地の主〉の人間が、新米とニワトリの肉をその水田を拓いた祖先に対して捧げる儀礼における呼びかけの例を挙げる。

とりわけ三人の父たるあなたがたに、収穫祭において、なかんずくここアンダラフィアの地において、あなたがたの取り分を差し上げさせていただきます。それがあなたたちの取り分です。その素晴らしい羽根のニワトリとそれをよく煮た食べ物を差し上げますので、それをお食べください。次にわたしたちが食べます。いらしてお試しください、ここでともにその前にいらしてください。あなたがたよ、おこしください。今日のこの月曜日、わたしたちはあなたがたの取り分を差し上げるために、お呼びします。あなたがたよ、お食べくださ い、食べ物があります。上のものは上に戻り、地の上のものは地の上に戻ります。お食べください。

ツィミヘティ系の例においては、シハナカ系の供犠や誓願に見られた呼びかける父方・母方の双方的祖先の網羅性は配慮されておらず、祖先の子孫の中で墓に埋葬されている特定の男性たちに対する言及もしくは自己と特定の直系親族男性や女性に対する言及にとどまっている。このことは、ツィミヘティ系における祖先に対する関係のあり方が、シハナカ系のように生者を起点に祖先へと遡及するものではなく、特定の祖先を起点にその子孫を包含する点から生じている。この結果、ツィミヘティ系における儀礼において呼びかけられる祖先の範囲については供犠を執行する人間ごとの差異が大きいだけではなく、言いよどみはおろか言い間違いすら許容されることになる。供犠の執行者が、呼びかけるべき祖先の名前を忘れて周囲の人に尋ねたり、あるいは呼びかけた祖先の名前の間違いを周囲から指摘されて訂正したりする現場に私自身何度も立ち会っている。すなわち、ツィミヘティ系においては、〈土地の主〉の中の男系年長男性という供犠執行者に求められる社会的要件を満たすことこそが遵守されなければならない重要事項であり、その要件を満たした男性が行った供犠は、発せられた言葉の内容いかんにかかわらず有効なのである。

老齢男性が持つ儀礼的な力は、供犠や誓願の執行者として祖先と生者とを媒介する役割にとどまらない。村に住むすべての老人が供犠の執行者となることができるわけではない一方、すべての老齢男性が子や孫を持つ人間であるがゆえに自らの子孫に対して発することのできる力がある。それが、〈祝福〉である。すでに第1節で説明したように、「祖先が子孫を祝福する」ことが当然のこととして期待されており、その時の〈祝福する〉という動詞はミタヒであった。これに対し、生きている人間としての老齢男性がその子孫に対して与えることのできる〈祝福〉をツドゥラヌと呼ぶ。ツドゥラヌは、ツゥカ＋ラヌの二語から成る単語で、ツゥカは〈吹きかける〉、ラヌは〈水〉を意味する［Rajaonarimanana, N. *ibid*., p. 316］。すなわち、ミタヒといういささか抽象的な単語に対し、ツドゥラヌは〈(口に含んだ) 水を吹きかける〉という極めて具体的な所作を指し示している。この単語について、一九世紀後半にロンドン宣教協会が編集した『マダガスカル語－英語辞典』は、「祝福、祝別、文字通りには、水を吹きかけることを意味する、祝福を授ける際の極めて古い習慣である」[Richardson, J. *ibid*., p. 715]との解説を付している。

マダガスカル語で〈生命〉をアイナと呼ぶが、このアイナを語根として接頭辞をつけた自動詞ミアイナは〈息をする〉、転じて〈生きている〉ことを意味し、一方ツィという否定の副詞を添えたツィ・ミアイナは〈息をしていない〉、すなわち〈死んでいる〉ことを意味する[*op.cit*. p. 12]。また、誰か人がくしゃみをすると、周囲に居た人がすかさず「生きて！」（ヴェルナ！）と言い、それにくしゃみをした本人も「ありがとう！」と答える習慣が、マダガスカル各地に広く見られる。さらに、一部の地域では、特定の老人の吐き出す唾がさまざまな外傷や火傷や腫瘍を含めたできものを治すとされている。これらのことをあわせて考えると、生命を司るなんらかの「もの」が〈人間〉（ウルンベルナ[4]）の口を通して出入りしており、ツドゥラヌとは老人が有するそれらの「もの」を水とともに人に直接与える行為と解釈できるだろう。子どもや孫を得て老齢になるまで生きてきたそのこと自体が、神や祖先が与える抽象的な〈祝福〉の具現であり、さらにその〈祝福〉は老人の身体の中の息や唾などの「もの」にも含まれており、それは人に分け与えることのできる「もの」なのかもしれない。

5　老人の力をめぐる異議申し立てと呪詛

タナラ系の老人たちのことを記述しようとしたとき、調査当時三四歳の壮年期だったリントンの目をまずひいたのは、彼らの日常生活における溌剌さであった。

乳幼児の死亡率が極めて高いため、この危険な年齢を生きのびた人たちは、当然のことながら、身体壮健である。高齢者はどの村にも見られる。男性よりも女性の高齢者の方が若干多いように思われるが、確たる資料を

写真 2　正装した大家夫妻

> 持っていない。メナベ地方の誰も出生日を知らないため、個々人の実年齢を確定することは困難であるが、彼らが記憶している出来事から、六〇代から七〇代の人びとが相当数いる一方、八〇をこえる人間はごく少数であると言ってよいであろう。（中略）私のメナベ地方の二人のインフォーマントは七〇歳をこえていたものの、青壮年の人たちと同じように活動的であり、水田における作業分担を完全にこなしていた。その内の一人は隣村に住んでいたが、その半分はこの地方特有の丘を上がり下がりする一六キロメートルほどの道程を、さしたる疲労の色も見せずに、歩いてやって来ていた。老人たちは、弱ったりあるいは働けなくなったりするまで、成人と同じ日常の活動を続ける。その後はじめて、老人たちは子どもの面倒を見るという比較的軽い役割を引き受けるのである［Linton, R. *ibid*., p. 311］。

私が一九八三〜一九八五年の間村での調査を行った際、第二次世界大戦中「フランス兵」として欧州戦線で戦いドイツ軍による捕虜生活も経験した下宿先の大家の男性は、六七歳から六八歳であった。その男性は、村の〈長老〉であるとともに、供犠や誓願を行い一族の指導にあたる最年長男性層に達していた。そうであったにもかかわらず、大家はリントンの記述と寸部たがわず、堰や導水路の建設や修理、耕起、田拵え、田植え、稲刈り、脱穀などの水田・稲作の作業を一〇代から三〇代の子どもたちと一緒に行うとともに、平坦とはいえ往復一四キロメートルの町までさまざまな用事のため日帰りで出かけていた。兵役とその後の捕虜生活もあり、三〇代前半というマダガスカルの農村部に居住する男性としては比較的初婚年齢の高かった大家は「子どもの面倒を見るという比較的軽い役割を引き受ける」ことなく、七三歳になったある日のこと、庭を掃除していた際に突然脳梗塞で倒れ、数日を経ずして天寿を全うした。一方、その大家の父親は、身体が肥満していたため晩年は歩行が困難となり、孫などに下の世話になりながら八〇歳代まで生きたと言う。

さらにリントンは、誓願や供犠の執行者としての老人だけからは見えてこない、社会生活における老人に対する現実的な評価や扱いについても的確に言及している。

> 無礼は悪しき行儀作法の典型とされる恐れがあるため、青年たちは決まりとして老人に対し敬意を表すが、彼らは老人に対するいわれのない尊崇の類は持ちあわせておらず、面と向かってではなかったにせよ、私は若者たちが老人たちを嘲っているのを耳にしたことがある。壮年の人たちも、自分の家族内の老人は別として、老人たちを青年たちがしているのと同じように取り扱う。村の集会などにおいて、年齢そのものはなんら権威を付与しない。財産も能力もある壮年男性の方が、さしたる重要性を持たない老人よりもはるかに大きな尊敬をうるであろう［*op.cit.*, pp. 311–312］。

私が一九八三年から調査を継続してきた北西部地方のツィミヘティ系の村において遭遇したさまざまな出来事もまた、上記のリントンの記述の正確さを裏書きする。

一九八五年一月に行われた、邪術に用いられる呪物の売買をめぐる行政村における集会の際、呪物を売ったとされる男性、それを買ったとされる男性、その双方が当該の事柄について否認した結果、伝聞に基づいてその

写真 3　行政村における邪術告発をめぐる裁判

売り買いを公に告発した女性との間で、第三者による証言などもなされないまま、事の真偽をめぐる議論はほどなくして堂々巡りに陥った。その際、告発した女性の住む村とは異なる村に居住する八〇歳近い長老男性が、「結局、確かなことと言えば、告発した女性が、呪物を売り買いしたなどと、二人の男性の顔に泥を塗ったことだ」と発言した。その瞬間に、場は湧きかえり、告発した女性は、「私は何だってかまわないんだよ！ああ、必要とあればこの場でタンゲーナ[5]の毒を飲んだって良いんだよ！」と叫ぶと、二人の男性も「ああ、俺だってタンゲーナを飲んでみせるぜ！」と言い返し、女性が住んでいた村から集会に出席していた人びとも「そうじゃないだろ！」、「ものがわかってないな！」と激高し、しばしの間、集会は収集がつかなくなってしまった。結局、告発した女性、告発された男性二人、いずれの人間にも処罰なしで終わった集会からの帰路、告発した女性が居住する村の人びとは、「あのじじい、もうろくしているんじゃねえのか」、「あのじじいの言うこと、いつもとんちんかんだよな」と道すがら話をし、依然として憤懣やるかたない様子であった。

件の発言をなした老人は、その時の集会の場において行政村側が用意した椅子に座っていた長老男性たちの一人であり、それ以外の参加者たちは地面に直接腰をおろしており、その年齢と村内の地位ゆえ形式上敬意が示されていたことは明らかであった。上記は、「村の集会などにおいて、年齢そのものはなんら権威を付与しない」と言う先のリントンの記述を、ツィミヘティ系においても裏付けるいささか極端な例である。しかしながら、通常の村の集会においても、年長ないし高齢男性は椅子に座るとともに、村長からの集会の招集理由の説明に続いて、最初に長老男性たちがそれぞれの意見を述べる点において敬意が払われるものの、そこまでである。その後の村人たちによる議論の場において、集会の冒頭に年長男性たちが述べた意見が優先的に顧慮されるといった無条件の「権威の付与」を、私自身は見たことがない。長老たちの意見が尊重されたり受け入れられたりするように見えた議論があったとするならば、それは村びとたちが長老たちに対し無批判な権威を認めていたためではなく、長老たちの意見がその場に出席していた壮年や若年の人びとの多数の意見や意向と一致していた結果にすぎない。

では、供犠や誓願などの儀礼的脈絡を除いて、年長男性が日常生活において他者に対し力を及ぼすことはないのであろうか？　この点について、リントンは次のような記述を遺している。

多くの子孫を得た老人は、人がうらやむ地位を獲得する。そのような老人たちは、自分の子どもや孫たちに対し親権を行使し、その及ぼす影響力ゆえ、親族ではない人びとからも尊敬されることになる。実の子どもたちは、親に対する自らの義務を果たさない場合、父親が自分の取り分の財産を他の子どもたちに、時には他人にさえ譲ってしまうかもしれないため、老人たちを丁重に扱うのである。老齢の男性は自らの地位が生み出す力を確かなものとして感じるとき、しばしば威圧的に振る舞う。私は、父親と成人した息子との間の緊張関係を複数例目撃しているだけではなく、息子が父親による支配から逃れるため実際に実家を去ってしまった例もいくつか耳にしている。このような出来事は、フランスにより力づくで生み出された平和のおかげで、最近になって生じた傾向であると言う。実家を去ることは、植民地化以前の状況下では実行不可能であった上、村の人びともこれを認めなかった。子どもを育てることに伴う世話や支出は、父親が老年になった時、親を世話することによって報いられるべきであるとの強い感情が存在する［*ibid*., p. 312］。

マダガスカル語で、「子どもを育てることに伴う世話や支出は、父親が老年になった時、親を世話することによって報いられる」ことを、一般にヴァリン・バベーナと呼ぶ。単語の直接的意味は、ヴァーリ＝「返報」、バベーナ＝「背中におぶわれる」、すなわち「幼児期におぶってくれたことに対する返報」である。この単語について各辞書は、「大きくなった子どもたちによって親ないし乳母に対し贈られる子どもの時に面倒を見てくれたことへの贈り物」［Richardson, J. *ibid*., p. 195, p. 730］、「大きくなった子どもがおぶってくれた人に贈る贈り物」［Abinal et Malzac *ibid*., p. 807］、「両親を助ける大きくなった子どもの義務」［F.S.H. 1973, p. 12］、「両親がしてくれた良きことに対し、子どもが両親に行う返報」［Rajemisa-Raolison, R. *ibid*., p. 1010］、「両親に対する感謝、感謝のしるし」［Rakotozafy, M.D. 2000, p. 28］と解説を付している。おそらく、一九世紀から二〇世紀にかけて、自分を育ててくれた人に対する具体的な贈与物から、そのような人への援助や返報という抽象的なサービスへと意味が変化しているが、この単語を〈親孝行〉と翻訳することにする。この概念と対になって、親が成人した子どもに対して力を行使する基礎となる観念が、ディディ・ファナナもしくはディディ・パナナナである。マダガスカル語でディディは「切断、命令、掟、意志」［Richardson, J. *ibid*., p. 114］を、ファナナナは「持っている」を意味する動詞マナナナの名詞形で「財産、所有物」［*op.cit*., p. 156］を意味し、すなわちディディ・ファナナナ／ディディ・パナナナは、「財産の切り分け」の直接的意味から転じて、〈遺言〉［*op.cit*., p. 114］を指し、逆にマダガスカルにおける〈遺言〉の中身がいかに財産の相続にかかわっているかを示している。その一方、マダガスカルの各民族における財産の分割相続方法は、原則として男女および出生順を問わない均分である。この結果、〈親孝行〉の負担は子どもたち全員が等しく有しており、同一村内に複数の子どもたちが同居している場合には、〈乳を飲む〉ようになった親の世話を子どもたち自身や配偶者や孫たちが、何らかの形で交代や順番につとめる例が多く見られる。しかしながら、同じ親から生まれた子どものすべてが親の居住する村と同じ所に住むことができるわけではなく、婚出や転出や移住などにより他村などで生活する子どもも少なくはない。さらに、世話や介護を受ける側の親からすれば、実の子どもたちの全員と同じ感情をもって接することができるわけではなく、とりわけ子どもが結婚している場合には、その配偶者との折り合いや相性が日常生活における実際的な付き合いの頻度や内容を決定することとなる。その時、先の〈遺言〉が効力を発揮する。〈遺言〉がない場合、親が遺した財産はすべて子どもたちの間で話し合われ均分に分割され相続される。その一方、〈遺言〉がある場合、老後の親の面倒や介護を積極的に行った子どもに対し、他の子どもよりも多くの財産を相続させたり、特定の物品をその子どもに与えたりすることが可能となる。あるいは、世話や介護などの〈親孝行〉を意図的に果たさなかった特定の子どもに対する相続分を懲罰的に取り上げることも可能となり、〈親孝行〉と〈遺言〉は一体となって老人たちに成人した子どもたちに対する力の行使を可能としている。しかしながら、とりわけよく面倒や介護を提供してくれた特定の子どもに親が〈遺言〉に基づいて家屋や牛車などの物品を付加的に相続させる例や、生前に子どもたちを集め〈遺言〉として子どもたちの中の誰が何を相続するのかを予め決めておく例について、私自身はこれを複数例見てきたものの、懲罰として特定の子どもの相続分を取り上げた例は、次に紹介する一例のみを知る。

国家公務員として海外赴任から四年ぶりにマダガスカルに帰国した男性がいた。その男性は、帰国後妻とともに妻の両親のもとを訪ね、その村にしばし滞在していた。しかしながら、その男性は、実の父親が生きていたにもかかわらず、妻の両親と同じ県内に住む父親に会いに行こうとはしなかった。そのため、息子が海外から帰国したことを人づてに知った男性の父親が、ある日の事、三〇キロメートル以上の山道を歩き、妻の村に滞在していた息子のもとを訪ね、いくばくかの小遣い銭をも無心した。その時、件の三〇歳にならんとしていた息子は、六〇代後半くらいだった実の父親に対し、「あんたのような貧乏人は、俺の親父なんかじゃない。俺は、裕福な義理の父の息子だ。帰ってくれ」と言ったと伝えられる。ちなみに、その男性の妻の父は村に居住していたものの町にも家と土地を持ち、村では広い灌漑水田と多くのウシを有し、近隣では資産家としてつとに知られていた。その男性の実父はこの息子の言動に激怒し、息子を〈勘当した〉（マナーリ）[6]。

この話には後日談があり、それから三〇年近くの月日が経ったある日、その〈勘当された〉息子が、乗り合い自動車で移動中、車が横転して大けがを負った。このことを伝え聞いたその男性の妻の村の人びとたちは、父親が〈呪詛した〉にちがいないと噂した。ここで〈呪詛した〉と翻訳した単語の現在形は、マヌーズナであり、この動詞の語根はウーズナである。この語根のウーズナについて各辞典は、「呪い、冒瀆」[Richardson, J. *ibid*., p. 471]、「呪い、呪詛、悪態」[Abinal et Malzac 1888, p. 475]、「他者に悪しきことを望むことば、災いを呼び求める悪しきことば、悪態」[Rajemisa-Raolison, R. *ibid*., p. 787] と説明している。第3節で紹介した「遺体よ、なくなってしまえ！」の文句を公言する行為も、この〈呪詛〉に含まれる。「交通事故死が頻発するあの橋はウーズナされている」、「幽霊が出るあの家はウーズナされている」などの言い方がなされるものの、マダガスカルにおける〈呪詛〉の特徴は、①他者に対する災いを求めることをことばにして表明する、②〈呪詛〉を行うことそれ自体には善悪に関する道徳性についての判断が差し挟まれない、の二点に集約される。したがって、先の例では、息子を〈勘当〉した父親がさらに〈呪詛〉を加えたとしても、実の父親を不当に扱った息子の側にこそ問題の原因があり、村人たちは老父の行為を称賛こそしなかったものの、非難すべき行為とは見ていなかった。

一方、調査地の村では、一九八〇年頃に、村の集会の場における討議内容に激高した長老男性の一人が、村びとたちに対し「おまえらはイヌの配偶者だ！」[7]との誹謗のことばを浴びせかけた結果、ウシ一頭を差し出して供犠を行いその言葉を〈洗い流す〉まで、その男性の家族ともども村八分の処分を課せられている。もちろん、この場における老人の〈呪詛〉ともなりうる言動を、正当な行為とみなす村びとはいなかった。

すなわち、マダガスカルにおける〈呪詛〉は、ツィミヘティ系の誓願や供犠の執行者のように老人の社会的位置づけから発せられる制裁としての正当な行為ではなく、ことばとして誰もが年齢と関係なく発することのできる行為である一方、正当な〈呪詛〉を適切な社会的脈絡において適切な機会に発動させることは、ほぼ老齢男性たちに委ねられているのである。そうであるがゆえに、村の集会の場において〈誹謗〉のことばを発した老人の「あってしかるべき発話における適切性の欠如」に対し、村びとたちの怒りが迸ったと言えよう。

[付記] 本章は、科学研究費基盤A23251010「インド洋西域島嶼世界における民話・伝承の比較研究」(研究代表者 小田淳一)二〇一一年度~二〇一五年度および科学研究費基盤研究C23520981「マダガスカル北西部における法と取り決めの節合面をめぐる共同性の社会人類学的研究」(研究代表者 深澤秀夫)二〇一一年度~二〇一三年度による成果の一部を成すものである。

[注]

(1) マダガスカル語の国語辞典は、語根のタヒについて「良い状態にすること、援助、救い」[Rajemisa-Raolison, R. 1985, p. 906] と説明している。
(2) マダガスカル島における民族集団はすべて、オーストロネシア語族へスペロネシア語派に属するマダガスカル語の方言を使用しており、互いに意思疎通が可能である [cf. Domenichini-Ramiaramanana, B. 1977, pp. 15-25]。
(3) ズルについて森山自身は、「誓願の儀礼」と翻訳している [森山 上掲 p. 35]。
(4) ウルンベルナは、〈人〉を意味するウルナと〈生きている〉をあらわす形容詞ヴェルナが複合した形で、文字通りには〈生きている人〉を意味する。
(5) タンゲーナは、キョウチクトウ科の *tanghinia venenifera* とその種子を指す。種子だけではなく、植物体全体に心臓などに作用する強力な有機毒が含まれている。このため、この仲間のキョウチクトウ科植物は「自殺植物」の異名を持つ。邪術行使の疑いがかけられ、その黒白がつかない場合などを中心に、この実を砕いたものを当事者たちに服用させ、死ねば黒、死ななければ白とする神明裁判が、一九世紀まで中央のイメリナ王国などを中心に広く行われていた［cf. Molet, L. 1979, tome 1, pp. 231–238］。

（6）マナーリは、「放り出す、拒絶する、捨てる、勘当する」を意味する他動詞である［Richardson, J. ibid., p. 66］。とりわけマナーリ・ザザ、文字通りには「子どもを捨てる」、は子どもを「勘当する」ことを意味する［*ibid.*］。

（7）マダガスカル語原文はヴァディナンブア、すなわち、ヴァディ〈配偶者〉＋アンブア〈イヌ〉の複合語で、〈イヌの配偶者〉の意味となる。ツィミヘティ系において、日常会話の中で〈冗談〉（スムンガ／ヴァズィヴァズィ）としてこのことばが使われる場合があるものの、村の集会のような公的な場においてこのことばを相手に対して用いることは、〈悪態〉や〈誹謗〉（アサハ）の行為であるだけではなく、このことばが向けられた相手を〈呪う〉（マヌーズナ）行為ともなる。そのため、公的な謝罪だけではなく、ウシの供犠によってその〈呪い〉を〈洗い流す〉（マナサ）ことが必要となる。このことばの用法の背景には、ツィミヘティ系社会におけるイヌの位置づけが深くかかわっている。

［参考文献］

Abinal, A, et Malzac, V. 1888 *Dictionnaire Malgache-Français*, Antananarivo : Imprimerie de la Missioncatholique.
Bloch, M. 1971 *Placing the Dead*, Seminar Press.
Callet, R.P. 1908 *Tantara Ny Andriana eto Madagasikara.*
Domenichini-Ramiaramanana, B. 1977 *Le Malgache ; Essai de description sommaire*, SELAF.
Faridanonana 1977 *Rntimibolana Diksionera Tsimihety*, Akademia Malagasy.
F.S.H. 1973 *Diksionera Malagasy-Englisy*, Trano Printy Loterana.
Johns, D. 1835 *Malagasy sy English*, London Missionary Society.
Linton, R. 1933 *The Tanala, a hill tribe of Madagascar*, Field Museum of Natural History.
Molet, L. 1979 *La conception Malgache du Monde du Surnaturel et de L'Homme en Imerina*, tome 1, L'Harmattan.
Rajaonarimanana, N. 1995 *Dictionnaire du malgache contemporain*, KARTHALA.
Rajemisa-Raolison, R. 1985 *Rakibolana Malagasy*, Ambozontany.

Rakotozafy, M.D. 2000 *Dictionnaire d'Éducation Bilingue Usuel Malgache-Français*, EDICEF.
Richardson, J. 1885 *A New Malagasy-English Dictionary*, The London Missionary Society.
エルツ、ロベール 1980『右手の優越 宗教的両極性の研究』吉田禎吾・内藤莞爾・板橋作美訳、垣内出版。
深澤秀夫 1988「偏在する邪術、見えない邪術——北部マダガスカル ツィミヘティ族社会におけるある邪術告発についての一考察」『国立民族学博物館研究報告』13(2)、pp. 253-296.
森山工 1994「祖先を買収する方法——中央マダガスカル北東部、シハナカにおける祖先概念の二相」『アフリカ研究』45、pp. 27-44.
森山工 1996『墓を生きる人々 マダガスカル、シハナカにおける社会的実践』東京大学出版会。

第4章

老いの祝福

南部エチオピアの牧畜民ボラナ社会の年齢体系

田川　玄

1 「老人式」の開催

老いの祝福

南部エチオピアの牧畜民ボラナ社会の居住地には、八年に一度、七月頃の小乾季に家畜を連れて人びとが移動してくる場所がいくつかある。方々からやってきた彼らは、いつもは何もない原野を切り開いて儀礼のための集落を作る。その儀礼の主となる参加者は老人であり、なかでも最高齢は九〇歳を過ぎていることもある。彼らは言う、老人たちはこの儀礼によって〈老人〉になるのだと。成人式ならぬ「老人式」である。この「老人式」のために、約二ヵ月間老人とその家族はこの場所に滞在しさまざまな儀礼を行い、解散する。

かつては日本における老人のお祝いと言えば、還暦を思い浮かべただろう。還暦になれば、赤いちゃんちゃんこを着たお年寄りが家族からお祝いされる。その昔、人生五〇年と言われていたが、今や平均寿命が男女ともに八〇歳を超えて、「古来稀なり」と歌われた七〇歳も長寿とは言われなくなったがお祝いはする。それは家族によって行われるささやかな長寿のお祝いである。一方、ボラナの「老人式」は成人式のように社会全体の行事である。また、ボラナの老人はお祝いされるだけでなく、逆に彼らが人びとを祝福する立場にある。

アフリカの民族誌において老人は、政治的な権力や経済的な富によって社会を支配する長老政治（gerontocracy）という概念によって描かれる［Spencer 1965］。あるいは、祝福と呪詛という宗教的な力を強調されることもある。例えば、ケニア海岸部のドゥルマ社会では、父親から息子への呪詛は息子にとって現実の脅威として受け止められており、父親が息子に怒りを感じただけで息子に何らかの不幸が訪れると考えられている［浜本 1995］。

ボラナでは父子関係にせよ年長世代と年少世代の関係にせよ、呪詛よりも祝福が強調される。そもそも特定の社会関係に限らず、ボラナは「祝福に勝るものはない」と述べるが、そのなかでも特に老人は祝福する力を持つ。筆者も老人からの祝福として、手のひらにつばを吐いてもらったりした（つばを吐きかけることは祝福である）。八年に一度の「老人式」は、年少世代から祝福を受けるだけでなく、老人が祝福で社会を満たす機会でもある。本章では「老人式」がどのように開催されるのかを示し、ボラナの〈老いの力〉とも言える祝福について明らかにしていく。

ボラナ社会について

ボラナは、主に南部エチオピアから北部ケニアの半乾燥地域に居住する人びとである。言語はオロモ語ボラナ方言を話し、人口は三〇万人程度と考えられる。かつては牧畜を主としていたが、近年になりある程度の降水量が見込まれる地域では農耕が重要な生業となっている。ボラナの家畜はウシ、ヒツジ、ヤギ、ラクダなどであるが、このなかでウシに最も高い価値がおかれる。居住のあり方は、数戸から数十戸からなる半定住的な集落を形成する。ボラナの宗教は、伝統的にはワーカと呼ばれる天／神を信仰しているが、近年は村落部においても若い世代がイスラーム教徒やキリスト教徒になりはじめているという。ボラナ社会はサッボとゴーナという二つの父系出自集団に分けられる。また、世代組と階梯が複合したガダ体系という年齢体系とハリヤと呼ばれる年齢組体系がある。このふたつの年齢体系については後で詳しく述べる。

2　老いること——年齢と世代——

年を取る

ボラナの言葉で、老いた男はジャールサ、老いた女はジャールティと呼ばれ、これらは「老いる」（ジャール）

に由来するが、この言葉には「衰える」という意味も含まれる。また、過去形である「老いた」（ジャーレ）という言葉は婉曲的に「死んだ」という意味でも使われる（子どもに対して使う「大きくなった」（グッダテ）という言葉は、老人には「老いた」という意味となる）。

しかし、ボラナの老人は単に体や心が衰えたものとしてのみ扱われているわけではない。筆者がボラナの慣習や歴史について尋ねると、ジャールサに訊けば分かると返ってくる。また、揉め事が起きると、問題の解決のためには必ずジャールサを呼んで話し合いをする。ここではジャールサは衰えという意味を含んだ「老いた男」ではなく、慣習についての知識を持ち、また、それをうまく操ることのできる「長老」を意味する。もちろん、何の知識もないと言われる老人も多くおり、老女にいたっては知識や能力に関係なく、彼女の発言が「長老」のものとして社会的に権威付けられることはない。なぜならば、ボラナは年長の既婚男性が社会的な権威を持ち男性の優位さが強調される家父長的社会であり、女性の活動範囲は家内的な領域に限定され、あらゆる会議に女性は出席できないからだ。もちろん、女性が慣習や伝統的な知識を持っていないということではない。インタビューの際に、インフォーマントの男性が口ごもったり言い間違えたりすると、そばで家事をしている彼の妻が口添えをすることはしばしばある。ボラナの男性自身が、特定の女性について彼女が深い知識を持っていると語ることもある。

ボラナで物事を知っていると言われる「長老」は、出自集団や世代組、地域社会で何らかの役職についていたり、リーダー的な存在であったりすることが多い。筆者は、ボラナにおいて非常に権威ある役職についている老人に慣習や歴史についてインタビューを試みたことがあった。多くの人びとが彼はよく知っているというので、集落を訪ねた際に彼にボラナの慣習や歴史について尋ねたところ、一本のカセットテープを渡された。それは、ボラナの有名な物知りが、ボラナの「歴史」について語った内容を録音したテープであった。この物知りには筆者を含むさまざまな研究者がインタビューしていたし、彼がボラナの「歴史」を吹き込んだカセットテープを売っているという噂も聞いたことがあった。この頃には「歴史の父」と称してラジオやテレビにも登場するようにもなっていた。

このように権威ある役職の老人が実際に多くの知識を持つわけでは必ずしもない。また、たとえ物知りで語りがうまい老人であっても、出自や困窮した状況から否定的な評価をされることもあるし、女性であればその知識や語りを認められることはない。知識が必要とされる状況にもよるが、社会によって権威付けられた地位が「長老」の語る知識に正当性を与えるのである。ボラナでは老人となることは大きな到達点であることには違いないが、すべての老人に社会的な権威が等しく与えられるわけではない。

一方で、ボラナにおいて長幼の序列は重要な規範である。たとえ、六〇歳になろうとも、七〇歳の年長者からは「まだまだ子どもだ」などと軽んじられる。また、会議においても年長者は年少者に「わたしがあなたを生んだ」と述べて発言の機会を奪い、自分の意見を述べようとする。「わたしがあなたを生んだ」とはいささか大げさな表現に聞こえるが、あなたよりもわたしが先に生まれたという意味である。

日常的に長幼の序列が可視化される場は、何かの機会に人びとが集まったときに椅子が足りないときである。年少者は自分より年長の者に必ず大きな椅子を譲る。最年長者にいちばん大きな椅子が譲られ、次に大きな椅子はその次に年を取っているものが座るというように、人びとのあいだで椅子の譲り合いとなる。ミルクティーも年齢の順番に供される。ただし、みんながそこにいる人びとの年齢を正確に知っているのではなく、誰が自分よりも先に生まれているか、後に生まれているかを確かめあいながら、全体の順番がその都度決められる。

親となり、祖父母となる

年齢を重ねれば、自動的に社会的なステージが上がるわけではない。独身者が結婚して子どもを持てば親となり、その子どもが結婚し子どもを作れば祖父母となる。このように系譜的な世代関係において、人は次の世代を生むことによって社会的なステージを上昇していく。ボラナでも、だれだれちゃんのパパ・ママというように長男の名前をとってだれだれの父という呼び方をするが、これは、子どもの存在によって社会的なステージがどこにあるのかをも示している。結婚することなく独身でいると、年を取っても世代のステージはそのまま変わらない。

ボラナの人びとは、結婚したかどうか、子どもが生まれたかどうかをいつも筆者に尋ねる。彼らが言うには、独身のまま子どもがなく死ぬことは、とてもよくないことなのだという。子孫を残せば系譜のなかに名前が残るがそうでなければ何も残らないと、何度も彼らは筆者を諭す。ボラナでは男女とも独身者は半人前であり、結婚して息子を持つことによって、はじめて一人前の大人として認められる。

例えば、フィールドワークを手伝ってもらっていた青年は筆者よりも一〇歳以上年下であり、当初は目上の者として筆者の名前に「さん」をつけて呼んでいたが、彼は結婚するや独身であった筆者を呼び捨てにするようになった。こうしたことは彼に限ったことではない。つまり、社会的なステージは、単に年齢だけでなく未婚・既婚や子ども（男児）の有無が基準となっている。

親となること、そして祖父母となることは、親族体系のなかで記述される傾向にあるが、老人に対する呼びかけが肉親でないにもかかわらず「おじいさん」「おばあさん」であるように、社会を構成する世代とも強く結びついている。

年齢と世代の原理は根本的には異なるが、両者は相互に関係する。実際、現代日本においても、いくつで結婚し子どもを持つのかといった人生のスケジュールが漠然としてではあるが想定されていることは、年齢と世代の一致が社会的に求められていることの証左であろう。今や死語となった独身女性に対する「二五日のクリスマスケーキ」という言葉（二五歳を過ぎた独身女性は、一二月二五日になると安売りされるクリスマスケーキのようであるということ。つまりは、二五歳までには結婚せよという規範であるが、この言葉が巷に流れたときには、すでに多くの女性がその年齢を過ぎても結婚しなくなったことを意味する）があった。近年の晩婚化という言葉もまた、単に以前よりも結婚年齢が遅くなっているという意味だけでなく、現在の結婚年齢が、「本来」結婚すべき年齢から遅れているというニュアンスを持つ。同様に、自分自身や夫が定年退職し年金を給付される年齢の男女は、おじいさん・おばあさんであるはずだった。子どもを生み親になるという世代関係と、それが何歳のときであるのかという年齢は、社会制度によってコントロールすべきことがらとなっている。

ボラナ社会は世代と年齢による複雑な社会制度を持つ。この社会制度は、子どもと大人、老人を区分し、また、結婚と出産、子どもの命名、社会からの引退などを決めており、人類学の用語で年齢体系と呼ばれる。ボラナの年齢体系は、一二ヵ月太陰暦（一ヵ月三〇日）とアヤーナという二七日周期の儀礼暦によって運営されており、社会の時代区分を作り出す。ボラナの人生すべてに関わっており、人びとはこの制度によって老いることができるのである。年齢体系は東アフリカで多く見られるが、このなかでボラナの年齢体系はもっとも複雑である。

3 ガダ体系

ボラナにはふたつの年齢体系がある。ひとつは階梯と世代組からなるガダ体系であり、もうひとつはハリヤと呼ばれる年齢組体系である。(1)

ガダ体系は八つの階梯とその階梯を順次移行する世代組から成り立つ。八年ごとに世代組が発足する。第1階梯から最終階梯までの期間は八八年であり、このあいだに一一の世代組が存在している。階梯の年数は次の通りである。(2)

第1階梯　ダッバレ（八年）　名前がない状態。
第2階梯　ガッメ（一六年）　名づけられるが、世代組は発足していない。
第3階梯　クーサ（八年）　世代組が発足する。

第4階梯　ラーバ（八年）　結婚が可能になる。
第5階梯　ドーリ（五年）　子どもの養育が可能になる。
第6階梯　ガダ（八年）　政治的儀礼的リーダー。三年目に子どもを名づける。
第7階梯　ユーバ（二七年）　儀礼的引退。子どもの世代組が発足する。
第8階梯　ガダモッジ（八年）　個人が随時、階梯に移行する。

理念的な男性Xを設定し、彼のライフコースから階梯の説明をしよう。Xは彼の父親が四〇歳のときに生まれた。Xは第1階梯から人生を始めたが、八年間は名前がなく、愛称で呼ばれていた。Xが八歳のとき、Xの祖父が最終階梯を終え、Xは命名され第2階梯となった。一六年後、二四歳のXの世代組が発足し第3階梯となった。三二歳になりXは結婚するが、第4階梯にある八年間は子どもを持つことが許されなかった。四〇歳になり第5階梯のXに息子が生まれた。第1階梯にある息子には八年間名づけることはできなかった。Xが四五歳のときに彼の世代組のリーダーが「ガダの父」となりXも第6階梯であるガダ階梯となった。三年後Xが四八歳のとき彼の父親が最終階梯を終え、八歳になった息子を名づけ、息子は第2階梯となった。五年後にXの世代組の「ガダの父」が退任し、Xもガダ階梯を終えた。これより二七年間Xは第7階梯の「引退」階梯にあった。Xが八〇歳のとき、彼の世代組の代表者がひとつ前の世代組からガダモッジになるために必要な儀礼物（クンビという樹脂）を受け取った。Xはその代表者から儀礼物を受け取り八七歳のときに最終階梯ガダモッジとなり、八八歳のときに最終の第8階梯を終了した。ただし、これはあくまでも理念的なライフコースであり実際にXのような男性はほとんどいない。

ガダ体系を分かりにくくしているのは、階梯によって結婚（第4階梯）と子どもの養育（第5階梯）の時期が決められているが、その階梯を移行する世代組は必ずしも同じ年齢の成員によって構成されないことにある。ボラナの男性は自分の父親の所属する世代組から五つ後に発足する世代組に加入する。八年ごとに世代組は発足するため、父親と息子の世代組の間には四〇年の開きがある。父親によって息子の加入する世代組が決まるため、大きく年齢が離れていても兄弟は同じ世代組の成員である。世代組は、第3階梯の発足時にゼロ歳から二四歳までの成員によって構成されているが、世代組が階梯を上昇するにつれて成員が増え（生まれると同時に加入する）、さらに成員間の年齢が開いていく。例えば、第6階梯を終え第7階梯に移行する世代組の成員には、ゼロ歳から五三歳までの年齢の差が生じる。

ガダ体系の通過儀礼は八年ごとに行われ、儀礼を行う日程は暦によって決められている。ボラナには一ヵ月が三〇日、一年が一二ヵ月周期の太陰暦と二七日周期のアヤーナという儀礼暦があり、それらを組み合わせて儀礼を執り行う日を決める。また、ボラナの年代は、第6階梯のガダ階梯で「ガダの父」という役職についた人物の名前によって語られる。例えば、一九九二年から二〇〇〇年までの八年間は「ボル・マダ氏のガダ」の時代であり、その次の二〇〇〇年から二〇〇八年までの八年間は「リーバン・ジャルデーサ氏のガダ」の時代である。

こうした「ガダの父」の年代を使って、ボラナは個人の暦年齢を数えることができる。例えばボル・グッヨ氏が「ガダの父」になってから何年目に生まれて、これまで何人の「ガダの父」が交代し、現在の「ガダの父」の期間が何年目であるから、いま何歳であるということを数えることができる。

とはいえ通常ボラナは自分の年齢を一年ごとに数えることはしない。また、すべての人が年齢を数えることができるわけでもない。そもそも一年ずつ年齢を数える必要はボラナにはない。彼らにとって年齢とは、先に示したように目の前の相手が年上か年下であるのかといった相対的な関係であり、また、社会全体において自分がどの世代にあるのかという社会的な位置づけである。こうした年齢認識のために使われる年齢体系がハリヤと呼ばれる年齢組である。

4 喪失という老いの経験

すべての大人のボラナ男性は、世代組だけでなく年齢組にも所属している。[3] 年齢組は八年ごとに発足するため、ボラナの年齢概念では八年が一つの単位となる。年齢組には双分制があり、ワコーラ組とダンバラ組に分かれ交互に発足する。例えば一九九五年に発足した年齢組は「グッヨ氏のワコーラ組」と呼ばれ、その次の二〇〇三年に発足した年齢組は「ダッダッチャ氏のダンバラ組」であり、次は再びワコーラ組となる。グッヨ氏やダッダッチャ氏はリーダーの名前で、年齢組はリーダーの名前で呼ばれる。

少年は、彼の生まれた「ガダの父」の年代から年齢組に参加する時期が決まる。暦年齢に換算すると、おおよそ一六歳から二四歳くらいに達すると年齢組の発足準備に加わると考えられる。[4] たとえ、自分がどの年代に生まれたのか知らなくても、いわゆる幼な馴染みから自分の年齢組の発足に加わるタイミングが分かる。ただし、年齢組の加入儀礼に参加するタイミングは個人的に早めたり遅くすることも可能である。例えば、ダンバラ組の年齢組に参加すると不幸が起きるという家系の少年は、適齢であってもダンバラ組の年齢組に加わることはなく、八年後にワコーラの年齢組が発足するのを待つと言う。暦年齢は絶対的な基準ではなく、必ずしも個人の所属する年齢組が生まれた年代によって決まるわけではないのである。年齢組が発足するとその成員は大人として認められるので、成人になるタイミングを個人的な理由で変えることができるということになる。

ひとつ前の年齢組のイニシエーションが終了すると、新しい年齢組の発足準備が始まる。年齢組の発足にあたり、その年齢に達した若者は、年齢組について知識を持っている長老のもとに年齢組の儀礼や慣習を学びに出かける。準備期間の間、年齢組に名前はなく単に「クーチュの子どもたち」と呼ばれる。彼らは仲間同士で誘い合って槍を携え、地域の集落を訪ねて回る。訪問先の集落では、その集落の若者も加わり、集落の長のウシ囲いの出入り口で輪になって歌を歌う。

この少年たちを、同じ年頃の息子を持つ母親はミルクやミルクティー、食事を振る舞い歓待する。他の人びとは、彼らを働きもせずふらふらと出かけ若い既婚女性にちょっかいを出し、腹を空かせて食物を求める乱暴者の一団とみなしており、実際にしばしば少年たちは既婚女性やその夫と揉め事を起こす。一方で、少年たちは祝福の強い力を持つとされ、名づけ儀礼で子どもの両親を祝福し彼らを称える歌を歌い儀礼を大いに盛り上げる。

年齢組が発足してから二四年間は、毎年、各地域で年齢組の成員が牡ヤギを供犠する。年齢組の仲間の一体感はとても強い。彼らは競い合うライバルであり、助け合う仲間でもある。たとえ、年齢組の仲間が妻と逢引していても、その場では殴りつけてはならず三回は見逃さなくてはならない。仲間は人類学でいう冗談関係にありお互いを好んで罵り合う。一方、ダンバラ組とワコーラ組の対抗意識は高く、互いに自分たちの方が勇敢であると張り合う。

年齢組がもっとも盛り上がるのは、加入儀礼である「クーチュの子どもたち」の活動である。ボラナの人びとに年齢組について尋ねると、ほとんどが先ほど述べた加入儀礼について語り、年齢組が発足した後のことを触れることはほとんどない。ボラナが言うには、年齢組という組織によって揉め事を解決することはなく、大人のやり方として、親族関係や出自集団の関係によって解決するのであるという。大人になるための活動がもっとも強い結びつきを示し、大人になればそれとは異なる大人の振る舞いが求められるのである。

年齢組が発足してから二四年後に年齢組の儀礼活動が終わる。さらに年齢組の成員が老齢になると成員の数も減っていき、やがて誰もいなくなる。そのとき「年齢組は消え去る」[田川 2001]。それが個々の年齢組の終末である。

九〇歳くらいのゴダーナ老とのインタビューで彼は年齢組について次のように語ってくれた。

ある年齢組が発足すると、他の年齢組の成員はそれに加わることはできない。年齢組とはこういうもの。（やがて）だんだんと年齢組の成員がいなくなり終わる。今、わたしに年齢組の仲間はいるかね。わたしには今、年齢組の仲間はいない。今、いるかね。終わりなんだ。年齢組が続くまでなんだ。ほれ。終わりだ。わたしの年齢組の仲間を探そうとしても、この地区には、昔わたしとサーラ氏とディーダ・ジロ氏が同じ年齢組だったが、今この地区にはわたしだけ（一九九八年八月収録）［田川 2001］。

このように長生きした老人はしばしば年齢組の仲間が残っていないことを嘆く。老いはこころやからだの抗うことのできない衰えだけではない。そこには仲間の死という社会関係の喪失がある。ボラナにとって年齢とは、「クーチュの子どもたち」の活動によって生まれた年齢組の仲間の結びつきである。ところが、年齢組が発足し大人になると、その結びつきは他の社会関係のなかに埋没していく。再び年齢のつながりを経験することになるのは、同年輩者の死によってである。「あいつも死んだ」というように仲間の死という社会的紐帯の喪失は、不可逆的な老いの経験である。「年齢組は消える」とボラナが語るように、最終的には年齢組には誰もいなくなる［田川 2001］。しかし、ボラナには喪失ではなく再生と結びつく〈老人〉になる儀礼がある。それが先述した「老人式」である。

5 〈老人〉になる儀礼

すべての階梯を終えること

ガダ体系の最終階梯ガダモッジを終えると、人びとは〈老人〉というカテゴリーに移行する。すでに年齢的に老人と呼ばれる人びとも、儀礼を終えることによってガダ体系において初めて〈老人〉になる。その逆に老人とは言えない年齢の者も、最終階梯を終えれば〈老人〉になる。つまり、この〈老人〉カテゴリーは、必ずしも年齢によって決められるものではない。

すでに述べたように世代組は第3階梯で発足したときにゼロ歳から二四歳までの成員で構成されているが、この後、階梯を上昇するにつれて世代組の成員の年齢幅はさらに広がっていく。やがて世代組は最終階梯ガダモッジに達する。しかし、世代組のすべての成員が自動的にガダモッジになるわけではない。他の階梯では世代組の全員が自動的にその階梯になるが、ガダモッジだけは異なり個人的に移行儀礼を行う必要がある。そのための条件として、結婚して妻と息子がいなくてはならない。また、戦いで手柄を上げたいのであれば、ガダモッジ階梯を先送りにする。なぜならば、ガダモッジが戦いに出かけることは禁忌であり、ガダモッジを終えた〈老人〉もまた、戦いに出かけるべきではないとされているからだ。自分の世代組がガダモッジ階梯にあるときに、その階梯に移行しなかった人びとは、あとの世代組の終了儀礼に合流することができる。

このため、ガダモッジ階梯は正当な世代組だけでなく多様な世代組の成員によって構成される。ガダモッジの構成員は四つに分けられる。第一にガダモッジ階梯にある世代組の成員。第二にその世代組の父親の世代組、つまりすでに四〇年前にガダモッジ階梯を終えている世代組の成員である。四〇年前の儀礼時に年若くして参加できなかった人びとである。第三にこれら以外の世代組の成員。第四にガダモッジを終えることなく死んでしまった父親のために参加している息子である。死んでもなお、ガダモッジを終えなくてはならないのである。

ガダモッジ階梯の年齢分布

実際にガダモッジ階梯は、どのような年齢の人びとによって構成されているのだろうか。一九九五年マダ氏の世代組がガダモッジ階梯を終える儀礼を行った（世代組は最高位の役職者の名前によって呼ばれる。マダ氏とは「ガダの父」となった役職者の名前である）。ヤベロ平原の儀礼地に集まった七三名の参加者のうち、ガダモッジであ

表 1　1995 年ヤベロ平原のガダモッジ終了儀礼の参加者の内訳

年　齢	ガダモッジ人数	マダ氏の世代組の成員	他の世代組の成員
24–32	0	0	0
32–40	0	0	0
40–48	8	7	1
48–56	4	4	0
56–64	10	8	2
64–72	17	7	10
72–80	9	4	5
80–88	4	1	3
88–96	1	0	1
合　計	53	31	22

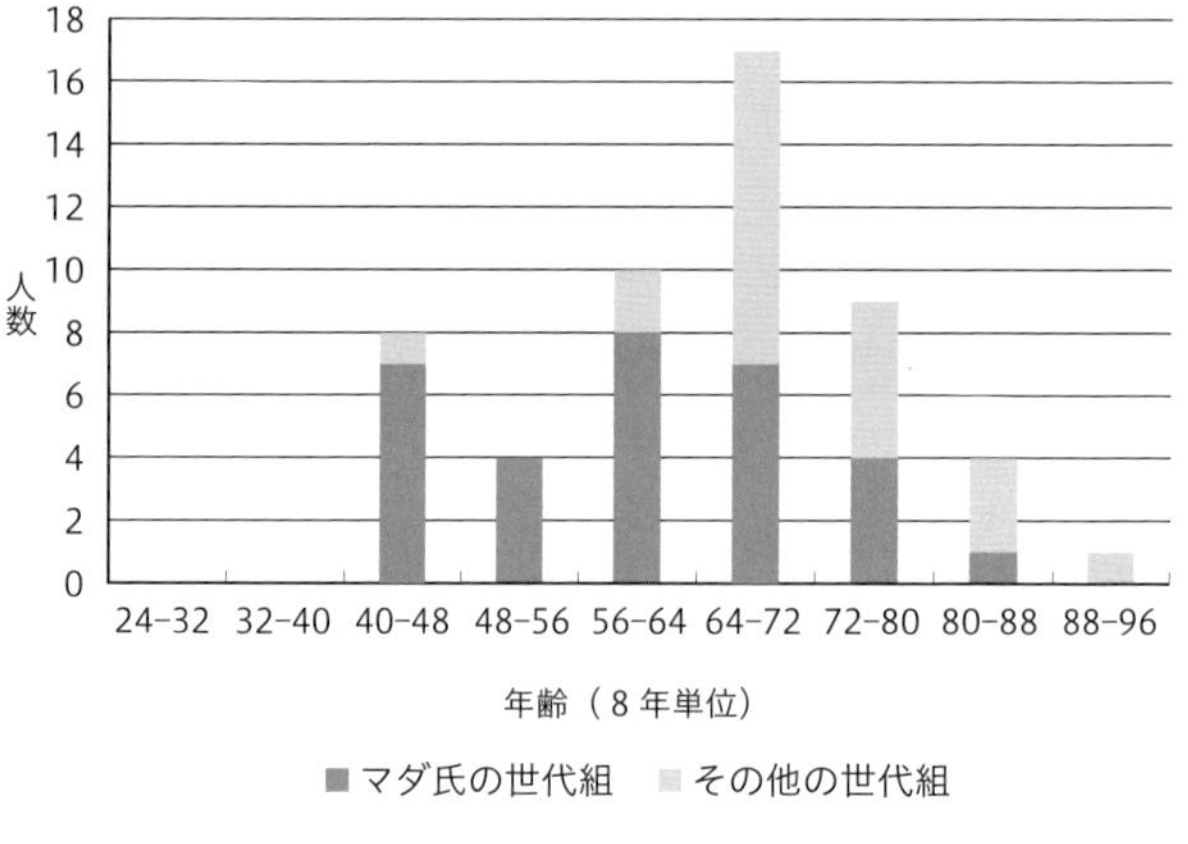

図 1　1995 年ヤベロ平原のガダモッジ終了儀礼の参加者の内訳

るものは五三名。他の二〇名はガダモッジを終える前に死亡した父親のために儀礼に参加した息子である。そうした息子たちは、木製の小さな臼にガダモッジの髪型に似せた布切れを載せて亡父をガダモッジに見立て儀礼を行う。また、亡父と自分自身のガダモッジの最終儀礼をまとめて終わらせることもできる。

ガダモッジ老人の年齢組あるいは生まれた「ガダの父」年代から推定される年齢分布は、下は四〇歳代から最高齢は九〇歳を超えていた。詳細に見ていくと、マダ氏の世代組のガダモッジ老人のなかで、第1階梯の経験者は八八歳のひとり。もっとも多い年齢層は、五六歳から六四歳までであるが、ほぼ同じ数がその上の六四歳から七二歳までの年齢層である。ただし、ガダモッジとなるには十分に年を取っているとは言えない四〇歳代が七名もいる（表1、図1）。

これに対して、他の世代組のガダモッジ老人の年齢層は、マダ氏の世代組よりも相対的に高い。最高齢が九六歳で、いちばん数の多い年齢層はマダ氏の世代組よりもひとつ年長の層であり六四歳から七二歳である。さらに、六四歳以上の老人を合計するとマダ氏の世代組よりも数が多くなる。

こうしたズレは、すべての階梯の合計年数が、個人のライフコースとしては、高齢社会である日本においてさえ想定しにくい八八年という長さによって生じる。世代組のなかで第1階梯や第2階梯から人生を始めた人びとは、世代組が最終階梯に到達する前に死んでしまうのである。また、そもそも亡父のためにのみ儀礼を行っているガダモッジではない息子の数が、全参加者七三名のなかで二〇名に達することも、ガダモッジ階梯を終了することなく死んだ人びとの多さを示している。

祝福に満ちたガダモッジ

ひとつ前の世代組がガダモッジ階梯を終えたときに、「クンビの七人」と呼ばれる次の世代組の代表者が、クンビという樹脂を受け取る。その代表者たちは金属でできた角のような形状の儀礼具を額に付けることによってガダモッジと呼ばれるようになるが、他の成員も同様にガダモッジと呼ばれるわけではない。ガダモッジ階梯を終えることを望む世代組の成員は、個々にガダモッジ階梯になるための儀礼を行わなくてはならない。まずは、儀礼物としてクンビ樹脂を代表者あるいはガダモッジとなったものから受け取る。また、これまで犯してきた「罪悪を洗い流すために」ヒツジを供犠しなくてはならない。

写真１　ガダモッジ老人の正面と後姿。カラッチャを額につけている。

ガダモッジ老人の姿はとても特徴的である。彼らの頭髪には、野生アスパラガスの繊維が編み込まれている（写真1）。この髪型をグドゥルと呼ぶが、「伸ばした髪」という意味で彼らの孫にあたる第1階梯の子どもたちの髪型と同じ名前である。毎日、ガダモッジ老人の妻は、夫の頭にバターを塗り祝福する。ガダモッジ老人は金属でできた角のようなカラッチャと呼ばれる儀礼具を額に結び、黒色のビーズのネックレスなど様々な儀礼具を身につける。夕方になると、彼は額に結んでいた角状の儀礼具を降ろし、皮製ミルクバケツかミルク容器に置く。

象徴論から読み解けば、ガダモッジのこうした姿そのものが豊饒性に結びついている［田川 2014］。ガダモッジが身につけるネックレスの黒色は天の色であり、天／神との関係を連想させる。バターを塗ることはボラナ全般で行われる祝福であり、死につながる乾きに対して、湿しは豊饒性と結びつく。ボラナの歌では、降雨後の大地や水で満たされた池は女性の膣の湿りの隠喩的な表現ともなる。ガダモッジの頭髪に編みこまれる木の根の繊維はミルク容器の材料である。ミルク容器は女性の子宮、そのなかに湛えられるミルクは精液の象徴と解釈される［Dahl 1990］。ガダモッジは、夕方に乳搾りを終えて満たされたミルク容器に角状のカラッチャ儀礼具をつけるが、このカラッチャ儀礼具は研究者によって男根の象徴と記述されており、写真にあるようにそれを連想させる形状である。

ガダモッジ老人は、走らず、争わず、戦わず、殺さず、ズボンを履かず、立って小便をせず、耕さずなどの禁忌に服す。これらの禁忌の多くは男性性に関係する。特に敵との戦いや殺害は男性性を確立する行為であるが、「罪悪」を得ることにもなる。ボラナ社会において、ガダモッジは象徴的に両性具有の状態となる［田川 2014］。また、常に儀礼で使う隠語を用いて会話することからも通常の生活ではないことが分かる。

人びとがガダモッジを祝福するだけでなく、ガダモッジは人びとを祝福する。例えば、ボラナでは殻に入ったコーヒーの実をバターでこんがりとフライし、そこにミルクを入れる「コーヒー豆の供犠」を行う。このときにガダモッジ老人がいれば、彼はフライされたコーヒーの実とミルクが入った木の鉢を祝福する。

ガダ体系の役職集団よ　平安に
役職集団が移ってきて　地域よ平安に
地域が平安になって　放牧よ平安に
放牧が豊かになって　放牧からの帰りよ平安に
妻よ平安に　搾乳よ平安に
搾乳のための革紐よ平安に　放牧のための杖よ平安に
（中略）
ボラナの出自集団、サッボ集団、ゴーナ集団よ　平安に
（中略）

リーバン地域よ、　リーバンの丘と平原よ　平安に
ディレ地域よ、ディレの九つの深井戸よ　平安に
（中略）
天よ　平安でわたしたちを満たせ
大地よ　平安でわたしたちを満たせ
（後略）

韻を踏みながら、放牧や搾乳といった日常生活、妻と夫、子どもたち、家畜、集落、出自集団などの社会組織、儀礼や政治の役職者、居住地域（地名が言及される）など、ボラナ社会を成り立たせているすべてを祝福する。この祝福の言葉にあわせて、周囲の人びとは両方の手のひらを天に向けて「平安に」（ナゲ）と唱和する。

ところが、「クンビの七人」を含めて、ほとんどの人びとはこうしたガダモッジの状態を一年程度しか経験しないようだ。極端な例では、終了儀礼が始まってからガダモッジの髪型を編み始めた老人を筆者は目にしたことがある。ガダモッジである期間を短くする理由は、多くの禁忌によって日常生活が不便になるためのほか、ガダモッジであるときに死ぬことは大変に悪いことなので、それを避けるためとも言う。ガダモッジ階梯を終えることはすべてのボラナ男性の望みであり、義務でもある。ガダモッジを終えずに死ぬことは「悪い」（ハマ）ことであり、それは次の世代につづく「不運」（ダッチ）となるという。ガダモッジとはその階梯に達するだけでなく、それを終えることがもっとも重要な階梯なのである。それでは、ガダモッジを終える儀礼はどのように執り行われるのであろうか。

ガダモッジ終了儀礼のスケジュール

一九九五年、ボラナの居住地域で九つの儀礼地に分かれてガダモッジ階梯の終了儀礼が行われた。原則として、自分の父親が儀礼を行った場所で息子も終了儀礼を行うことが求められる。終了儀礼は太陰暦と儀礼暦によって日が決められているため、理論上はボラナ全域ですべてのガダモッジが同じ日に頭髪を剃り落とし、〈老人〉となる。その儀礼が終わると儀礼のために作られた集落は、「たくさんの老人」と呼ばれるようになる。

ガダモッジ階梯を終えるために、儀礼の参加者は儀礼地に集合し、二ヵ月間ほど滞在する。一九九五年は五月三〇日に儀礼集落を形成し、七月二八日に解散した。その間、さまざまな儀礼が行われた。

表2に主な儀礼を時系列に示したが、この他にもさらに細かな儀礼が執り行われた。

ガダモッジの終了儀礼では、降雨、牧草の繁茂、家畜が増えること、子どもが生まれることが願われる。ディバイユ儀礼では、ガダモッジ老人は妻からバターを塗られ祝福され朝早くに出発し、「雨よ降れ」と歌いながら儀礼集落から離れた場所にある特別な木と井戸に向かう。歌詞は降雨を願うだけでなく、さまざまな祝福と祈願の言葉にあふれている。「大雨が降って、雨が降って枯れ川に水が流れ、（女性が）出産後の隔離期間を終えて、泉から水が湧き出し、泉が渇きを癒し、あごひげがあなたを長生きさせよ」「男根が硬くなり精液が飛ぶ」「男の子をさずかり、男の子も女の子もさずかり」。歌詞は直接には関連せずとも韻を踏んで似た音の言葉どうしがつなげられているが、その内容はすべて祝福と祈願である。祝福の歌を歌いながら数時間歩いて儀礼地に到着すると、天／神との媒介である特別な木と井戸に供物としてミルクとタバコを捧げ（井戸には供犠したヒツジの脂も加わる）、また、儀礼参加者が互いに祝福しミルクとタバコを贈りあう。その際、ミルク容器の蓋と本体を子どもと母親に喩えて「母と子」といってミルクを手渡すように、そこでの行為の一つひとつに祝福と祈願が伴う。特別な木と井戸での儀礼を終えると老人たちは一斉に「雨水よ流れよ」といってしゃがんで小便をし、集落への帰り道では「雨を持ち帰る」という歌を歌う。

写真 2　ディバイユ儀礼でガダモッジたちが特別な木に祝福と祈願を行う。

ガダモッジ老人の終了儀礼のクライマックスは、「剃り落とし」（ブーファット）と言われる儀礼である。「剃り落し」は、夜明け前にガダモッジ老人がウシ囲いで年老いた去勢ウシを供犠するところから始まる。次にガダモッジ老人はウシ囲いで椅子に座り額に結んだカラッチャ儀礼具を降ろす。カラッチャは長男に渡され彼はそれを額につける。そして、ガダモッジ老人の妻が小さなナイフで夫の野生アスパラガスの繊維を編み込んだ頭髪を切り離す。妻と息子は切り離した頭髪をミルクバケツに載せて運び、いったんウシの背に置き、それからウシ囲いのなかにある牛糞の塊のなかに納める。すべての頭髪を剃られた〈老人〉は家屋の奥に入り、三日間ほど儀礼的に隔離される。

頭髪を剃り落とした日の昼に、〈老人〉の息子の世代組の成員が一列になってウシ囲いから〈老人〉の家屋に儀礼歌を歌いながら押しかけ、〈老人〉に人生の手柄を問う。家屋の奥にいる〈老人〉は、これまで人生であげてきた手柄を滔々と

表 2　ガダモッジ階梯の終了儀礼のスケジュール

日にち	主　な　儀　礼　行　為
5 月 29 日	参加者が儀礼地近くのキャンプに集合。夜にヒツジの供犠。
5 月 30 日	朝にキャンプ地を出発し儀礼地に到着し家屋とウシ囲いを建設をはじめる。
5 月 31 日	ディバイユ儀礼。ガダモッジの妻は朝晩，ウシ囲いで牛糞を集めて塊にすることをはじめる。
6 月 1 日	ディバイユ儀礼。（写真 2 ）
6 月 2 日	ガダモッジが集まり「儀礼の父」の家屋にてコーヒー豆の供犠。
6 月 3 日	ガダモッジが夜明け前にウシ囲いで特定の草を浸した水で体を洗う。
6 月 9 日	特定のガダモッジが「雨のウシ」を供犠。
6 月 11 日	「ミルク容器を立てる儀礼」。7 日間，各世帯が特定のガダモッジの大きな容器にミルクを注ぐ。
6 月 18 日	「ミルク容器を立てる儀礼」の終了日。ウシ囲いにミルク容器を置き，ミルクが溢れても注ぎ続ける。（写真 3 ）
6 月 24 日	特定のガダモッジが「ダチョウの羽の牡ウシ」を供犠。最も勇敢な者を選ぶ。
6 月 29 日	「剃り落とし」の日。ガダモッジの頭髪を剃り落とす。去勢ウシを供犠。人生の手柄を朗誦する。
6 月 30 日	「剃り落とし」の日。ガダモッジの頭髪を剃り落とす。去勢ウシを供犠。人生の手柄を朗誦する。
7 月 5 日	「終わりのヒツジ」の供犠。
7 月 27 日	災厄を取り除くためのウルーコ儀礼。
7 月 28 日	ガダモッジ集落の解散。第 1 階梯の子どもの名づけ儀礼の準備に入る。

写真 3　「ミルク容器を立てる」儀礼。ミルク容器にミルクを注いだ後，浮かんでいる脂を取ろうとしている。

朗誦する。手柄とは端的にいうと、どれくらいの敵と猛獣を殺害したのか、敵の家畜を略奪したのかである。また、そのような手柄とともに父や母の名前、妻や兄弟が誰であり、出自集団や年齢組が何であるのかを語る。このとき、ほとんどの老人たちは気持ちが昂ぶり口が回らなくなる。何人かのガダモッジはうまく朗誦できないことを心配し、あらかじめカセットテープに録音した内容を儀礼のときにテープレコーダーで再生していた。朗誦の際に、そばにいた家族も興奮のあまり家屋から飛び出して倒れることもある。ガダモッジを終えると〈老人〉は戦いや狩猟に行くことを期待されず、また「罪悪」を得かねないそうした行為を行うことはない。このため、年齢組の仲間と勇ましさを競った手柄の朗誦もこれが最後である。

ガダモッジの終了儀礼を終えた人びとは、たとえそれまでの階梯を経験していなくても、すべての儀礼的な義務を果たした〈老人〉となる。〈老人〉となった老人は、象徴的に男性性が失われた状態であり、慣習法において既婚女性と同じ扱いを受ける。例えば、男性が支払う賠償は牡ウシであるが、〈老人〉は既婚女性に課される賠償と同じ牝ウシを支払う。ウシ囲いで小便することも、ウシを自らの手で屠り解体することも、墓を掘ることもない。ただし、〈老人〉になったとしても、彼らが実際に社会生活から退出するわけではなく、今まで通りに会議に出席し議論に参加する。また、子どもを作ることもでき、いくらかの禁忌はあるが通常の日常生活を送る。例えば、筆者は一九九五年に四〇歳代でガダモッジの終了儀礼を終えた商人を町でときおり見かけるが、彼は現役の商人のままでありつづけ忙しそうにしている（ただし、そのあいだに再び「罪悪」にまみれているかもしれないが、彼はもう二度と「罪悪」を洗い流すヒツジを供犠することはできない）。

最後に、死に際しては、もしガダモッジ階梯を終えていなければ集落の外に埋葬されるが、〈老人〉となった人物の亡骸はウシ囲いに埋葬される。ウシ囲いは家長の領域であり、いわば人生を成し遂げた老人にのみ許される埋葬場所である。

6 〈老人〉の祝福とは

祝福と再生

合計すると八八年にもわたるガダ体系の階梯において、すべてのボラナ男性は、最終のガダモッジ階梯だけは必ず終えなくてはならない。ガダモッジ階梯を終えて〈老人〉となることがボラナ男性の人生の目的となっていると言えよう。

八年ごとに、ボラナの住む各地域の儀礼地で終了儀礼が行われ、ボラナ全体が祝福に包まれる。終了儀礼はさまざまな小さな儀礼によって構成されており、天／神に対する祈願とボラナ社会への祝福が繰り返し行われる。

暦に従って、すべてのガダモッジ老人が同じ日に頭髪を剃り落として〈老人〉になり、その新しく〈老人〉になった人びとの孫の命名儀礼が続く。彼らの孫はそれまで名前もなく象徴的には社会外部の存在であったが、名づけによって正式に社会の一員となる（もし、名前のない状態で死ねば、母親の家屋のなかに埋葬され墓は作られない）。ガダモッジの終了儀礼が行われ、世代組のひとつが階梯から外に出ることによって彼らの孫は社会に組み入れられる。つまり、〈老人〉という地位に移行することによって、新しい社会の成員となる孫の世代が生み出されるのである（写真4）。

ここに、老人の「祝福の力」を見て取れよう。それは親子関係、あるいは年長と年少の世代関係に見られる非対称性、あるいは先に存在しているものの優位さであると考えられる。老人とはもっとも年長の位置にあり、世代関係の最上位者である。後に生まれたものは、決して彼らを追い越すことはできないのだ。老人の祝福（と呪詛）の強さとはこうした構造的な優位性に基づく。さらに、ボラナで年長者が年少者に対して述べる「わたしがあなたを生んだ」という言葉にあるように、先に生まれたものは今の社会を生み出した存在とも言えよう。

ボラナにおいて、ガダ体系を通して階梯を上がり老いることは再生に転化することであり、老人の祝福は、何にも勝る社会の永続性への祝福なのである。

今を老いるガダモッジ

ガダモッジ階梯の終了儀礼の二ヵ月間のガダモッジたちの日常についてであるが、彼らにとってその二カ月は退屈なものであったようだ。暇つぶしの定番である石取りゲーム（石をウシに見立てたボードゲーム）をするのでなければ、日中から蒸留酒を飲みすっかり酔っ払うガダモッジ老人もおり、ときには喧嘩をして騒ぎになることもあった。彼らは酔っぱらいながら「わたしはこの酒の入ったコップを壊したい。酒がボラナに入ってからボラナの伝統が弱くなった」と憤慨するのだった。その一方でまじめに会議を開き、儀礼の手順を確認したり、ガダモッジ集落を含む地域の揉め事について議論したりすることもあり、また、他所で終了儀礼を行っているガダモッジの儀礼集落と連絡を取り合ってもいた。

写真4　ガダモッジ老人と孫

今や役所やＮＧＯ団体などの外部からの援助は、ガダ体系の儀礼を執り行うために欠かせない要素であり、砂糖や油、トウモロコシといった食糧は定番の援助品である。一九九五年の儀礼でも役所からの援助を受けていたが、その規模は大きくなってきているようだ。二〇一一年のガダモッジ終了儀礼の集落には、給水車の運んできた水を溜める大きなタンクが設置されていた。援助の増加は儀礼を執り行うことの負担の大きさを示している。また、援助に味をしめたためなのか、ケニア国境に近い儀礼地では終了儀礼を終えた後も、少なくとも二〇一五年三月まで〈老人〉たちはＮＧＯ団体からの援助を受けるためにそのまま儀礼地に居続けていると聞いた。

そのような困難にありながらも、近年はガダモッジを終える人びとが増えているとも耳にした。こうした援助の規模やガダモッジ階梯の儀礼参加者の増加は、エチオピア国内の政治体制によってガダ体系が民族の「伝統的な文化」として称揚されていることと関係があるかもしれない(5)。

ボラナ社会を取り巻く政治経済によってガダモッジ階梯の終了儀礼にも変化があることは確かである。そうであったとしても、ガダ体系の儀礼は繰り返し行われ、ガダモッジ階梯を終えて〈老人〉となることは、ボラナの人生の高みでありつづけている。その限りにおいて老人によってボラナ社会は祝福され続けるのだ。

次回儀礼は二〇一九年である。ホラ・ブラ（豊かでありますように、長生きしますように）。

[注]

（1）ガダ体系については、Legesse［1973］、Baxter［1978］、Tagawa［1997］、田川［2001a, 2001b, 2014］を参照のこと。特に参照資料を示さない限りは筆者の調査データに基づく。また、本稿の内容はすでに発表した論文と重複している。調査はＪＳＰＳ科研費（研究課題番号：24401041）（研究課題番号：25300048）の助成を受けた。

（2）一九八〇年にボラナの慣習を決める会議においてラーバ階梯が結婚後に子どもを育てることを許されたため、それ以降は第１階梯は一六年となり、すべての階梯を併せた期間は九六年となった。また、ガダモッジ階梯の年数についても田川［2001ab］

の記述を本稿のものに改める。

（3）ハリヤ体系については、Baxter［1979］、田川［2007］に詳しい。本節のハリヤについての記述は田川［2007］と重複する。

（4）「ガダの父」の年代から計算すると年齢組の加入儀礼の参加者は、一九歳から二七歳になるが、本章ではガッメ階梯の後半に相当する年齢であることから、一六歳から二四歳としている。

（5）一九九一年に現在の政権となり民族を単位とする連邦制が採用され、ボラナ社会はオロミア州の一部となった。オロモ・ナショナリズムにおいてガダ体系は民族の伝統であり、ボラナは現在もそのガダ体系を維持しているとされている［田川 2005］。

［参考文献］

Baxter, P.T.W. 1978 "Boran Age-Sets and Generation Sets : Gada, a Puzzle or a Maze?", in P.T.W. Baxter and Uri Almagor, (eds.), *Age, Generation and Time : Some Features of East African Age Organization*. Hurst.

——— 1979 "Boran Age-sets and Warfare", in D. Turton and K. Fukui, (eds.), *Warfare among East African Herders. Senri Ethnological Studies* 3. National Museum of Ethnology.

Dahl, G. 1990 "Mats and Milk Pots : The Domain of Borana Women", In A. Jacobsson and W. van Beek, *The Creative Communion : African Folk Models of Fertility and the Regeneration of Life*. Uppsala Studies of Cultural Anthropology 15.

Legesse, A. 1973 *Gada : Three Approaches to the Study of African Society*. Free Press.

Spencer, P. 1965 *Samburu : A Study of Gerontocracy in a Nomadic Tribe*. Routledge & K.

Tagawa, Gen 1997 "Rituals of the Gada System of the Borana : With Special Reference to Latecomers of a Generation-set", in *Ethiopia in Broader Perspective Vol.2*, Fukui, K., Kurimoto, E. and Shigeta M. (eds.), Shokado Book Sellers.

田川玄 2001a「「生れる」世代組と「消える」年齢組――南エチオピアのオロモ語系社会ボラナの二つの年齢体系」『民族学研究』第66巻2号。

——— 2001b「ガダとガダモッジ」『リトルワールド研究報告』17号。

——— 2005「民俗の時間から近代国家の空間へ――オロモ系ボラナ社会におけるガダ体系の時間と空間の変容」福井勝義編『社会化される生態資源――エチオピア絶え間なき再生』京都大学学術出版会。

——— 2007「年齢組のパラドックス――エチオピア南部オロモ語系ボラナの年齢組の生成過程」福井勝義編『抵抗と紛争の史的

アプローチ―エチオピア　国民国家の形成過程における集団の生存戦略』京都大学大学院人間・環境学研究科。
―――2014「福因と災因――ボラナ・オロモの宗教概念と実践」石原美奈子編『せめぎあう宗教と国家――エチオピア神々の相克と共生』風響社。
浜本満　1995「ドゥルマ社会の老人――権威と呪詛」中内敏夫・長島信弘編『社会規範――タブーと褒賞』藤原書店。

第5章

社会の舞台裏を牛耳る

ケニアの牧畜民サンブル社会における年長女性の役割

中村香子

1 加齢は「祝福」

ケニアの牧畜民、サンブルの社会で調査を始めてもう二〇年近くになる。フィールドの日常的ないつもの朝。水をはった小さなタライをあまり人目につかない家の裏に運んでその脇にこしかけ、まず手を洗い、そして手の平に細かな泡をいっぱいに立てて、顔から首を洗う。こんな少ない水でも十分にさっぱりする。そしてここからが大切なところだ。若い頃は、フィールドで鏡を熱心に見るなんてそんなこっぱずかしいことできない！とバカにしていたが、今となってはそうも言っていられない。ちょっと目を離すとたいへんなことが起きていたりするからだ。念入りに、小さな手鏡を片手に朝日に輝く我がツラに美容クリームを塗り込む。気になる部分は特に丁寧に……。人に見られたら相当に恥ずかしい熱中ぶりだ。突然、すこし離れたところから調査助手の長女、ペーナス（12歳）が、「チャイ（ミルクティー）がはいったよ」と私を呼ぶ。あわててそちらを振りかえると、彼女は私に駆け寄ってきて、とてもにこやかに言うのだ。

「キョーコ、ほーーんと、年とったねーー」

「え？　ど、どこが？　ここ（ほっぺたのシミ）？　ここ（ほうれい線）？　ここ（首のシワ）!?」

私が動揺して尋ねると、彼女は言うのである。

「うん、髪も、目も、鼻も、口も、肌も……ぜーーんぶ……！」

その言い方は、まるで私が小さな子どもを見て、しみじみと目を細め、「ほんとに、いつのまにか大きくなって……！」と言うのとまったく同じ調子で、悪意がないどころか褒めてさえいるかのようである。人間が年を重ねること、そしてその重ねた年月を姿形に刻み込んでいくことは、五歳だろうと、二〇歳だろうと、五〇歳だろうと、どうやらこの地では等しく祝福すべき美しい現象のようである。一二歳の娘の何気ない一言に軽く打ちのめされ

してその後の約一五年間には、若い長老として家族の基盤を確立することに専念する。すなわち、子どもと家畜を増やすことにいそしんで過ごす。その次の約一五年間はルピロイとして、ルムゲット儀礼の計画と実行を通して、ふたつ下の年齢組の誕生と成長を監督する。このようにしてサンブルの時間は、男性の年齢組とその成長を刻みつつ、ルムゲット儀礼のサイクルとともに回転し積み重ねられていく。

ルムゲット儀礼は、サンブル全土でいっせいに行われる集団儀礼である。当事者であるモランの年齢組とそのルピロイの年齢組の者たちは、儀礼用の大集落をつくり、儀礼の期間は家族とともにそこに移住して過ごす。干ばつなどがなければ一年以上この大集落でともに暮らすこともあり、ルムゲットは日常生活や生活空間、地域の景観にも大きな影響を及ぼしている。

サンブルの人びとは、過去を振り返ってそれがいつだったかを示すときに、年齢組とルムゲットを組み合わせて表現する。「〇〇年齢組の鳥のルムゲットが始まった頃」とか、「〇〇年齢組の名前のルムゲットの儀礼集落に一緒に住んでいた頃」とか、「〇〇年齢組がサカラをつくり始めた頃」といった言いかたをする。「サカラ」とはモランになりたての男性がモランらしく長髪にしようと髪をのばし始め、それが少しのびて耳の下ぐらいの長さになったときの髪型のことである。サンブルの年齢体系は、このようにして、個人のライフコースと地域社会の歴史に枠組みを与え、彼らの時間の感覚を系統立てている。

これまでの記述で、サンブル社会が年齢体系という社会システムによってつよく規定され、統一されていることを理解していただけたと思う。また、年齢組に所属するのは男性だけであって女性には所属する年齢組もルムゲット儀礼もないため、サンブル社会は「男性中心社会」であるという印象を与えたかもしれない。実際には女性もこの年齢組のサイクルに大きく関与しながら生きているのだが、そのような視座の調査研究はわずかな例外［Kawai 1998］をのぞき、これまでほとんどなされていないため、サンブルの女性は「男性中心社会における従属的な存在」と捉えられてきた。

そこで第3節からは、徹底的に女性の視点に立ってサンブルの年齢体系を眺めてみたい。「ンティト（未割礼・未婚）」「ントモノニ（既婚年少）」「ンタサット（既婚年長）」という三つの年齢範疇を女性たちはどのように過ごしていくのか。耳飾りを「着替える」ことによって演出されるサンブル女性の「加齢」のプロセスを概観する。そして、第4節では「ンタサット」に注目する。「ンタサット」は、妊娠・出産期を終えた女性たちを指す。「ントモノニ」から「ンタサット」への移行は四〇代後半~五〇代前半であり、閉経期と重なる。再生産という女性としての大きな役割を終えたあとの人生でいかなる社会性をもって生きるのかは、多くの社会の女性に共通のテーマだろう。「ンタサット」という年齢範疇に達したサンブル女性が演じている役割は、とてもユニークで、興味深い。彼女たちは「男性中心」の年齢体系が統治する社会の裏にある本音の部分をこっそりと、しかし、しっかりと牛耳っているからである。ンタサットを通してサンブル社会を眺めることは、表から見ると、さまざまな行動規範によって厳しく律せられているサンブル社会を裏側からのぞいて見るような感覚であり、読者はちょっとスリリングな本音の社会を垣間見ることになるだろう。

3　三つの耳飾りで演出される女性の加齢

女性の耳飾り

サンブル女性は、「ンティト」「ントモノニ」「ンタサット」と年齢範疇を移行しながら年齢を重ねていくが、それぞれの年齢範疇にはもっとも密接な関係をもつ男性の年齢組があり、それに属する男性を象徴する耳飾りをつけている。ンティト（未婚の娘）の時代は、ともにダンスと恋愛を楽しむ恋人の年齢組、結婚後のントモノニ（若い妻）の時代は夫の年齢組、子どもが成長したのちのンタサットの時代は息子の年齢組だ。もしも複数の息子が別の年齢組に所属していれば、彼女がかかわる息子の年齢組は複数になる。(2) つまり女性は、それぞれのライフステージごとに、異なる形で男性の年齢組に関与するのだが、娘のときは、恋人であるモランとそろいの「ンキオク」というイヤープラグ（後述）をつけ、結婚と同時にこれをとって「ンカイウェリ」という夫を象徴する鎖の耳飾りに、そしてンタサットになると「マルサンテ」という息子を象徴するビーズの長い耳飾りにつけかえる［Nakamura 2005］。

サンブルの子どもたちは男児も女児も一〇歳ぐらいになると、みずから耳たぶに穴をあける。アカシアの棘や安全ピンを使って、友人同士で穴をあけ合う。そして爪楊枝より細く削った木片をその穴に刺して、傷が癒えるのを待つ。あるとき、近所の一〇歳前後のふたりの姉妹が「今日、耳たぶに穴をあけた」と言って、ふたりそろって耳たぶから血を流していたことがあった。驚いた私が日本から持ってきている薬袋から消毒液を取り出して傷口につけようとすると、ふたりはいっせいに逃げ出した。「薬なんかつけたらせっかくの穴がなくなっちゃう！」と言うのである。彼らの耳を飾りたいという欲求は、多少の痛みなどものの数にもならないほどに大きいようである。無事に血がとまり、傷が癒えたあとは、穴に通す細い木片の本数を少しずつ増やしながら、穴を広げていく。

また別のとき、私はひとりの長老に言われた。「おまえはなぜ耳を裸にしているのだ。縁起が悪いので何かつけろ」と。サンブルの女性は、耳飾りで自分自身の現在の状態を示しているので、耳に何もつけていないことは、「私は何者でもありません」と言っているようなもので、つまり「人間」ではないような不吉な存在ということになるらしい。女性にとっての耳飾りの重要性は想像をはるかに越えていた。

未婚の娘時代——モランの年齢組の恋人として——

女性は生まれてから割礼を受けるまでンティト（娘）と呼ばれる。サンブルのモランは夜ごとに集まってダンスをするが、年頃を迎えた娘たちは華やかなビーズの装身具で着飾ってこのダンスに参加し、モランとの恋愛を謳歌する。

娘時代の恋人の年齢組との関係は、その後の夫の年齢組、息子の年齢組との関係と比べると、もっとも短いが、もっとも密かもしれない。モランと娘たちのダンスを長老や既婚女性、割礼前の少年たちは、脇で眺めたり、ひっそりと後ろの方で合わせて踊ることはあっても、輪の中心に入って一緒に踊ることはできない。この華やかさは、モランと娘たちによって独占されている。

この時代の娘の耳を飾っているのは、「ンキオク」と呼ばれる直径二～三センチ、厚さ一センチほどのイヤープラグだ。一〇歳頃から徐々に大きく育ててきた耳たぶの穴にンキオクをはめこむ。ンキオクはかつては象牙や木片でつくられてきたが、近年では手軽に手に入るプラスチックをナイフで削ってつくる。ペットボトルなどのキャップはちょうどこれに適している。モランも同様の少しサイズの大きなイヤープラグをつけている。

この時代に娘を飾るのは、耳飾りだけではない。娘の上半身をすべて覆い隠すほど大きな首飾りは、恋人である「モラン本人」といっても過言ではないからだからだ（写真1）。モランに見初められた娘が、モランから「自分のビーズを受け取ってくれないか」と言われれば、これはモランの「正式に恋人になってほしい」という告白である。モランに大量のビーズをもらうと、ふたりの恋人関係はおおやけに知られる社会的な関係となる。しかしながら、この関係が結婚に結びつくことはごく少数の例外をのぞいてはあり得ず、ふたりは、娘の結婚が決まると同時に別れてしまうことがあらかじめ決まっている。なぜなら、恋人は自分と同じクランに所属しているケースがほとんどだが、結婚相手は自分と異なるクランの人でなければならないからだ。モランと娘は、終わると決まっている、そして、ある日突然に終わりを宣告されてしまう恋愛を、まさに刹那、刹那を全力で味わうようにして過ごすのだ。

娘たちは、モランたちにとても大切にされている。恋人はビーズを買い与え続け、つねに彼女が美しくあるように努力を惜しまず、そして、娘の美しさを歌にしてうたう。ケンカ別れをするカップルもあるが、ごく例外的で、たいていこの恋人関係の結末は娘の結婚が決まることで訪れる。娘の結婚式は、ふたりの別れの式でもある。恋人

写真 1（左） 娘（ンティト）
写真 2（右） 既婚年少女性（ントモノニ）

のモランは、花嫁の化粧である真っ赤な染料を用意する。そしてこの染料をたっぷり手にとって、自分の恋人の頭を、首を、ビーズの首飾りを、丁寧に撫でるように真っ赤に染め上げていく。仲間のモランたちは、娘を送り出す歌をうたってこの場面を盛り上げるのである［中村 2004］。

近年では学校教育などの影響で、ビーズの授受によって正式の恋人関係をつくろうとする人の数は急速に減少している。学校に通っている娘はビーズを身につけないで洋服を着て過ごすためにこの関係の対象外であるし、学校に通うモランや、出稼ぎのために都市に住んでいる時間が長いモランも増えている。しかし女性は生涯にわたって娘時代の恋愛相手である「○○年齢組の娘」と認識され続ける。

既婚年少時代――「夫の年齢組の妻」として――

サンブルの結婚式は花嫁側の集落で行われる。結婚式の当日の朝に花嫁は割礼を受ける。割礼は、母親や姉妹、友人など親しい女性のみに見守られ、女性の割礼師によって夜明け前に執り行われる。無事に割礼が終わり、母親が小屋のすみに特別にしつらえられた小さなベッドに花嫁が身体を横たえる頃、花婿側の人びとが婚資の家畜を連れてやってくる歌声が聞こえてくる。彼らは、東の空から太陽がちょうど昇りきった頃、花嫁の集落に到着するのだ。そして花婿を中心とした花婿側のクランの人びとは、婚資のなかでももっとも重要とされる「リコレット」と呼ばれる去勢牛を花嫁の母親の小屋の入り口の前で屠る。大勢の男たちが大きなウシを横たえ、花婿がその頚椎の部分にナイフを入れる。サンブルの結婚は、この屠畜をもって正式に成立する(3)。

割礼の施術、そしてリコレットの屠畜。一時間ほどのあいだにあいついで行われるこのふたつのイベントを通して、娘はもう娘ではなくなり、この日の午後に一新される装身具が、彼女がもう昨日までの彼女ではないことを自他に示す小道具となる。ンキオクをはずした彼女の両耳には、既婚女性をあらわす真鍮の耳飾り(スルティア)がつけられ、右耳のスルティアには胸元まで垂れる長い鎖の輪の耳飾り(ンカイウェリ)がつけられる。ンカイウェリは夫そのものを象徴するといわれている(写真2)。

これを境に「ンティト(娘)」の時代が終わり、「ントモノニ(既婚年少)」の時代が始まる。結婚した女性は両親につけられた名前で呼ばれることは滅多にない。両親のつけた名前で呼ぶことは、彼女を子ども扱いにしているようで無礼に響くためである。夫は新妻への敬愛をこめて、新しい名前をつける。装身具も名前も住む場所も変えて、まさに生まれ変わった女性は、既婚女性としての人生を歩み始めるのである。

その後の約二〇~二五年間には、女性は妊娠と出産を繰り返し、育児に追われて過ごす。それとともに夫の年齢組の準メンバーとして、夫が参加する儀礼に立ちあい、たとえば夫の角笛のルムゲット儀礼のときには、夫の所属する「〇〇年齢組の妻」として儀礼集落に家を建て、子どもたちも連れて一家で移住し、ともにルムゲットを祝う。

既婚年長時代──「夫の年齢組の妻」から「モランの年齢組の母」に──

結婚後、二〇年ほど経つと女性の人生に大きな転機がやってくる。長男の割礼だ。息子がモランになることをきっかけに女性の人生は大きく変化し始める。象徴的な変化はまず、家のつくりにあらわれる。サンブル社会では、既婚女性一人ひとりがそれぞれにひとつの家をみずからの手でつくるのだが、既婚年少時代には、自分と夫そして子どもたちが寝食をともにするための空間として小さめの家をつくる。しかし、第一子が割礼を受けてモランになると、複数のモランや娘たちが宿泊可能な大きな空間を追加し、ふたつの空間をもつ大きな家をつくるようになる。(4) それまでは、夫と妻の個人的な空間だった家が、「若者たちの社交の場」といった様相を呈する。これは、女性の生活空間が社会に開かれるという変化である。そして、モランと娘たちが集う空間は、長老である夫にとってはとても居心地の悪い場所となる。こうした住空間の変化は、女性が「妻」としての人生に一区切りをつけ、「モランの母」としての人生へと舵を切ったことを意味している。このため、夫は若い妻を娶って彼女の家に移動することで、居心地の良い居場所を確保することも少なくない。

女性が夫よりも息子との関係をつよめたことをより端的に示す変化が起きるのは、息子がモランになってからさらに約七年が経過したときである。モランたちは、割礼から約七年後に行われる名前のルムゲット儀礼によってようやく「成熟したモラン」であることが認められる。この儀礼の前後では、当のモランたちが身につけている装身具に変化はない。しかし、息子がこの儀礼を通過したという証のウシ(またはヤギ)を屠ったその日、モランの母親たちは、結婚の日以来おそらく一日も欠かさず右の耳から胸元に垂らしていた鎖の耳飾り──夫を象徴する「ンカイウェリ」──を静かにとり、その同じ耳に今度は息子を象徴する長いビーズの耳飾り、「マルサンテ」をつけるのである。

女性が二〇歳で長男を出産し、その長男が二〇歳で割礼を受け、その七年後に名前のルムゲットが行われると仮定すると、マルサンテを初めて身につける年齢は四七歳である。これは、閉経という女性の身体的な変化の時期と重なる。「ントモノニ（既婚年少女性）」という言葉は、妊娠中あるいは出産後というニュアンスをつよく含んでいるが、マルサンテをつけた女性は、もう決して「ントモノニ」と呼ばれることはない。

マルサンテは、右耳から肩と胸元を通って腰近くまでのびる二筋の長いビーズで、その先端には子安貝がついている。サンブルの人びとは、特別な祈りを込める装身具には、青、紺、黒、もしくは緑のビーズを使う。この四色は、「神の色」であるといわれている。サンブルの人びとは、神は空にいると考えており、青、紺、黒は神の居場所である空の色である。神は人びとに豊かさをもたらす存在であり、乾燥地を生きる牧畜民にとって雨は豊かさの源、神そのものである。そしてその神（＝雨）が大地に降りたつと、大地は豊かな緑で満たされる。緑は神が地上に降りてきたときの色である。マルサンテには、色遣いのバリエーションはあるが、必ず神の色のビーズが使われる。

モランの息子が三人いる女性は、三人分のマルサンテ、すなわち合計六筋の長いビーズを垂らしている。長男の耳飾りが一番長く、次男は次に、そして三男のものは一番短くつくる。それぞれの耳飾りがそれぞれの息子をあらわしており、たとえば次男が都会に出稼ぎに行っている場合には、彼の無事を祈る意味で、彼のマルサンテに結び目をつくることもある。耳から重たそうにマルサンテを垂らす女性たちは、自分の息子たちの無事を祈るたびにこの耳飾りのビーズを握りしめる。耳から手元まで垂れる飾りは、それが幾重にもなれば重くてとても邪魔である。動くたびに胸元を往復するその束を背中に回したり、首まわりに一周させたりしなければならないのだが、そうやってマルサンテに手をやる女性たちの仕草は、自慢の息子を間接的に見せつけているかのようで、このうえなく誇らしげである（写真3）。マルサンテの重さは、彼女自身が獲得した神からの祝福にほかならない。

モランの期間は約一五年続くが、その期間が終わって息子たちが無事に結婚し、その第一子が生まれると、女性はその息子のマルサンテをはずす。そして、マルサンテのビーズをそのまま利用して赤ん坊の腰ベルトをつくってやる。サンブルの女性は、約二〇～二五年間続く既婚年少期に五～八人の子どもを出産するが、長男と末の息子の

写真3
マルサンテを自慢げに見せるンタサット

年齢組が異なっていることも多い。その場合には、ふたつの年齢組がモランである期間、つまり約三〇年間を「モランの母親」として過ごすことになる。そして、いちばん年少の息子の第一子が生まれ、生涯で最後のマルサンテをはずすとき、女性は人生のやるべき仕事を無事に終えた満足感に包まれるという。このあと、女性の耳には、すっかり摩耗したスルティアと呼ばれる既婚女性をあらわす真鍮の耳飾りのみが残る。最後のマルサンテをはずす時期は、最後の息子をいつ産んだのかと連動しており、人それぞれだが、女性が二〇歳から約二五年間の出産期を過ごし、息子が三五歳で第一子をもつとすると五五～八〇歳と推定される。

ンタサットに与えられている「モランの母親」という役割は、とても独特だ。通常であれば、息子の成人（割礼は成人儀礼であり、モランになることは成人を意味する）は、母親の役割からの卒業を意味するはずであるが、ここからまったく新たな意味合いでの母親としての時代が開始される。次節では、ンタサット期の女性に与えられている「モランの母親」とはいったいどんな役割なのか、ンタサットというステージにたどりついた女性たちが、サンブル社会のどんな場面でどのように活躍しているかを見ていこう。

4 ンタサット（既婚年長女性）の活躍の場——社会の舞台裏を牛耳る——

「モランの年齢組の母親」という役割

前述のように、既婚女性の年少から年長への移行は比較的ゆるやかだ。その始まりは、息子の成人、すなわち息子がモランになる鳥のルムゲット儀礼である。モランになるときに息子は、母親に対してひとつの宣言をする。彼は、この儀礼のなかでヤギを屠ってその肉の一部を母親に与えるのだが、それを渡すときに母親に向かって、「受け取ってください。これはあなたがくれた食事への返礼です。そして（あなたの食事を私に）二度と与えないでください」と言うのである。モランとなった男性は、母親がつくった食事——厳密にはミルク（ミルクティーを含む）をのぞいて女性の目にふれたすべての食べ物——を口にすることはなくなる。「モランの食事規制」の開始である。この規制によって、モランは、自分の母親の家から離れたブッシュにモランどうしで集まって、自分たちの食事は自分たちで調理して食べるようになる。調理も食事もこっそりと秘密のうちに行われ、女性たちは自分の息子をふくむモランたちが空腹かどうかを知るよしもないし、モランがどこかで何かを食べているのだろうかと表だって心配することも失礼にあたる。

このため、母親にとって息子がモランになることは、育児の対象としての「息子」を失うことであり、「母親」の役割の終了を意味している。そしてこれは、母親と息子という一対一の関係の終わりでもある。モランとなった息子は、自分の家で食事をとらず、つねに別のモランと行動をともにしながら突然いなくなったり、突然帰宅したりする。どこで睡眠をとっているのかも不確定で居場所の定まらない、母親の家から切り離された存在となるわけである。

これにかわって、息子がモランになった女性に与えられる新しい役割が「モランの年齢組の母親」である。これは、それまでの「母親」という家庭的・個人的な役割ではなく、もっと社会的・集団的な役割といえるだろう。なぜならこれは、「モランの年齢組の成員の母親たち」という集団に与えられた役割であり、「モランの年齢組の成員」と「その母親たち」という複数対複数の関係だからである。モランの母親たちはみな、「モランの空間」をもつ大きな家を建て、この家は自分の息子や娘とその親しい友人に限らず、息子の年齢組に所属するあらゆるモランに開かれている。あらゆるモランは、サンブルのどこにいようとも、いつでも我が家のように帰ることのできる家をもつことになるわけだ。ンタサットと呼ばれるステージにいたった女性の家には、突然、息子の年齢組の見知らぬ男性が訪れることもあるし、日常的には自分の息子ではないモランが定宿のように毎晩訪ねてきてチャイを飲んだり、恋人のところへ夜這いに行ったあと、明け方に「帰宅」して眠ることもある。

そして、モランとなった息子は、その後に名前のルムゲット、種ウシのルムゲットという儀礼を経て、モランを卒業して結婚するが、このルムゲットごとにつくられる儀礼集落のなかに家をつくるのも母親の仕事である。ルムゲット儀礼の開催時期やどのように実施するかを決定するのは長老だが、開催日程にあわせて実際に儀礼集落に家を建て、引っ越しをし、儀礼に必要な装身具や衣装などの小道具を用意するのは、母親の仕事である。舞台の芝居でいえば、監督が長老、役者がモランと娘たち、大道具・小道具係がモランの母親といったところであり、母親の役割は目立たないが重大である。

たくさんのモランが頻繁に訪れる「人気の家」を構えることは、ンタサットにとってとても誇らしいことだ。ンタサットたちは、できるだけ広くて快適な「モランの空間」を自分の家のなかにつくり、いつも大きなミルク容器にミルクをたっぷり入れて、紅茶の葉や砂糖を切らさずにおき、いつ、何人のモランがやってきても歓迎できるようにしておくための努力を惜しまない。自分の家の小さな入り口で、モランは特有のうなり声を発してから入ってくる。この咳払いのような、動物の声のようなモランのうなり声は、ドアをノックするのと同じく、「モランが入ります」という合図である。我が家に帰るように、モランはこのうなり声とともに家に入ってきて、土間から一段あがったモランの空間のへりに腰掛ける。ンタサットは息子を迎えるように無言で消えかけていた炉の火をおこし、歓迎のチャイを入れ始める。

派手な装身具で全身を飾り立てた目にも華やかなモランは、必ず複数で連れだっており、おしゃべりをして、歌をうたう。すると、その歌声を聞きつけた娘や少年たちも近所から集まってきて、ンタサットの家はにわかに華やかさで満たされるのである。

ンタサットと「無礼講」

サンブルの人びとは礼節に厳しい。年齢範疇に応じた行動規範があり、モランが長老と長々と無駄なおしゃべりをすることはほとんどない。既婚年少期までの女性も長老と対等に会話することはないし、彼女たちがモランと会話することは、ふしだらなこととされ、最小限に慎まれる。けれどもンタサットだけは、少年ともモランとも、娘とも既婚年少期の女性とも対等に会話できるし、自分の娘時代に親密な関係を築き、ともにダンスと恋愛を楽しんだモランがいまでは年長の長老になっているので、長老とも対等に冗談を言いあえる。長老がンタサットの家を訪れることもあるが、実はこれはそれほど気軽にはできない。モランは既婚年少期の女性の家に入ることは好ましくないとされているが、逆に長老は、モランが集っているンタサットの家に入ることを躊躇する。ンタサットの家はあくまでもモランの居場所であって、長老はそこにいることを禁止されているわけではないが、モランほど我がもの顔に長居するわけにはいかないのだ。

このために多くの長老は、妻が「モランの空間」のある家を建てるようになると、新たな妻を娶って彼女の家を自分の居場所として確保しようとするが、もちろん、そうしない長老もいる。この場合も、ンタサットは自分の家に「モランの空間」をつくりはするが、その家には長老がいることが分かっているので、実際にモランがここを訪れる頻度はぐっと低くなる。逆に、未亡人の家は人気の家になりやすい。「ンタサットの家」は長老を排除したような空間であり、このために「無礼講」の様相を呈している。炉をはさんで対面して位置する「モランの空間」と「ンタサットの空間」。このふたつの「空間」には、それぞれ両側と背後の三方には壁があるが、正面には壁はない。ンタサットとモランたちは向き合うように腰掛け、炉を囲みながらチャイを飲み、おしゃべりをする。そして、あるときは両者ともそれぞれの空間に寝転がりながら、気の置けない友人同士のようにリラックスし、大笑いしながら会話を楽しんでいるのである。

彼らの会話の内容は多岐にわたる。長老の失態を笑いものにするような噂話など、本来は礼節に反するようなことが話題になることもしばしばだ。なかでももっとも多いのはモランの恋愛についてだろう。モランは自分の母親の家ではなく、自分のお目当ての娘の家の近所のンタサットと仲良くなり、彼女の家を定宿にすることも多い。そして、ときにはその娘をそのンタサットの家に連れてきてそこで夜を過ごす。自分の母親に対しては性的な話題は慎むべきとされているが、自分の母親ではない「モランの年齢組の母親」に対しては、そういった遠慮がないどころか、ンタサットは、モランと娘に恋愛の舞台として自分の家を提供もするし、彼らの恋愛の悩みの相談役にもなる。

モランと娘の恋愛の相談役

もっとも深刻で、しかし決して珍しくはない悩みは、娘の妊娠だ。サンブル社会では未婚女性の処女性は重要視されておらず、モランと娘の恋愛は通常、性関係をともなう。モランが避妊のための努力を徹底し、妊娠という事態を招かないことが、礼節あるモランがとるべき態度とされている。しかしながら避妊具の普及は進んでいない。

かつてから行われている避妊方法は、妊娠の可能性のある日には性交そのものを控えることと体外射精のふたつであるが、失敗も多い。妊娠はモランと娘にとって重大事件である。

妊娠が疑われるとき、多くのモランと娘は親しくしているンタサットにまず相談する。ンタサットは、彼女自身がその技術をもっていなければ、ンタサット仲間のエキスパートを呼び、娘が妊娠しているかどうかを診断する。エキスパートは助産師の技術をもつ女性のなかでも、とくに妊婦のさまざまな不調を解決できる熟練のンタサットである。あるエキスパートの女性は、女性が妊娠しているかどうかは、下腹部をそっと撫でればすぐにわかると語ったが、そっと撫でたおなかの中の子どもが逆子であるかも診断するし、さらに子どもの位置を修正することもできるという。

娘が妊娠していることが確定すれば、モランはただちに娘の母親にそれを告げなければならない。しかし、娘の母親に直接にこの大失態を告白に行くのは相当に勇気がいるものである。そこでモランは親しいンタサットに依頼して、娘の母親に前もって告げておいてもらう。そうすれば少しは母親のショックをやわらげることができ、モラン自身も告白しやすい環境が整えられる。サンブル社会では、割礼前の娘の出産はもっとも不吉なこととして厳しく避けられており、娘の妊娠は必ず人工中絶の対象となる。

少しでも安全に、そして確実に中絶の処置をするためには、一刻も早い対処が重要である。モランが娘の母親に告白に行くときには、すでにモランと懇意のンタサットを通じて、事の次第は伝えられており、中絶処置の段取りもすでに組まれている。ンタサット世代の女性が中心になってとてもスピーディに、粛々と、女性たちはことを進める。娘の妊娠という事件が、その父親はもちろん、あらゆる長老の耳に入ることは決してないし、この時点ではモラン自身でさえも、もうこの問題に介入する余地はほとんどない。娘の母親に告白したモランは、逃げるようにして自分の任務遂行にのみ専心する。その任務とは、中絶処置を受けた恋人が体力を回復するために必要なヒツジを一頭用意することと、処置を行うエキスパートの女性に謝礼を支払うことである。

モランと若い妻の浮気の使者

モランは、同じクランの娘を恋人にする一方で、自分たちのクランに婚入してきた若い既婚女性を誘惑することもある。長老にとっては自分の若い妻を血気盛んなモランに誘惑され、その挙げ句に妻がモランと恋に落ちるなど、最悪の事態である。しかし、これは娘の妊娠事件とは比較にならないくらいにつねに起きている事件でもある。発覚すれば長老の逆鱗にふれ、ただちに長老会議が開かれて、モラン全員が呼び出され、厳しく罰せられる大事件となる。長老はつねに自分の若い妻がモランと浮気をしているのではないかと疑って注意の目を光らせているので、モランがお目当ての女性に近づくのは容易ではない。

モランが一方的に若い妻を誘惑するだけではなく、女性のほうも積極的だ。とくに年齢の離れた年長の長老の第二、第三、第四夫人として嫁いできた女性たちは、みずからお気に入りのモランをみつけて親しくなろうとすることもしばしばある。モランが若い妻の家に近づくのは容易なことではないが、若い妻がンタサットの家に行くのはたやすい。お目当てのモランがよく訪れるンタサットの家に砂糖を乞いに行きさえすればよいのだ。ンタサットは、若い妻が厳しい夫の目をかいくぐってモランと密会するために、より積極的に一役かうこともある。

たとえば、モランは仲のいいンタサットに、空になった自分の嗅ぎたばこの容器を渡す。ンタサットはそれを持ってそのモランのお目当ての女性の家に出かけていき、世間ばなしをしながら、そのモランの名前も出さずに「嗅ぎたばこがあったらこの容器に少しわけてちょうだい」などと言って容器を渡す。女性は、明らかにその嗅ぎたばこの容器に見覚えがある。その容器を彼にあげたのは彼女自身だからだ。しかし、彼女はただ黙って自分の手持ちの嗅ぎたばこをその容器に入れながら、ンタサットと世間ばなしを続け、それとなくメッセージを託す。ンタサットは家にもどり、自分の家で昼寝をしているモランに、嗅ぎたばこで満たされた容器を渡しながら、「○○は、今日は今から森の奥まで薪を切り出しに行くと言っていたわ」と告げると、モランはおもむろに立ち上がって家を出て行く……といったぐあいである。

ンタサットがモランと若い妻の恋愛を手助けするのは、ンタサットがモランと「仲がいい」からという理由だけでもないようだ。サンブルの女性たちはみずから夫を選ぶことはできないが、その一方で子どもをつくる相手はある程度、自分で選択できると内心考えているようなのである。

前述したように、サンブルの娘は結婚式の朝、自分の母親をはじめとする数人の既婚女性が見守るなかで割礼を受ける。[5] この手術はほんの数十秒で終わるが、ここには、男性にはあまり知られていない女性だけの小さな儀礼が付随している。娘の割礼が終わるやいなや、割礼師の女性は娘の母親にむかってこう叫ぶ。

「バターはどこ?」

これを受けて、母親がこの日のためにあらかじめ用意しておいたバターの小さな容器を割礼師に渡すと、彼女はバターを指にとって娘の性器に塗る。そしてその直後に両大腿部にも素早く塗る。性器にバターを塗ることは止血という実質的な意味があるが、ついでのように大腿部に塗られるバターにも意味がある。

たいてい結婚式が行われるのは、雨季の緑豊かな時季だ。こうした時季には、ウシたちが乾季のウシキャンプから集落に戻ってきており、集落にはハエも多い。バターのよい香りにさそわれて、すぐにハエが娘の大腿部にとまりに来るが(たとえ来なくても)、割礼師の女性はバターを塗り終えたすぐ次の瞬間に「男たちよ、たかれ!」と小さく叫んで娘の両大腿部をパンパンと軽くたたくのである。これはほんの数秒間で終わるひっそりとした行為なのだが、その意味は深い。

サンブル語では縁起のよいものを「香りよい」と表現し、バターは「香りよい」ものとして儀礼の場面で象徴的に用いられる。ここで大腿部に塗られるバターは割礼を受けた娘自身であり、それにたかってきたハエは男性なのだと女性たちは語る。そしてハエを叩く行為は「あなたに寄ってくる男性を逃がさずにつかまえなさい」という意味なのである。

写真4　結婚式で力強くうたうンタサットたち

結婚式に集まったンタサットたちは、これと同様のメッセージをこめた歌、サイアレケアを、花嫁の割礼の五、六時間後に必ずうたう。男性たちが早朝に屠られた婚資のなかでもっとも重要なリコレットと呼ばれるウシを解体して、その肉を配分したり森で焼いて食べたりすることに奔走している隙に、娘の母をふくむ年長のンタサットたちは割礼を受けたばかりの娘が横になっている小屋の入り口に集まり、とても明るい表情でこの歌をうたうのだ。

以下に示した歌詞の「わたしはたくさんの屋敷囲いを踏む」という表現には「その家のなかに入って男性と性関係をもつ」という意味が隠されている。この歌には「できるだけたくさんの男性と性関係をもって、できるだけたくさんの子どもを産みなさい。わたしたちがそうしてきたように」という、嫁ぐ娘に対するあっぱれな教訓が込められているのである。

サイアレケア：娘の結婚式に既婚女性がうたう歌

花婿よ！
そしてそこを行く人も、そこに立っている人も、そこで寝ている人も
驚くようなことが起きるわよ！

わたしはたくさんの屋敷囲いを踏む
わたしは見知らぬ男を追い返しながら屋敷囲いを踏む
わたしはたくさんの屋敷囲いを踏む
よそのクランの男の屋敷囲い
力のつよい男の屋敷囲い

訪れるものはみんな、わたしのサンダル（わたしの恋人）
道を歩いてくる人も
屋敷囲いを壊してくる人も
砂埃で白くなったサンダルを履いた旅人も
物乞いにきた人も
みんなわたしのサンダル

（二〇〇〇年一〇月採録）

嫁いでいく花嫁に「これからの人生、浮気をじゃんじゃんしなさいよ」という内容の歌を、直接的な歌詞ではないとはいえ、ここまで堂々とうたいあげるンタサットたち。なかでも、とくに高齢のンタサットはつぎつぎにソロを替わりながら、思い思いの比喩で同様の内容を歌い、歌い終わったあとには、互いの比喩の見事さを称え合うように高笑いする。彼女たちの堂々たる姿は、サンブル社会の裏側の複雑な事象を牛耳っているという自信にあふれている。誰にも遠慮することなくその役割を相当に軽やかに楽しんでいる。彼女たちは、人生の華の時代を謳歌しているようにさえ見えるのである。

私はある娘の結婚式でサイアレケアをビデオに撮り、その歌詞を書き起こしてみた。当時モランだった調査助手もその意味の解釈にはちょっと自信がないというので、うたっていた本人に直接尋ねに行った。すると、そのンタサットは笑いながら言った。

「その見知らぬ男、今日から夫になるその男が、もしもどうしようもない愚かな男だったらどうするの？　そんな男の子どもだけを産み続けたら、たいへんなことになる。いろんな種《タネ》をまぜなさい。そうすればきっとひとりかふたりは、将来あなたを助ける素晴らしい子どもになるはずよ」

冗談めかして歌にのせられるメッセージは、結婚式のなかで男性たちが出払っているほんのわずかな時間の間隙を縫うようにして伝えられる。これは、長い人生をここまで生きてきたンタサットの選び抜かれた本音のなかの本音であり、「男性中心社会」をサンブル女性が軽やかに生き抜くための策略なのだ。

5　社会の支配的な価値観に左右されずに自在に生きる

スペンサー［Spencer 1965］は、サンブル社会を「長老の支配する社会」と表現した(6)。年齢体系によって統一されているサンブル社会では、ルムゲットといういくつもの通過儀礼を経ることによって男性の年齢組が成長を重ね、そのサイクルが一巡するとまた新たな年齢組が誕生する。そのさまは、あたかも繰り返し演じられる壮大な芝居のようでもある。登場人物も筋書きも小道具もあらかじめ決まっていて、だれがどう振る舞うかというシナリオは驚くほど細かく年齢体系の規範によって定められている。そしてそのシナリオ通りにすべてが運ぶように、メガホンを握っているのは長老であるから、スペンサーの研究がサンブル社会の特徴を的確にとらえていることはまちがいない。

そしてその舞台の上では、年長者に敬意を示しながら、少年は少年らしく、モランはモランらしく、長老は長老らしく、娘は娘らしく、若い妻は若い妻らしく、ンタサットはンタサットらしく振る舞わねばならない。少年はモランにも長老にも逆らえないし、モランは長老には逆らえない。娘はモランとは対等だが、長老とは口をきくことさえ滅多にない。若い妻は夫である長老に従わなければならず、モランと親しくなることなど、もってのほかである。モランと娘は恋愛をすべきだが、結婚して子どもをつくったりするのは長老と既婚女性になってからで、娘の出産は絶対に避けなければならない。

本章で、ンタサットという年齢範疇の女性たちに注目しながらサンブル社会を眺めたことによって見えてきたのは、こうした規範に従って生きることを「美しい」とし、面目や体裁を気にする「かっこつけ」のサンブルの人びとにも、一皮むけば別の世界もあるという事実である。その世界を舞台裏で一手に引き受けているのがンタサットだった。ンタサットは、敬意を払って接さなければならない自分より年長の相手をもたず、年齢体系の表舞台でもかなりの程度、自己を主張できる立場にある。そしてそれは、すべての人びとが規範どおり生きているかをチェックし、それから逸脱した行為を罰する立場にある長老とは対照的に、なんと自由で軽やかな立場だろう。

そんなンタサットたちは、ことあるごとに舞台裏にまわって、そこで展開されているもうひとつの世界を牛耳る仕事をまかされているという見方もできるだろう。その仕事は、舞台の表から見ると「モランの年齢組の母親」という役割を与えられ、「モランの母親の家」を建てることを通して、物理的に自分自身を長老から離れたところに位置づけることによって達成されていた。「モランの母親の家」は、モランや娘、そして若い妻にとっては、長老の目から隠れ、表の世界から逃れることのできる避難場所として機能しているのだ。ぎちぎちの規則によって、ややもすればがんじがらめになりそうなサンブル社会に、「遊び」とも呼びうる「ゆるやかさ」を提供するという思いがけない方法で、ンタサットはこの社会が円滑にまわるための重要な役割を演じているのかもしれない。

ンタサットというステージに女性が移行するのは、冒頭で述べたように女性の閉経期と重なる。生物学的にまちがいなく訪れる閉経という事実をいかに経験するのかは、多くの社会の女性にとって大きな課題であり続けている［ロック 2005］。また、閉経を「女性としての終焉」とか、「メス」としての機能の欠如といったマイナスの出来事としてとらえ、受け入れがたいと感じる女性も多いとされる。われわれの社会では、閉経とともに育児という母親としての重要な役割も、育児の基盤となる家庭という空間を快適にまもるべき妻としての役割も、同時に一段落を迎え、その先の新たな生き方を模索する女性が多いという［袖井 2002］。

生物学的に見れば、ホルモンの欠如や生殖機能の喪失というマイナスの経験としてとらえられがちな「閉経」という出来事について、ロック［2005］は、「メノポーズは事実でも普遍的出来事でもなく、〈社会的・文化的な〉文脈のなかで解釈されるべき経験である」と述べている。ロックの立場に従って、閉経期とそれ以降の人生の意味を考えるとき、われわれは、サンブル女性がまったくネガティブな感情をもたずにンタサットという時代に移行する様子や、いよいよ堂々と輝き出す姿から学ぶべきことがありそうだ。サンブル女性にとって加齢は祝福であり、女性はどの耳飾りよりもマルサンテをもっとも誇らしそうに身につける。三つの年齢範疇は、それぞれに種類の異なる人生の喜びを女性に与えているが、ンタサットは、娘としての喜びも若い妻としての喜びも経験したうえで、ようやくたどりつける祝福のステージである。サンブルのンタサット、すなわち閉経期以降の女性を輝かせている〈老いの力〉とは、彼女たちが、みずからを社会の支配的な価値観に左右されない場所に位置づけることによって達成されていた。社会の表舞台の事情もじゅうぶん理解したうえで、表舞台の価値観に疲れて休みたくなった人たちに憩いの場所を提供したり、表舞台からこぼれおちてしまったさまざまな事象にやさしい光をあてることは、われわれの社会においても、〈老いの力〉を発揮すべき重要な役割であるにちがいない。

ところで、サンブルの長老たちは表舞台で年齢体系をとり仕切りながら、その舞台裏に気づいていないかといえば、そんなことはないようである。あるとき、ひとりの長老の妻がモランに誘惑されて妊娠したことが発覚し、大勢の長老がモランたちを集合させて説教をした。若い妻を妊娠させた当のモランとともに集まったすべてのモランに対して、ある長老がこう言ったのである。

「おまえたちはモランのくせに、われわれの若い妻たちの前でニヤニヤと白い歯をみせて何を話しているのだ！ おまえたちが、かげで何を企み、何をしようとしているか、そんなことぐらい、われわれにはとっくにお見通しであることをわかっていないのか！ 愚か者たちめ！ おまえたちは、われわれが二〇年前、いったい何だったと思っているのだ!?」

つまり、「われわれも二〇年前はモランで、おまえたちと同じことをしていたのだから、わからないわけないだろう！」という意味のことを言っているのである。長老は妻を寝取られたという怒りのあまりモランを呪うことも起こりうるのだが、その一方で、このセリフが私に明らかにしたのは、この世にはそういうこともあるものだ、という裏の世界を誰もが十分に承知していることだった。このセリフを聞いて拍子抜けしたのは私だけで、集まったモランもその他の長老たちも、神妙な面持ちを維持したまま説教は続いたのである。私はしばらく混乱したが、その後にじわじわとサンブルの人びとのすごさが理解できてゆき、サンブルのすべての年齢範疇の人たちに対する尊敬の念を新たにしたのだった。世のなかには裏の世界もあり、あらゆる価値にはその逆の価値がある。そんなことを、ごくあたりまえに理解しながら、社会の構成員全員が総出で、壮大な美しい芝居を演じ続けることができる人たちなのだから。

［注］

（1） 実際にはひとつの年齢組がモランである約一五年の途中の時期に割礼を受けて、すでに組織されている年齢組に途中から加入する人も少なくない。割礼時期を個人的に決定する傾向は近年つよまりつつあり、こうした人が多数派になっている。年齢組が組織される一斉割礼の際に割礼を受けてモランになった人びとは「モリジョイ」、途中から加入した人びとは「バルノッティ」と呼ばれ、バルノッティはつねにモリジョイよりも格下である。

（2） 息子ではなく娘の場合は、娘の恋人が所属する年齢組と間接的にかかわる。

（3） この屠畜を行わずに、共に暮らして子どもをもうけるカップルもあるが、リコレットを屠っていない男女は正式には既婚者とは認識されず、その子どもに割礼を受けさせることができない。このため、子どもの割礼が近づくとどんな人も必ずリコレットを屠って自分の結婚を正式なものにしようとする。

（4） もしも息子に恵まれなかった場合でも、娘が年頃になってモランの恋人になる頃になると、女性は「モランの空間」をもつ家をつくり、「モランの年齢組の母親」の役割を担う。子どもに恵まれなかった場合には、僚妻（同じ男性を夫とする妻仲間）の子どものうち何人かを自分の子どものように幼い頃から育てるが、それが息子である場合には、マルサンテは実母が身につける。

（5） サンブル女性の割礼では、クリトリスと小陰唇が切除される。女性の割礼という習慣については、世界的に廃絶にむけたつよい動きがあり、サンブルの人びともこのことを十分に承知しているが、割礼を受けずに出産することを不吉に思い、そのことがもたらしうる不幸な出来事に対する恐怖心が人びとの心から消えないという意味において、現在までのところ、サンブルにとって女性の割礼は、子どもを産むことができない（娘の）身体から、産むことができる（既婚女性の）身体への転換という文化的な意味を維持している。

（6） スペンサーの研究を批判的に検討したホルツマンは、長老が支配的な立場にあるのは、おもに政治的領域においてであり、たとえば家庭内の「食をめぐる政治（gastropolitics）」の主導権を握るのは女性であることを指摘している［Holtzman 2002］。

［参考文献］

Holtzman, J. 2002 Politics and gastropolitics : Gender and the power of food in two African pastoralist societies. *Journal of*

the Royal Anthropological Institute (New Series), 8 : 250–278.
Kawai, K. 1998 Women's age categories in a male-dominated society : The case of the Chamus of Kenya. In E. Kurimoto & S. Simonse, eds., *Conflict, Age & Power in North East Africa : Age System in Transition*. James Currey, pp. 147–168.
Nakamura, K. 2005 *Adornments of the Samburu in Northern Kenya : A Comprehensive List*. Center for African Area Studies, Kyoto University.
Spencer, P. 1965 *The Samburu : A Study of Gerontocracy in a Nomadic Tribe*. Routledge and Kegan Paul.
袖井孝子　2002「人生の移行期としての更年期」『立命館産業社会論集』38（1）: 45–62.
中村香子　2004「『産まない性』　――サンブルの未婚の青年層によるビーズの授受を介した恋人関係」田中二郎・佐藤俊・菅原和孝・太田至（編）『遊動民――アフリカの原野に生きる』昭和堂、pp. 412–438.
ロック、マーガレット　2005『更年期――日本女性が語るローカル・バイオロジー』（江口重幸、山村宜子・北中淳子訳）みすず書房。

コラム2　せびられる老女

亀井哲也

親戚の娘が成人式を終えた祝いの日の晩、マリア（仮名）のところに大きな肉の塊が届けられた。マリアは七〇歳を越えた老女である。マリアはさほど嬉しそうな顔を見せずに受け取り、孫娘に冷蔵庫に入れておくように命じた。マリアが老齢で、社会的弱者だから肉塊が届けられたわけではない。娘の母親は、マリアへの日頃の感謝の証として、そして将来の支援への期待を込めて、祝いの儀礼で屠ったウシの肉を贈ってよこしたのである。

私が二〇年来調査する南アフリカ共和国のンデベレ[1]という民族は、水性ペンキで描く幾何学的でカラフルな模様の壁絵を持つ家に住むことで有名だが、マリアはその中でもトップクラスの描き手である。もともとはそれぞれの家の妻や娘たちが描いていた壁絵であったが、技量の優れた者に依頼することが今では一般的となっている。しかし、壁絵を描く家も少なくなった。壁絵描画のための水性ペンキが高額である上、ンデベレ社会全体が貧困にあえいでいるためだ。マリアへの描画依頼も頻繁にあるものではない。マリアは、一〇年ほど前までは州政府運営の野外博物館に勤務し、展示家屋の壁絵を描く仕事で月給を得るとともに、個人的に依頼されて壁絵を描いて臨時収入を得てもいた。周囲に比べれば生活に余裕があったころは、親戚で成人式や結婚式や葬式があれば援助した。アフリカには持てる者が持たざる者に分け与えることを当たり前とする社会が多いが、ンデベレもこうした相互扶助の習慣を有する社会である。ンデベレとして当たり前のことをしただけだとマリアはいう。今日はそのお返しに肉をもらったわけかと問いかけると、その通りだが、それだけではないのだという。

ンデベレでは、成人式の締めくくりにウシを屠り、解体し、肉を焼いて参列者に振る舞う。その時、尻の肉[2]を祖父

写真1　ペンキ缶をもち，壁絵を描く老女

母あるいは年長のオジ・オバに贈るものとされている。特に、普段世話になっている、あるいは今後も世話になるであろう親戚の年長者に贈るものとされている。前述の親戚の娘というのは、マリアの亡き夫の弟の娘で、すでに祖父母は他界している。義理の弟は、マリアの日頃の支援に感謝し、日本流にいえば、今後の末永いお付き合いを求めて、娘のオバにあたるマリアに肉を贈ったのだ。そしてこの肉を三回もらった者は、孫やオイやメイを招いて、ウクシャビーサ・ウムズクル(3)という儀礼を開く決まりがンデベレ社会にはある。この日の肉は、マリアにとってその三回目にあたっていた。ウクシャビーサ・ウムズクルを開くためには、一頭五万円から八万円もするウシを買い入れるだけではない。毛布やゴザなども用意しなければならず、それらは肉をもらった三人に対してだけではなく、他の孫やオイやメイにも贈る必要がある。マリアにとってはかなりの出費となる。だから大きな肉の塊をもらっても、嬉しそうなそぶりを見せなかったのだ。持てる者は常に富の再分配が求められている。ンデベレには、富を再分配しない欲張り者に妖術使いの嫌疑をかける習慣もある。「分かち合い」を期待され、強いられている様子は、「たかられている」と表現するほどではないが、「せびられている」とは表現できるであろう。

マリアの夫は二五年以上前に先立ち、以来マリアは二男三女を育て、孫は一三人もいる。彼女の家には、息子一人と三人の娘とその子ども八人が同居している。末の息子は都会に行ったが、何をしているか分からない。上の息子は失業し、定職はなく、時おり日雇いの仕事に就いて収入を得ている。近所の恋人の女性のもとに三人の子どもがいる。娘の一人はマリアと同じように野外博物館で壁絵を描いていたが身体を壊し、職を辞して自宅療養中である。残る二人の娘は、仕事のために留守がちであった母と姉の代わりに家事全般を見ていたため、定職に就いたことはない。子どもを産んだ後も家事を担い、ときどきビーズワークづくりの内職をしている。娘たち三人の恋人であり、一〇人の孫たちの父親である男たちのうち、定職に就いている者はおらず、マリアの息子と同じような境遇にある。孫たちの内、年長の男の子は最近まじない師のところに弟子入りした。高校を中退し、仕事をすることもなくぶらぶらと過ごしていたのだが、まじない師のところでも一応は就職したということになるのだろうか？　出来のいい一番上の孫娘は、奨学金を得て大学に進学したが、村には寄り付かなくなってしまった。

壁絵描画の依頼がない時、三世帯同居の一三人家族の収入は、南アフリカ政府が支給する年金が頼りとなる。七〇歳の老婆に政府が支給する年金は月に一万円程度、とても暮らしていける金額ではないが、これでまかなう以外にはない。南アフリカでは高齢者の生活保障のための非拠出型年金が六〇歳から支給されており、その歴史は古い[4]。月に一度のペンション・デイ（年金支給日）には、支払場所の前に市が立ち、高齢者たちが食糧をまとめ買いする様子が見られる。

マリアの場合、壁絵描画という年金以外の収入が時たまあるので、子どもたちが母親に頼る割合がより高くなっていると思われるが、決して特異な事例ではない。現在のンデベレ社会では[5]、高齢の祖父母、特に年老いた祖母に依存する家族をよく見かける。年金を世帯唯一の安定収入とする老女と未婚の娘とその子どもたち。息子夫婦を亡くし、年金で孫を育てる老女。普段は寄り付かないが、年金が支給される日には帰ってくる無職の息子を持つ老女。「せびられる」老女の姿は珍しいものではない。その背景には、生業システムの崩壊、旧態依然の婚資システムとその高騰、晩婚化、婚姻前出産の常態化、失業率の高さ、ＨＩＶ感染率の高さなどがある。

ンデベレでは結婚のためにロボラと呼ばれる婚資、ウシ数頭とさまざまな贈り物を男側から女側に支払わねばならない。もともとウシを放牧しながら農耕を営んでいたンデベレだが、一九世紀末に白人との戦争に敗れ、家畜も土地も奪われた。アパルトヘイト政策下での強制移住先は、農業には不向きな土地で、飲み水用の水道はあっても、農業用水までは確保されていなかった。現在のンデベレでは、農場、鉱山、都会で賃金労働に従事することが一般的で、ウシを大規模に飼う者はほとんどいない。かつては、父親の手伝いをして世話したウシを譲り受けて殖やし、婚資とすることができたが、今では買い求めるしか手立てはない。敗戦とアパルトヘイトで生業システムが崩壊し、経済的な基盤が大きく変わったにもかかわらず、昔ながらの結婚制度を踏襲しているために問題が生じているのである。

南アフリカ全体で二五パーセントという高い失業率は、ンデベレの暮らす村落地域ではもっと高くなっており、若者に就労の機会はなく、経済環境は劣悪である。ウシの頭数が重要な関心事となる婚資は、インフレによってウシの値段が上がり、高騰している。花嫁の高学歴化がさらに拍車をかけている。婚資の額は、花婿側と花嫁側双方の交渉によって決まるのだが、娘に投資した教育費を回収するという理由で吊り上げられる傾向にある。結果、ンデベレ社会では晩婚化が進んだ。未婚か既婚かは、ンデベレの社会的ステージの位置づけにおいて、極めて重要な要素となっている。現在、四〇歳を過ぎても婚資が支払えない男、社会的には未だ一人前として認められていない男が、珍しくなくなっている。さらにはその息子も同様の状況に陥りはじめ、父子二世代続いて結婚していないが子どもはいるという事例が生じはじめている。同じように、恋人が甲斐性なしで独身のままの母親と娘という事例も生じはじめている。

晩婚化は進んでも、子どもはできる。男女ともに成人式を経れば、妊娠させることも、妊娠することも社会通念上、可能となる。かつては、処女あるいは未経産であることが花嫁に望まれたようだが、現在ではそのような習慣はない。多くの女が婚姻関係のないまま妊娠し、出産する。出稼ぎ労働者の多い南アフリカの都会では、妊娠を知ったとたんに赤ん坊の父親が逃げてしまい、父親のいない子どもを抱えた母親が途方に暮れるという問題が生じているが、田舎ではそのようなことはない。誰と誰が付き合っているかは周知であり、男が逃げ出す余地はなく、出産と同時に父親は子どもを認知する。子どもが母親の実家で祖父母と一緒に暮らす様子は、あたかも母系社会のようだが、ンデベレは父系社会である。恋人に子どもを産ませた男はその子どもを認知し、子どもは父親の名字を受け継ぎ、名乗る。男は子どもの養育費を工面し、定期的に子どもの母親に渡すことが求められ、婚資のために貯金をする余裕もない。男は子どもへの扶養の義務はあるが、恋人の家族への援助の義務はない。むしろ逆に、定職のない男が十分なお金を恋人に渡せず、恋人の両親、子どもの祖父母が子育ての費用を負担する事例が多々ある。

もちろん、きちんと婚資を支払い、恋人を妻にし、子どもと一緒に暮らす男もいる。そうではない男たちに対して、母子講をもち、互いに助け合って婚資を用意する男たちもいる。仲間同士数名が金を出し合う頼ある娘の恋人に、きちんと養育費を出すよう、早く婚資を準備するよう働きかける。ただ、ンデベレでは娘の父親である男と娘の両親は忌避関係にあり、直接交渉することはなく、親戚を介しての督促となる。その圧力はどうしても、当事者同士の場合よりも、迫力に欠けるきらいがある。娘の父親が亡くなると、その圧力はさらに減衰する。本来であれば、父親の男兄弟がこの問題を引き継ぐはずなのだが、なかなかその通りにはならない。結婚のような家族間の問題は、基本的に男たちの話し合いで進められるため、残された娘の母親、老女には為す術もない。家族をマネジメントしていた父親（祖父）が亡くなると、いい年をした息子や娘が母親（祖母）への依存度を強める傾向がある。年金暮らしの年老いた母は、婚出できない娘と孫に生活費を「せびられる」ばかりでなく、定職のない息子にも「せびられる」こととなる。

背景の最後にあげたＨＩＶ感染率の高さはンデベレだけに限らず、南アフリカ全域で年配者たちへの負担を増やしている。ＨＩＶの感染率は、二〇歳から四〇歳が特に高くなっており、働き盛りの者がＡＩＤＳを発症して仕事を続けられなくなる事例が多い。婚資交渉が暗礁に乗り上げるばかりでなく、子どもへの養育費も滞る。女性は男性よりも若いうちから感染率が高くなっており、生まれながらにしてＨＩＶに感染している子どももいる。抗ＨＩＶ薬治療の効果も目覚ましいようだが、病気を抱えた者たちの日常の世話をせねばならない高齢者が増えているのもまた事実だ。

持てる者が持たざる者に分け与える相互扶助の習慣、老人や障碍者、貧しい者などのいわゆる社会的弱者を助けるものとして機能してきた分かち合いの制度は、現在、高齢であることで社会的弱者と位置づけた者たちに政府が支給する年金を家族で分かち合うものへと変質している。近代的な国家による福祉制度に基づく年金が老いの力となって、国家の失政で貧困にあえぐ家族を支えているのだ。老いの力が「せびられる」背景には、南アフリカ社会やンデベレ社会が抱える複雑で容易に解決しない様々な問題があり、決して「せびる」者たちだけのせいにするわけにはいかない。

［注］

（1）南部アフリカにはンデベレを自称する民族集団が複数あるが、本コラムで扱うのは、南アフリカ共和国の首都プレトリア北東部に居住する、類別的に南トランスバール・ンデベレと呼ばれている集団の事例である。
（2）ンデベレではウシの尻の肉を最も美味な部分とし、ンデベレ語でイシフンジ *isifunzi* という。
（3）*ukuhlabisa umzukulu*、直訳すると「孫のための屠殺」という意味。
（4）牧野久美子 2011「南アフリカ――一家の生活を支える高齢者手当（特集 新興諸国の高齢化と社会保障）」『アジ研ワールド・トレンド』No. 188, pp. 28-31.
（5）おそらくは南アフリカ全体であてはまることであろう。

第6章

老いてなお子ども

コモロ諸島・ンガジジャ島における年齢と階梯

花渕馨也

1 老いた子ども

コモロ社会には五〇代、六〇代になっても「子ども」と呼ばれる男たちがいる。六八歳の老漁師ユスフもその一人だ。ユスフは妻と二人暮らし。五人の子どもたちはすでにみな結婚しており、たくさんの孫もいる。もうすぐひ孫も産まれる予定だ。しかし、同世代の男たちがみな「大人」であるのに、ユスフだけは未だに「子ども」のままであり、肩身のせまい思いをしている。(1)

同世代の男たちが路地でドミノ遊びをしていても、そこに加わることはできない。ユスフは子どもだからだ。モスクでの礼拝時には、大人の正装をして行くことができず、大人と一緒の席に着くことも許されない。また、村の行事で御馳走が振る舞われる時には、年下の者たちと一緒に食べなくてはならない。

屈辱的なことに、いつまでも結婚しない「箱入り娘」(ムワナ・ズィダカニ)などと揶揄されることもある。六八歳にして、ユスフは子どもと呼ばれることを恥じ、「早く大人になりたい」と悩んでいる。

ユスフのように子どもと呼ばれる男たちがいるのは、その男たちが幼稚で無邪気だからというわけではない。たとえ大人として成熟し、結婚して子どもを持つ父親であっても、あるいはユスフのように「ンバエ」(祖父《おじいちゃん》)と呼ばれる老人であっても、彼らは子どもとみなされ、一人前としては扱われない。コモロ社会において子どもと大人を分けているのは、自然な加齢でも、人格の成熟でも、あるいは法律の規定でもないのだ。

その境界を決めているのは「アンダ」という年齢階梯制度である。アンダには子どもの六つの階梯と大人の五つの階梯があり、子どもから大人の階梯に上昇するには、アンダで定められる大結婚式を行わなければならない。それを済ませていない者は、年齢を重ねても、いつまでたっても子どものままなのだ。

男たちは生涯をかけてアンダの階梯を昇り、最終的に「長老」と呼ばれる階梯に至った後に隠居する。階梯の位置は男の地位と名誉にとって決定的である。そのため「いかに老いるか」というライフサイクルにおいて階梯の上昇は大きな関心事であり、特に大結婚式を行い大人の階梯に昇ることは最重要な人生の課題となる。男たちは年老いてなお子どもであることを恥じ、年相応な時期に大人の階梯に昇り、自分が年齢にふさわしい階梯にいることに生涯を通じて腐心する。

ところが、大結婚式には多額の費用がかかるので実現は容易ではない。また階梯を上昇するには諸々の条件やタイミングがあり、すべての男が年齢に相応した階梯にいられるわけではない。そのため、男たちの中には大結婚式を行う時期が遅れ、ユスフのように年老いてなお子どもの階梯に留まっている者たちが少なからずいるのだ。そして、近年ではそうした老いた子どもたちの数が増えてきている。

この章では、コモロ社会における老いの意味とその変化について、アンダの制度における年齢と階梯との関係から考えてみたい(2)。

2　アンダの階梯

コモロ諸島は、東アフリカ海岸部とマダガスカルに挟まれたモザンビーク海峡に浮かぶ四つの島から成る。諸島にはコモロ語を話し、イスラーム教徒であるコモロ人と呼ばれる人々が住んでいる。彼らはアフリカのバントゥー語族系の人々、東アフリカ海岸部に移住してきたペルシア人やアラブ人、東南アジアから来たオーストロネシア語族系の人々などが古くから混ざり合って形成された民族である。

十九世紀後半にフランスによって植民地化されるまでは、争い合う複数のスルタンがンガジジャ島を統治していた。フランスの植民地時代にスルタン制が廃止され、香料や椰子の木のプランテーションが開拓されたが、一九七五年の独立以降、産業はほとんど発展せず、人々の多くは自給自足的な農業や漁業によって生活している。

ンガジジャ島は面積一、一四八平方キロメートルとコモロ諸島の中でも最も大きな島であり、人口は約四八万人である。島には八つの県に二八の地方自治体が設置され、その中に複数の「村」（ムジ）が存在している。村はコモロの社会生活の基本的単位であり、ヒニャと呼ばれる母系クランを起源とし、ダホという母系リニージの集まりから構成されている。

各村に「アンダ」という年齢階梯制がある。原則的には、村の男性は必ずアンダの階梯に加入し、その階梯の役割を担い、生涯をかけて階梯を上昇しなければならない[3]。アンダは島のすべての村に存在し、その基本的な構造は共通しているが、階梯の数や名前、階梯上昇の規則などに多様性が見られる［Blanchy 2010, Walker 2010］[4]。

ここでは、多くの村と共通する一つの典型的なモデルとして、島の南西部のハンブ県にあるS村という人口一、六〇〇人ほどの漁村の事例によりアンダの制度を説明したい。

まず、アンダの階梯構造は「村の子ども」（ワナ・ムジ）と「父なる者」（ワンドゥ・ワババ）という二つの階層に分かれている。二つの階層には「ヒリム」と呼ばれる階梯があり、村の子どもは六つの階梯、父なる者は五つの階梯から成る（図1参照）。ヒリムは階梯を示すとともにそこに属する集団も意味する。各階梯にはそれぞれ社会的役割が与えられており、男性は自分の属す階梯の役割を果たし、階梯に相応しい人格であることが求められる。

村の子どもの階梯

ワナ・ムジは「村の子ども」を意味し、アンダの成員ではあるがまだ大人とは認められていない人々である。村の子どもの階層には、下からワションジェ、ワズグワ、ワフォマナムジ、マグジ（単数形ではグジ）という四つの階梯があり、マグジの中にさらにグジ・ンデレ、グジ・ヴィライ、グジ・マツァムロの三つの階梯がある。さらに各階梯は行事における食事や活動をともにする二～四の小グループに分けられている。

アンダに加入していない男性はワトト・ワ・ムジ（村の小さな子どもたち）と呼ばれ、一般的に一五、六歳ぐら

			平均的年齢構成	人数（在フランス）
ワンドゥ・ワババ「父なる者」		ワゼー	80〜	9
		ワファァゾァハヤ	70〜	13（3）
		ワフォマムジ	60〜	17（7）
		ワバラジュンベ	50〜	13（4）
		ワナズィコフィア	40〜	17（6）
階梯への加入を保留している者 (5)			−	5（2）

大結婚式（ンドラ・ンク）の開催 ↑

ワナ・ムジ「村の子ども」	マグジ	グジ・マツァムロ	60〜	9（1）
		グジ・ヴィライ	50〜	40（7）
		グジ・ンデレ	40〜	47（6）
		ワフォマナムジ	30〜	37（4）
		ワズグワ	20〜	40（5）
		ワションジェ	15〜	47（9）

［2013 年調査時点］

図 1　アンダの階梯制度の構造

いになると最下位のワションジェ階梯に加入する。ワションジェはだいたい一〇代から二〇代までの年齢幅のメンバーで構成されている。彼らは「奴隷」（ワルムァ）だと言われることがあるように、上位階梯からの命令に従い、公共の広場の掃除や行事における会場設営、食事の準備、後片付けなどすべての下働きを行う。

ワションジャに命令し仕事を取り仕切るのは、その上位のワズグワ階梯である。ワズグワは、だいたい二〇〜三〇代の成員によって構成される。彼らは、上位階梯ワフォマナムジの決定や命令に従い、それを組織的に実行する役割を担っており、いわば現場監督のような存在だ。

ワフォマナムジは「村の子どものスルタン」を意味し、村の子どもの中で最高権力を持つ階梯である。アンダの階梯全体がスルタンの統治体制をイメージして構造化されており、ワズグワはスルタンに仕える大臣であり、ワションジャはスルタンのために働く平民や奴隷だと喩えられる。ワフォマナムジは、だいたい三〇〜四〇代の成員によって構成される。彼らは下位階梯を組織し、道路補修や公共広場の建設など村の公共事業を計画実行したり、犯罪者の処罰など治安維持の活動に取り組んだりする。

マグジの三つの階梯は村の子どもの上位階梯であるが、階梯から外れた存在だとも言える。彼らに村の仕事の義務はないが、下位の階梯に対する命令権もなく、発言権を持たず、村の政治に参加できない。グジは大結婚式を準備するいわば猶予の階梯であり、いい年齢なのにまだ大人になることができない者たちが留まる階梯である。ほとんどの男性はグジの階梯に入ることになり、グジの間に大結婚式を行うが、その一部は長くそこに留まることになる。彼らは義務を果たしていない者として、しばしば父なる者たちから嘲笑の対象にされたりもする。最終階梯のグジ・マツァムロになると年齢層も高くなり、六〇歳代後半の者もいる。

村の子どもから父なる者へ

大結婚式を行うには村の子どものすべての階梯を昇らないとその資格がないわけではない。一般的にはグジ階梯に入ってから五〇代で大結婚式を行うケースが多いが、一〇代、二〇代と若くても経済的に可能ならば、ワフォマナムジやワズグワ、あるいはワションジェの階梯に属していても大結婚式を行うことができる。

「父なる者」を意味するワンドゥ・ワババは、大結婚式の義務を果たすことで大人として認められた人々である。「父」という称号は実際の子どもの有無とは関係なく、村の子どもに対し父的権威を持つことを示している。彼らはまた「一なる者」＝「完成した者」＝「一人前の大人」を意味するワンドゥ・ワズィマとも呼ばれる。

父なる者になることは男性にとって大きな名誉であるとともに、村の「名士」（カバイラ）としてさまざまな特権を獲得することでもある。カードやドミノ遊びのメンバーや、モスクでの席順、行事での御馳走の分配など、彼らは村のあらゆる場面で優遇される。

まず、彼らは見た目から村の子どもと大きく異なる。ダグラ（金の刺繍が入った黒いガウン）、ジョホ（刺繍の入ったガウン）、ジュバ（カラフルな色のマント）、ブシュティ（薄いゆったりとしたマント）、ムハルマ（肩に掛

写真1　花婿（右から3人目）を囲む父なる者と村の子ども

けるマフラー）、ケンバ（ターバン）、ジャンビア（短剣）などの豪華な衣装は父なる者のみが身につけることができる（写真1）。

また、彼らは公的な発言権を持つとともに、下位階梯の者たちに命令する権限を持つ。コモロでは金曜日のお昼の礼拝が重要であり、男たちは正装して金曜のモスクに集まる。礼拝の後には、モスク前の公共広場（バラザ）で集会が開かれ、村の様々な問題について話し合われる。集会での発言権は父なる者にしか認められておらず、村の子どもが父なる者の発言をさえぎったり、反論したりすることは許されていない。公的な場で村の子どもが父なる者に対し無礼を働いたりすると罰金などの懲罰が科せられることもある。村の集会は父なる者の権力が示され、アンダの位階構造が再確認される場になっている。

父なる者の階梯

父なる者の階層には、下からワナズィコフィア、ワバラジュンベ、ワフォマムジ、ワファヅァハヤ、ワゼーの五つの階梯がある。

ワナズィコフィアは「小さなコフィア」を意味する。コフィアとはイスラーム帽のことである。子どもでもコフィアは被るが、妻が金の糸で刺繍した豪華なコフィアは一人前の大人の正装に欠かせないものだ[6]。ワナズィコフィアとなることで男性は大人としての階梯を昇りはじめる。しかし、ワナズィコフィアは父なる者の最下位にあるため、上位階梯からの命令に従わなければならず、アンダの行事では彼らが下働きを担う。

ワナズィコフィアに命令し、行事を取り仕切るのはワバラジュンベである。ワバラジュンベは「王宮の父」を意味し、しばしば「大臣」（ワズィリ）とも呼ばれるように、スルタンであるワフォマムジの補佐としての役割を持つ。

ワフォマムジは「村のスルタン」を意味し、父なる者の階梯を支配するだけでなく、村全体の政治において中心的役割を担う。彼らはしばしば仏語で“president”（大統領）と呼ばれるように、村の政権を担う大統領のような存在とみなされている。アンダの全階梯を通じて、現役の政権の中心にいるのは彼らである。

ワフォマムジが現役のスルタンだとすると、ワファゾァハヤは顧問のような存在であり、ワフォマムジの相談を受けたり、アンダの行事の執行を監督したりする。この階梯になると六〇～七〇歳代の高齢者が多くなり、その中でもアンダの規則について知識の抱負な人物は、アンダの運営や大結婚式を執り行う時に指導的な役割を果たす。大結婚式の慣習として祝宴において花婿花嫁の一族を讃えたり、賢者として名高い伝説的スルタンによる口頭伝承「ンバエ・タンブウェ」の教訓を引用して演説を行ったりするのはそうした老人たちである。

階梯の最上位にあるワゼーは「長老」を意味し、いわばアンダの最高顧問である。すでに高齢のため政権の中心から退いた名誉職的な存在であるが、その発言権はすべての階梯の中で最も強いとされており、最終的にはワゼーの発言によってすべてが決まり、逆らうことは許されないとされる。村の集会において議論になっても、最終的にワゼーが一言発言するとそれで結着である。

アンダは村ごとの組織であるが、その地位はンガジジャ島全体において共通すると考えられており、「大統領でもワゼーの前では道を譲らなければならない」とさえ言われるように、とりわけワゼーの権威は絶対的だと考えられている。

アンダの階梯上昇はワゼーで終わる。ワゼーの階梯を終えるとアンダの組織から引退することになる。一般的には、その頃には八〇~九〇歳を越えるような年齢になるので、生き残っている男性はほとんどいなくなる。

3 階梯の昇り方

ンガジジャ島の男性にとって「年を取る」こと、そして「老いる」ことは、単に年齢を重ねることではなく、こうしたアンダの階梯を昇ることと切り離して考えることはできない。

コモロ社会においても、自然に年齢を重ねることで、子ども（ワナ）から青年（マシャバビ）、大人（ワンドゥ・ワババ）へと成長し、「老いる」（ウドゥハ）ことにより、身体的、認知的に衰え、老人（ワンドゥ・ワドゥハズィ）に至るという認識はある。何歳からという明確な規定はないが、畑仕事や漁に行くことができなくなり、子どもたちに扶養され、孫がいて、おじいちゃん、おばあちゃんと呼ばれるようになると老人として認識されるようだ。

また老人は伝統的慣習（アンダ・ナ・ミラ）についての知識と知恵を持つ賢者として一般に尊敬されており、階梯とは関係なく大切にしようという考えもある。家族の中で老人の地位は高く、ほとんどの老人は大家族の中で扶養され、末期の時まで子どもや孫によって介護されるのが普通である。少なくとも私的領域において、コモロの老人は大切にされ、生活は保障されているように見える。

しかし、男性の人生にとって肝心なのは家庭内の幸せよりも、老いた時にアンダのどの階梯にいるかということである。彼らには、いかに順調に階梯を昇るかという問題が、いかに老いるかという人生の歩みにおいて重大な意味を持つのだ。

　年配者はしばしば自分の年齢を知らず、われわれほどに年齢を気にしないので階梯の上昇と歳の取り方について明確な相関を意識しているわけではない。だが、おおよそ理想的な年齢の取り方は表1の年齢構成に示すように、一〇代でワションジェに加入し、二〇代にワズグワ、三〇～四〇代でワフォマナムジとなり、グジになっても五〇代までには大結婚式を実現し、六〇代でワフォマムジとなり、七〇代でワバラジュンベ、そして八〇代にワゼーとなるといった階梯の昇り方である。各階梯の実際の年齢分布には開きもあるが、平均するとだいたいこのような年齢と階梯の相関が存在している。一般に老人としてイメージされるのはワファヅァハヤやワゼーの階梯である。

タイミングとクーデタ

男たちが年齢とともにどのように階梯を上昇するのか、その規則と条件について見てみよう。ここではS村のアンダの規則を取り上げるが、ンガジジャ島の中でも階梯上昇の方法には多様性が見られる。ブランシーによれば、アンダの階梯上昇は当初組織されるヒリム（階梯集団）が解体するかしないかによって「継続的上昇モデル」（le modèle à progression continue）と「解散モデル」（le modèle à ruputure）の二つのモデルと、その中間形態として考えることができるという［Blanchy 2003］。

　前者は島の南部にある少数の村でのみ見られる特異なシステムであり、最も下位の階梯で結成された同世代のヒリムが解体されることなく、メンバー全員で集団的に階梯を上昇するという制度である。

　後者は、いったんヒリムが結成された後は階梯の上昇は個々人の能力と判断によって行われ、ヒリムは自然に解散するという制度である。近年では階梯上昇が個人化する傾向があり、特に大きな村ではすべての階梯上昇が個人によるお金の支払いや、息子の割礼、娘の結婚といった通過儀礼の完了によって達成されるところもある。

これに対し、多くの村で見られるのはS村のような中間形態で、ヒリムを単位として集団で階梯を上昇する方法と、大結婚式による階梯上昇のように個人的に階梯を上昇する方法が組み合わされており、ヒリムは途中でいったん解体され、別のメンバーで再び再結成されるというシステムである。

S村のアンダでは、まず加入において集団で加入するか、個人で加入するかという選択がある。個人で加入する場合には、ヒリムにお金を支払い、メンバー全員に御馳走を振る舞うムヘレヨという手続きを行う。どのタイミングで何歳の時に加入するかは自由であり、三〇代や四〇代で初めてアンダに加入するケースもある。その場合、最下位のワションジェ階梯ではなく、年齢層が近いワズグワに加入することも可能である。

しかし、一般的には、個人で階梯に加入するのではなく、集団で加入することが多い。それが可能になるのは、クーデタが発生した時である。

村の子どもの階層では、ワズグワがクーデタを起こす権利を持つ。ワズグワはワフォマナムジが村の発展のために貢献しているか、あるいは村のお金を横領していないかなどといった村のスルタンの政治活動を監査し、役割をよく果たしていないと判断した場合、あるいは政権が長く続いたのでそろそろ交代時期だと判断した場合には「ウプア・カズィ」を起こす。これは「政権を奪う」という意味だが、しばしば人々はこれを「クーデタ」"coup d'État" とフランス語で表現する。(7)

クーデタを起こすには、まずワズグワのメンバーがワゼー(長老)たちのところへクーデタを認めてくれるように隠密に相談しに行く。ワゼーたちには謝礼としていくらかのお金が支払われる。クーデタを認めると、ワゼーはそれを秘密にしておき、時期をみて、ある日突然、金曜日の集会においてウプア・カズィを公に宣言する。ワフォマナムジにとっては寝耳に水であるが、ワゼーの発言には絶対に従わなければならず、しぶしぶグジ階梯に入ることになる。代わりにワズグワがワフォマナムジの階梯に昇り、ワションジェがワズグワの階梯に昇る。

ワフォマナムジにしてみれば、村の子どものスルタンである地位に長くとどまり、できればその間に大結婚式を実現して父なる者となるのが理想である。村の政治の外にあるグジ階梯で年齢を重ね、いつまでも子どもと呼ばれるのは避けたい。

ワズグワにしてみれば、上位階梯であるワフォマナムジを蔑ろにもできないが、あまり長いことスルタンの地位に留まられると、ワズグワのまま年齢を取ってしまいスルタンでいられる期間が短くなるかもしれないし、その後グジになった時にはすでに年老いているかもしれない。だから、できれば若いうちにワフォマナムジになった方がよいということになる。

クーデタの恐れがあるため、ワフォマナムジとワズグワの間には常日頃から緊張関係が存在している。ワフォマナムジはクーデタを恐れてスルタンとしての勤めを果たそうとするだけでなく、ワズグワの動きを慎重に警戒しており、ワズグワはクーデタを起こすための理由を見つけようとワフォマナムジの行動を監視しているのだ。

クーデタが起きると、階梯が一つずつ昇るので最下位のワションジャ階梯に空きができる。そこで、アンダに加入していない一〇代から二〇代の若者が集められて集団的にワションジャに加入させられる。加入するかどうかは原則的には個人の意思により自由であるが、個人で加入する時のようにお金を支払う必要がないので、ほとんどの若者がこの機会に加入する。

同じように、父なる者の階層においてはワバラジュンベがクーデタを起こす権限を持ち、ワフォマムジの政権に対して不満がある場合や、政権が長すぎるような場合にはワゼーのところへ行きウプア・カズィを起こす。そのためワバラジュンベとワフォマムジとの間には日常的な緊張関係が存在している。クーデタが起きるとすべての階梯がそれぞれ一つずつ上昇し、ワゼーはアンダの階梯から引退する。

父なる者の場合、通常は、大結婚式を終えて新たに父なる者となった者が最下位のワナズィコフィアに順次加入することになるが、クーデタが起きた場合には、一時期ワナズィコフィアに加入者がいないことになる。

ただし、父なる者の階梯への加入には個人による選択も認められる。大結婚式を終えても、ヒリムへの加入にはムヘレヨの儀礼的手続きが必要であり、それを済ませないとヒリムのメンバーとは認められない。そこで、自分と同世代のヒリムに加入したいという理由で、大結婚式を終えてもすぐに階梯に加入せず、村の子ども時代に同じヒリムだった同世代の仲間が大結婚式を行い、ある程度の人数がそろうまで待ち、一緒にワナズィコフィアに加入するという場合もある（図1の「階梯への加入を保留している者」参照）。

また、大結婚式を終えた後に父なる者のどの階梯に加入するかも個人の選択が可能である。大結婚式を終えた年齢が高い場合には、そのヒリムのメンバーが承認するならば、ワナズィコフィアを飛び越して上位のワバラジュンベやワフォマムジの階梯に入ることもできる。ただし、若いのにあまり上の階梯に加入すると、クーデタが起こり早くにワゼーの階梯まで到達してしまう危険性もあるので、男たちは自分の年齢と、ヒリムの仲間との関係と、タイミングを計算して、どの階梯に加入するかを慎重に選択する。

集団と個人、平等と競争

年齢とともに階梯を上昇するシステムという意味で、アンダは「年齢階梯制」（age grade system）だと言えるだろう。しかし、その仕組みは、他の東アフリカ諸社会に見られる年齢階梯制のように、「年齢組」（age set）が年齢とともに自動的に、順番に階梯を上昇し、老いとともに誰もが長老として〈老いの力〉を付与されるシステムとは異なっている。

S村のアンダの場合、年齢組がそのまま集団的に階梯を上昇するのではなく、不定期に行われる個人的な階梯上昇によっていったん解体され、再結成されるという特徴を持っている。そのため、必ずしも年齢と階梯上昇のタイミングが一致しているわけではなく、個人的、状況的な判断によるズレが発生する可能性を制度が内在させている。

人々はアンダのヒリムを階梯であると同時に、ある程度の年齢幅を持つ同世代の集団として認識しており、あまり年齢の離れた世代のヒリムに加入することを避けようとする。亡くなった父親のポストを引き継いでワションジェを飛び越してワズグワに加入した一九歳の青年が、周囲がみな年配であり、いろいろとこき使われることに嫌気がさしてすぐにヒリムから抜けてしまったということもあった。大結婚式を挙げた後に同じ世代の仲間が昇ってくるのを待って一緒にワナズィコフィアに加入するという選択があるのも、村の子どもの階梯で一緒だった同世代仲間という意識があるからだ。

しかし、その一方で、男性は他の同世代の仲間よりも早く大結婚式をして父なる者になりたいとも考えており、同世代の中で最後まで一人前の大人になれず、グジ階梯に留まることを恥とする。さらに、より豪華で大規模な大結婚式を行うことでより大きな名誉を手にしたいという欲望もある。同世代仲間との同期性を取るか、個人の早い階梯上昇と名誉を取るか、大結婚式適齢期の男性はその選択に悩むことになる。

アンダの階梯上昇には、ワションジェ階梯への加入において形成される同世代のグループが、クーデタによって「集団的」に階梯を上昇する「平等主義的」な方法と、個人の能力によって大結婚式を行うことで「個人的」に階梯を上昇する「競争主義的」な方法が原理的に併存しているのである [cf. Blanchy 2003]。

この矛盾した原理を合わせ持つ制度の中で、個人は自分の年齢や個人的な名誉と同世代との仲間関係などを考慮した上で、自分のライフサイクルの中で階梯を上るタイミングをはかり、最終的にワゼーにまで到達する道筋を選択することになる。ゆえに、コモロにおける〈老いの力〉は、集団的に達成されるものであるとともに、個人的な選択と努力によって獲得されるものでもあるのだ。

4 大結婚式

アンダの階梯上昇において大結婚式は最大の関門である。男性が一人前の大人の地位を獲得するには大結婚式を行わなければならない。大結婚式を行うことは男性の社会的義務であり、それを果たすことで「名誉」（シェオ）と権力を獲得することができる。アンダの義務を果たさないことは男の「恥」（アイブ）だとされており、社会的に強いプレッシャーがかけられるので、男たちは若いうちから資金準備に余念がなく、できるだけ早く大結婚式を実現しようと努める。

コモロにおける「結婚」（ウフンギザ）は、宗教的にはイスラーム法に従い、イスラーム司法官によって二人の証人とともに結婚の承認が行われることで成立し、夫婦の性的関係はこれによって認められる。行政機関への婚姻届はほとんど行われることはない。

結婚を祝福し、公的に承認するために行われる結婚式には「家の結婚式」（ンドラ・ダホ）と「大結婚式」がある。家の結婚式は身内や友人だけで披露宴が執り行われ、アンダとは関係しない。大結婚式には多額の費用がかかるため、若い時にとりあえず小さな「家の結婚式」を行い、壮年になり資金が貯まってからあらためて大結婚式を行うケースが多い。

大結婚式は「アンダの結婚式」（ンドラ・ヤ・アンダ）とも言われ、アンダの慣習的な規則によって段取りが決められており、長い期間をかけ、村全体で執り行われる。大結婚式に先立って、花婿側も花嫁側も相当な資金や物品の準備をする必要がある。花婿側は、花嫁の父親に支払う花嫁代償、花嫁への金の装飾品一式や家財道具、花嫁の親族への贈り物、提供する食事のための牛や米など大量の食材を用意する必要がある。

花嫁側は、まず花婿を迎える新居を建設しなければならない。母系社会で妻方居住婚が行われているため、新居は花嫁の母系親族が所有するマニャフリという共有地に建てられるのが一般的である。また、花嫁側も花婿への衣装や装飾品の贈り物、提供する食事のための食材、衣服や化粧品など花婿の親族への贈り物などを用意しなければならない。

それらが用意できると、大結婚式はまず「婚約」（ムワファカ）から始まるが、アンダの結婚相手にはいくつか

写真 2　伝統的衣装の花婿と花嫁

の条件が存在する。まず、アンダの花嫁は長女でなければならないという原則がある。長女は「アンダの子」（ムワナ・ワ・アンダ）とも呼ばれ、必ず大結婚式で結婚しなければならないが、妹は大結婚式では結婚できない。

また、かつてアンダの花嫁は処女でなくてはならないとされていたが、現在ではそれは強い条件にはなっていない。ただし、大結婚式をやる場合、長年連れ添ってきた妻と熟年になり改めて大結婚式をやるケースと、新たに妻を迎えるケースがあり、後者の場合、かなり高齢の男性が一〇代や二〇代前半の未婚の娘を第二夫人として娶るケースも少なくない。

花婿の側にも条件がある。原則的には母系親族の中で男は年長の者から順に大結婚式をやらなければならず、兄弟だけでなく、母方イトコの年長者がまだ大結婚式をやっていない場合には、年少の者は順番を待たなくてはならない。

大結婚式をする場合、誰でも、いつでも可能というわけではなく、これらの条件や順番を守らなければならない。そのため、若くして大結婚式を行うことは自然と難しくなる。

婚約が結ばれ、資金が準備できると、花婿は村のワフォマムジやワファヅァハヤの代表者に大結婚式開催の相談を行う。結婚式の内容は資金や日程の都合などにより多少異なるが、だいたい次の段取りで長いときには三週間ほど時間をかけて行われる。

大結婚式は、花婿が親族や友人たちとともに花嫁の家に行き、花嫁側にお金を渡し、大結婚式の開始を村全体に告知するウバイニショによって始まる。その一週間後に花婿が親族とともに行列をなして花嫁の家に行くウエンダ・ダホニが行われ、花婿と花嫁は新居で暮らし始める（写真2）。その後、花嫁が公の場で顔を見せるウクンビという披露宴が行われ、最後に花婿が家に入ってから九日後に、花婿側が花嫁とその親族へ家財道具や衣服や化粧品などの贈り物をするンツァ・シェンダによって終了する。

この期間の間に、花婿側と花嫁側によるお金、食料品、家財道具などの幾度もの贈与交換や、アンダのメンバーへのお金、米や肉、お菓子などの分配、イスラームの祈祷式、村人や外部からの客人を招いた大規模な食事の提供、それと、祝宴のための歌とダンスなどが毎夜のように開催される。

5 移民と現金

大結婚式は長い時間をかけた贈与と祝宴を通じ、花婿側と花嫁側だけでなく、村の人々全体との関係を作り、更新するとともに、花婿がアンダの義務を果たし、一人前の大人として新たな階梯に加入したことを公的に承認するための通過儀礼である。男性は決められた儀礼的義務を果たすことで等しく父なる者の地位を獲得することができる。しかし同時に、大結婚式は名誉をめぐる個人的地位の激しい争いの舞台でもある。

大結婚式はポトラッチ的な蕩尽の機会であり、どれだけ費用をかけて贅沢で大規模な結婚式にするかという名誉をかけた競争である。花婿側も花嫁側もできるだけより豪華な結婚式を行おうとし、どれだけ豪華で大規模だったかということが大結婚式の評価となり、花婿と花嫁、そしてその親族の名誉となる。

個人の事情により大結婚式の規模はさまざまであるが、その資金は年々高額化してきている。ダミール&ハサン[Damir & Hassane 2014] の資料によれば、その金額は花婿側と花嫁側の支出を合わせて、最も安くて約三〇〇〇万コモロフラン（約八四〇万円）、最も高額な場合約一億一五三〇万コモロフラン（約三二〇〇万円）[8]。フランスに出稼ぎに来ている男性に聞くと、アンダを行うためにはだいたい約二万〜三万ユーロ（約二七〇万円〜四〇〇万円）を貯めないとだめだと言う。コモロの一人当たりの名目GDPが八四七ドル［2015］であるので、その金額は莫大なものだと言える。

大結婚式の費用が昔からこのように高額であったわけではなく、顕著に高額化と贅沢化が進んだのは八〇年代以降とされる。アンダの大結婚式が贅沢化してきた歴史的経緯については次のような仮説がある。

ブランシーは、アンダの制度の形成史を、同世代の年齢組が解体することなくすべての階梯を最後まで一緒に昇るシステムがより古いものであり、それが近代化にともない、年齢組が途中で解体し、個々人がそれぞれの能力によって階梯を上昇し、大結婚式の贅沢さによって名誉を競い合う「個人主義的」、「競争的」なシステムが登場してきたのではないかと推測する［Blanchy 2003, 2010］。

また、ウォーカーは、そもそも王族、貴族、平民、奴隷という身分が存在していたスルタン制の時代には、平民の村の制度であったアンダにおいて結婚式は蕩尽的な消費をともなうものではなかったのではないかと推察する。アンダにおいて重要なのは、年齢組のメンバーが互酬的に御馳走し合う義務を果たすことで一人前の大人として承認されることであり、それは名誉をかけた結婚式における蕩尽的供与とは別な制度だったという。

しかし、コモロ諸島が一八八六年からフランスによって植民地支配されスルタン制が廃止されると、村の名士たちが「文明的＝アラブ的」（ウスターラブ）とされるスルタンの生活様式を模倣するようになり、スルタンが行っていた贅沢な結婚式の様式を平民が取り入れ、アンダの結婚式が大規模なものになってきた。豪華な男性の結婚衣装などは、植民地時代にザンジバルに移住した移民がもち帰ったザンジバルのオマーン王朝のスルタン文化の影響であるという［Walker 2010］。

さらに、植民地時代以降の政治・経済構造の変化により登場してきた新たな政治的、経済的なエリートや、とりわけワマンガと呼ばれるフランスに移住した移民の存在が今日のアンダに大きな変化をもたらしてきた［Vivier 1999］。六〇年代以降、フランスに出稼ぎに出たり、移住したりするコモロ人が増え始め、一九七五年の独立以降その数は急激に増加し、現在ではマルセイユなどを中心にフランスに約三〇万人以上の移民が住んでいるとされる。

コモロ系移民の九〇パーセント以上がンガジジャ島出身者である。多くのコモロ人移民はすでにフランスの国籍を取得しているが、故郷の村とのつながりを強く維持しており、親族への経済的援助だけでなく、同郷組合による故郷村への援助活動を活発に行っている。現在では、ンガジジャ島の村で移民のいない村はなく、多くの世帯や村の生活は移民とのつながりなくしては成り立たないほどである。S村でも移民の影響は大きく、一、六〇〇人の村人のうち八〇〇人がフランスに暮らしており、現在では各階梯にフランス在住のメンバーが増えてきている（図1参照）。

この移民の経済力や彼らが持ち込む西欧的文化の影響によって、アンダは大きく変化してきた。七〇年代から、フランスに出稼ぎに行く男性の多くは大結婚式の資金を稼ぐことが目的だったと言われている。コモロ社会ではありえない多額の現金を手にし、故郷に錦を飾りたいという移民の見栄の張合いによって、アンダにかかる費用は高額化し、より派手で、豪華な結婚式が行われるようになってきたのだ。

さらに近年、移民はより頻繁に故郷に帰郷するようになり、毎年八月のヴァカンスの時期には一斉にジュ・ヴィアンと呼ばれる移民たちが大勢帰郷してくる。国際電話で故郷の家族にフランス語で“Je viens !”（今帰るよ！）と言うことから彼らはそのように呼ばれている。この期間にはどの村でも毎日のようにジュ・ヴィアンによる大結婚式の行事が行われる。また、移民自身の大結婚式だけでなく、移民が故郷の家族や親族のアンダ資金を援助することで大結婚式の開催数は急激に増えてきている。

披露される現金

移民がインフォーマルにコモロに送金する額はコモロの国家予算の二倍以上だという推計もあり、その多くが大結婚式の資金とされる。また、ヴァカンスに大結婚式のために帰国する移民たちは多額の現金を持ち込み、コモロ国内で大量に消費するので、今では大結婚式はコモロの重要な経済活動の一環となっている。

しかし、長老たちに聞くと、一九七〇年代まで大結婚式の費用は現在ほど高額ではなかったという。村人の人口も今ほど多くはなく、誰もが現金をそれほど持っていなかったので、大結婚式の規模もみな同じようなものだったそうだ。大結婚式に必要なのは基本的に米と牛肉やその他の農作物であり、牛を何頭屠殺したかが大結婚式の規模を示すものだった。お祝いの行事も少なく、花婿花嫁の衣装もより質素な伝統的な衣装だったという。

今日では、花嫁代償の額は高騰し、五〇万〜一〇〇万円は必要とされる。衣装も豪華なものになり、花婿が着る金の刺繍が入ったダグラという黒マントだけで一〇万〜二〇万円、すべての衣装一式で二〇万〜三〇万円する。花婿が花嫁に贈る金の装飾品一式は一〇〇万円以上だ。

ウクンビという花嫁の披露宴は、かつては村人が花嫁の家にやってきて小額のお祝い金を支払って花嫁の顔を見るだけの行事であったが、現在では大規模な西欧式のダンスパーティーとなり、花嫁はウエディングドレス、花婿はタキシードを着ることが恒例になっており、花婿と花嫁は指輪を交換したり、キスをしたりするといったことも行われている（写真3）。これはもともとタンザニアのザンジバルで行われていた結婚披露のやり方をコモロ系ザンジバル移民のある人物が一九七〇年代にコモロに導入したもので、現在では島全体で行われるようになっている。

村のすべての成人男性および島の有力者、友人などを招いて開かれるディネという食事会は、フランス語の“Diner”（晩餐）に由来しており、西洋式パーティーを真似たもので、伝統的コモロ料理ではないチキン料理やサラダやデザートなどが振る舞われ、ウエディングケーキも用意される（写真4）。コカコーラやファンタなどの飲み物、クッキーやチョコレートなどのお菓子、外国製のタバコ、それに家電製品などの家財道具や化粧品などの輸入品もかつてはなかったものだが、今日では結婚式に欠かせない品物になっており、その購入にはとにかくお金が必要となる。

さらに、結婚式のやり方と同様に、その条件も柔軟に変化してきている。近年は、長女のみが大結婚式をやるという原則があいまいになり、妹たちもみな大結婚式で結婚させるようになって来ている。また、年長者から大結婚

写真 3（上） ウクンビ
写真 4（下） ディネ

式を行うという原則も守られなくなり、フランスで資金を稼いできた弟が兄よりも先に大結婚式をやるようなケースも増えてきている。

つまりは、お金を持つものが、どれだけお金を持っているかを誇示するかのようにアンダは蕩尽的になってきたのだ。今では、畑や牛をどれだけ持っていてもまかなえないほどに、現金がなくては大結婚式を行うことができなくなっている。

それだけではない。かつての牛に代わり、現金そのものが名誉の象徴としての価値を持つようになり、紙幣を露骨に見せびらかすように披露する慣習が定着している。結婚式のさまざまな場面で現金が直接的にやり取りされ、代表者によって公衆の前で紙幣が数えられ、その金額がマイクを通して声高に発表される。金額の調整と発表、そして誰がいくら出したかという記録は、アンダを取り仕切る指導者たちの最も重要な役割である。トータルで「いくらお金がかかったか」が大結婚式を評価する話題の中心であり、最も明確な名誉の指標となっているのだ。

6 若きスルタン

大結婚式の高額化によって、男性が大結婚式を実現して一人前の大人になることはますます難しくなってきている。しかし、これにより大結婚式が行われる頻度が減少しているというわけではない。むしろ、近年村で開催される大結婚式は増えており、S村では毎年ヴァカンスの時期になると大勢の移民が帰郷し、一ヵ月のあいだに五組以上の大結婚式が行われ、毎日のように結婚式の行事で大賑わいになる。そうした移民たちの影響力はアンダの構造と役割を変え、年齢と階梯のアンバランスな状況を生み出しつつある。

サイードは三九歳の男性で、S村の比較的裕福な家で生まれ、コモロのリセに通いバカロレアを取得したが、その後二〇代前半にフランスに移住していた親族を頼りに渡仏した。サイードの兄弟姉妹七人のうち五人がフランスで暮らしている。フランスで事務の専門学校などに通った後、パン屋で働くようになり一〇年以上になる。フランスでフランス国籍を持つコモロ人女性と結婚し、子ども二人いる。結婚して子どもをもうけたことで彼自身もフランス国籍を取得している。

サイードはコモロにいた一〇代後半にワションジャ階梯に加入し、グジ・ヴィライ階梯に属していたが、パン屋の仕事でこつこつとお金を貯め、二〇一四年にS村で大結婚式を挙げた。アンダの花嫁はS村の二〇代のまだリセの学生である。フランスで結婚した妻は再婚であり、すでに自分の村で大結婚式を済ませていたので、第二夫人として若いアンダの花嫁を迎えたのだという。

この若いアンダの花嫁の兄弟もフランスに移住しており、その仕送りによって花嫁側は大きな新居を建築した。ンガジジャ島では、移民の家族の花嫁が故郷村に大きなコンクリートブロックの新居を建築するブームが起きており、どの村でも新築の大きな西洋風の家がいくつも目につく。しかし、アンダの大結婚式が終わるとすぐに新郎新婦はフランスに帰ってしまうため、その多くは住人がいないまま放置されている。サイードも結婚式後すぐにパリに帰ってしまい、残された若い新婦は実家で暮らしているので、新居は今のところ空き家である。

近年は、サイードのように大結婚式をやっても村に住まない移民が増えてきており、村の政治を担うべき父なる者が村に住んでいないという状況が生じている。アンダの位階構造が村における政治的役割を十分に果たせなくなってきているのだ。

もう一人、村に住む政治的エリートの事例を見てみよう。ハサニは四三歳の男性で、S村で生まれ、コモロで学位を取りリセの教員をした後、数年間フランスに留学した経験を持つ。彼の兄と姉が長くフランスに住んで働いており、その仕送りによりハサニの家族は比較的裕福である。帰国後には政治活動に参加し、村から初めてンガジジャ島政府の大臣[9]になった。

ハサニは二〇一〇年にフランスに住んでいる同じS村出身のコモロ人女性と大結婚式を挙げた。彼の場合、長く村の外の学校に通い、首都モロニで仕事をしていたこともあり、アンダに加入したのは大結婚式を行う直前になってからである。いったんムフォマナムジ階梯に加入してから大結婚式を行い、ワゼーの勧めにしたがいワナズィコフィアとワバラジュンベの階梯を一気に飛び越えて、いきなりワフォマムジの階梯に加入した。それは、島の大臣であるハサニへの特別な配慮であり、ハサニは四〇代で村のスルタンとなり、主に五〇代、六〇代の年配の男性とともに村の政治を司るようになったのである。

かつて、賃金労働が少なく経済的格差が小さかった村社会では、若者よりも多くの畑と家畜を所有し、資力と広い親族の支持を得ることができる年配者のみが大結婚式を行うことができただろう。そのため、ほとんどの老人が年齢にともないワゼーとしての権力を獲得することができ、年齢の積み重ねと階梯の上昇とが自然なバランスを保ってきたのではないかと推測される。

ところが、近代化やグローバル化にともなうコモロ社会の政治・経済構造の変化の中で、公務員や政治家、商人など若くして現金収入のある仕事に就き、経済力をもつようになった世代や、フランスに移民してお金を貯めることに成功した若者が、現金収入のない年配の世代を飛び越して大結婚式を行うケースが増え、年齢と階梯のバランスが崩れる状況が出てきているのである。

7 老いの悲哀と希望

若きスルタンが台頭する一方で、五〇代、六〇代になっても大結婚式を行うことができないグジ階梯の男たちが増えてきており、年齢とともに順調に階梯を昇り、大人としての名誉を手にし、村のスルタンとして権力をふるい、ワゼーとして尊敬を集めた後に隠居するという理想的なライフコースを歩むことはますます難しくなってきている。

S村ではアンダ加入者数二九四人のうち九六人、約三分の一がグジ階梯である。グジ階梯の男たちは、村の子どものスルタンの地位を追われ、村の政治から排除された人々であり、村の子どもでも、父なる者たちでもない境界の存在である。

男たちはグジ階梯に入ることを恥ずかしいと言い、嫌がるが、グジ階梯の中でも下位にあるグジ・ンデレ階梯の男たちはまだ余裕がある。ほとんどの男がグジ階梯に昇ってから大結婚式を行うので、彼らはまだ大結婚式を準備している段階にあるという認識を持っている。

それがグジ・ヴィライ階梯になると、「いい年齢をして未だ大結婚式もしていない」というプレッシャーが強くなるようで、男たちも焦り始める。

フランスに単身で出稼ぎに出るようになるのはこの階梯の男たちが多いようだ。グジ・ンデレの時に大結婚式の資金を稼ぐために妻と離婚してまでフランスに出稼ぎに出た四六歳のサイードは、フランス滞在中にグジ・ヴィライ階梯になってしまい、「もう後がないという感じだよ」とこぼす。彼はなんとか早くお金を貯めるために清掃のバイトをもう一つ増やした。

サイードはグジ・マツァムロ階梯に昇ってしまうのは「恥ずかしい」ことで、「あきらめ」だと言った。グジ・マツァムロの上に階梯はないので、下の階梯が上昇しても、グジ・マツァムロは昇ることなく、下から昇ってきた男たちが溜まっていくことになる。グジ・マツァムロ階梯は一緒に階梯を昇って来た同世代の仲間が、一人また一人と大人の階梯に昇る中、いつまでも大人になれない人々が溜まる場所であり、そこには五〇代後半から六〇歳代以上の高齢者たちが集まっている。サイードによれば彼らは「遅れた」男たちだという。すでに大人になっているべきなのに、同世代の仲間から遅れて、年齢を取り過ぎてしまったという意味だ。

グジ・マツァムロ階梯には焦燥と自虐とあきらめの雰囲気が漂う。恥辱に耐えて生きなければならない老いたグジの悲哀は深い。冒頭で述べた六八歳の老漁師ユスフは未だにグジ・マツァムロであり、その中でも最年長である。グジ・マツァムロ階梯まで昇りつめてすでに一〇年以上になるという。二〇代の頃にワションジェ階梯に加入したが、同期のヒリムの仲間はみなすでに大結婚式を済ませて父なる者であり、すでに亡くなった者も多い。同世代の中で大結婚式を行っていないのはユスフだけである。

ユスフも四〇代、五〇代の頃に大結婚式をしようとお金を貯めていたという。しかし、十分な資金を貯めることはできず、その間に大結婚式の費用が高騰してしまい、今ではその費用を捻出するのはとても難しいという。

望みは、大結婚式のために貯めていたお金を渡してフランスに出稼ぎに行かせた三〇代の息子がお金を工面してくれることである。しかし、息子はフランスの滞在許可証をもっておらず、なかなかよい仕事を見つけられない状態であり、まだわずかしか仕送りをしてくれないという。ユスフ老人が大人になれる見通しはまだ立っていない。コモロ社会では老いた者たち全てが年齢に相応しい〈老いの力〉、長老としての社会的威信と発言権を獲得することは今後ますます難しくなってくるのかもしれない。

だが、「老い」を年齢や身体の変化としてではなく、前向きに生きる力の衰退として捉えるならば、ユスフのようなグジの高齢者たちに「老い」はないのだと言えるのかもしれない。彼らにはまだ大結婚式という使命があり、大人になるという強い願望がある。彼らはまだ人生を切り拓くことに前向きで、活動的なのであり、老いてなどいられないのだ。

年齢を重ねても、いつまでも子どもと呼ばれるのは恥ずかしく、つらいことだとユスフは嘆く。しかし、ユスフはあきらめているわけではない。「死ぬまでに必ず大結婚式をすること、今は、それだけを考えて生きているんです。」そう言い、ユスフは今日も漁に出る。

［注］

（1）本章で使用する名前はすべて仮名である。

（2）本章の内容は、コモロ諸島・ンガジジャ島及びフランス・マルセイユ市での二〇〇九～二〇一四年の調査に基づいている。調査にはＪＳＰＳ科研費（研究課題番号：21520827, 24401041）の助成を受けた。ここに記して謝意を表したい。

（3）アンダは女性の社会的地位や母系氏族間の威信競争にも深く関わっている［cf. Blanchy 2010］が、本章では女性の問題については触れないこととする。

（4）アンダはンガジジャ島のみに存在する制度である。他の島にもシュングという階梯制度があるがアンダほど複雑な階梯や規則を持たない。本章でコモロという場合ンガジジャ島のみを対象としている。

（5）大結婚式を済ませた者で階梯への加入を保留している者たちを「ティリジ」というカテゴリーで呼ぶ人もいるが、ティリジとはかつてワナズィコフィア階梯の下にあった階梯であり現在では消滅したという人もおり、村内でも意見が一致していない。

（6）大昔には、父なる者にならないとカンズ（イスラーム服）もコフィア（イスラーム帽）も身につけることができなかったからだという説もある。

（7）ちなみに、独立した一九七五年に最初のクーデタが発生して以来、コモロではたびたびクーデタが発生しており、人々はクーデタ慣れしている。

（8）コモロ・フラン（ＫＭＦ）は通貨単位。一コモロ・フラン＝約〇・二八円（二〇一五年）。

（9）コモロでは〇九年まで各島に自治政府があり大統領や大臣が置かれていた。

［参考文献］

Blanchy, Sophie 2003 Seul ou tous ensemble ? : Dynamique des classes d'âge dans les cités de l'île de Ngazidja, Comores. L'Homme 167-168(Passages à l'âge d'homme), p. 153-186.

——— 2010 Maisons des femmes, cités des hommes, Filiation, âge et pouvoir à Ngazidja(Comores). Société D'éthnologie.

Damir Ben Ali & Hassane Mgomri 2014 Les grand marriage et ses implications dans le developpement humain. (http://www.damirbenali.com/wp-content/uploads/2014/03/mariage.pdf)

Vivier Géraldine 1999 Les Migrations Comores-France. Logiques familiales et coutumières à Ngazidja, thèse du 3e cycle, université de Paris-X.

Walker, Iain 2010 Becoming the Other, Being Oneself : Constructing Identities in a Connected World, Cambridge Scholars Publishing.

第7章

一夫多妻社会の老人事情

ルオの男女が老いたとき

椎野若菜

1 アフリカ的「終活」——重要なのは「恋活」？——

近年の日本では、人生をどう終わるかを考え、さまざまな活動をすることを「終活」と呼ぶ言葉があらわれる一方で、高齢者の「婚活」が話題になり、双方ともに専門のカウンセラーを職業とする人、相談所やビジネスすら出てきている。人間は自分の意思とは関係なくその人生を始めるわけだが、どう終えるかは自分で考えるべき大きな課題だ。しかしたいていの場合、最期まで男であり女であることは変わらず、どのように男で、女であり続けるか、という問いは、人間らしく生きるための当然の問いだろう。

日本に比べ平均寿命の短いアフリカ諸社会であるが、若くして病や交通事故で亡くなる人も多いなか、最期まで自立し元気な老人たちも存在する。むしろ彼ら／彼女らはしっかりと歯も揃い、ゆったりとした流れのなかで最期まで自立できていることが多い。どんな最期にしたいかという「終活」をするというよりも、長く生きてきた老人だからこそ持つ「知」が人びとに重宝がられ、その長老ステータスを満喫している観もある。一夫多妻制を十分に生かし次々と新しい妻を持ち、愛し続ける老男もいれば、若い頃は女性とは縁がなくとも長く生きているからこそ、老年になってから寡婦や理由《わけ》あり女性に求められることが多くなる男もいる。また、女性のほうもいったん結婚して社会のなかでゆるぎない地位を得たあとは、老若関係なくさまざまな形で恋を続ける。

アフリカでは一生を通じて、老いたとき、老人はどのような位置におり、どのような境遇にいるのだろうか。結婚をはじめとする社会制度のシステムが異なる社会の男女は、どのような老後を送っているのだろうか。ケニア・ルオ社会の場合を具体的に見てみよう。

2　ルオ人男女のライフコース

ケニア・ルオ社会の背景

東アフリカ、ケニア国内に居住するルオ民族は人口約四〇四万人で［Kenya National Bureau of Statistics Census 2009］、ヴィクトリア湖周辺に暮らし漁、牧、農を営んでいる。とくに近年は湖岸地域ではナイルパーチを主とする漁がさかんに行われ欧州や日本に輸出もされているが、内陸のほうは農耕が中心でこれといった換金作物もない。私が一九九五年以来、お世話になっている家族がいる村は、首都ナイロビから四〇〇キロメートルほどで、ヴィクリア湖からは二〇キロメートルほど内陸に入ったところにある。人びとは年に二回、トウモロコシやモロコシを栽培しそれを主食とする、自給自足が基本である。

人生を決める結婚と葬式

アフリカ社会の大きな特徴は、一夫多妻という形を許容している点だろう。また、ルオ社会の場合、ほかの多くの社会と同様に父を通じてつながる人びとが社会集団を形成する父系であり、先祖を同じくする、いわゆる氏族（クラン）外の出身の人と結婚する、クラン外婚を行う。居住単位はダラと呼ばれ、既婚男性とその妻たち、子どもたち、あるいは孫たちの二～三世代で形成される。居住敷地（コンパウンド）もダラと呼ばれ、男性は一四、一五歳になれば父のダラ内にシンバと呼ばれる自分の小屋を建て、年頃になり結婚すると、まずその小屋で新婚生活を始める。長男ができ、子どもが二～三歳になると父のダラから独立し、父または「父」に相当する長老の立ち会いのもと、新たに自分自身のダラを築く。そうしてルオ男性は初めて一人前とみなされる。女性の場合は、一六、一七歳で結婚を通じて初めて自分の家屋を夫に建ててもらい、自分自身が使用できる畑を得る。子どもがいない

写真1　主食であるトウモロコシの収穫の時期の風景

写真2　水運びする女性たち

写真3　3人の妻を持つ一夫多妻男性のダラ。中央の木陰に長老が座っている。

と、既婚女性であっても「○○から来た女の子」という呼ばれ方をされるが、子どもを産むと「○○の母」と呼ばれ、地位が大きく変わる。さらに男の子を生むと一人前として扱われる。

男性はといえば、もちろん三〇歳すぎて結婚していなければ、まわりから女性を紹介される圧力も高くなる。かつては三〇歳代での結婚は平均的であったが、近年は若年化している。というのも、一九八〇年代までは伝統的に結婚をする際には当該社会で価値のあるもの――ルオ社会ではウシと現金も合わせた婚資を支払うことが義務であったが九〇年代以降、同居を先行し支払いは後にする結婚が行われはじめたのである。もともとルオの場合は同じケニア内のマサイやトゥルカナといった民族とは異なり、婚資は分割払いで、子どもができた後の支払いも重要であった。つまり、ある程度の婚資を支払える力がなければ男性は妻を持てなかったのである。また、結婚は男性から女性側に申し込むものであり、女性自身の意思はさほど関係なく、男性と女性の親、男性の親族と女性の親族が仲介人をつうじて取り決めることも多かった。村を超えて訪ねあう教会の行事や葬式の際などで一目ぼれされ、望まれて結婚していく女性たちがいる一方で、近年は男女ともに自らの故郷を離れ出稼ぎした先や就学先、様々なスキルのトレーニング先で出会い、本人同士の合意のうえで、また両親たちも合意のうえで結婚生活を始めることも徐々に出てきている。その場合は子どもができたあとに妻の家へ婚資を払いにいくケースが増えてきている［椎野 2012］。

ここで明らかなのは、結婚の際に必須の条件であった婚資の支払いという義務が若者に大きくのしかかっていた時代には、結婚できるのはウシをたくさん持っている中年以降、老人たちであった。他方、女性は一六、一七歳が結婚適齢期であったため、少なくとも一五歳ほど年上の男性と結婚することになっていた。よって豊かな男性は、二人、三人と妻を迎える人もけっこういた。その極め付けがあとに述べる、四〇人以上の妻を持ったことでケニア全国にも有名であったアククという男性であった。

ルオのライフステージ

どの社会にも、人間の一生のライフコースをいくつかの節に分け、当該社会における成員の範疇化を測る装置が厳密に、あるいは大まかにでも備わっていることが多い。ケニア・ルオ社会では、同じ東アフリカの牧畜民らが持つ発達した年齢階梯制は存在しないが、概念上おおざっぱな人間のカテゴリーがジェンダーと年齢を縦軸として七ステージほど認識されている［椎野 2008］。

乳児（「小さな子ども」）、乳幼児（「子ども」）といったステージをすぎるとジェンダーによる分類が始まり少年／少女（「成熟の段階に着いた」男の子／女の子）、となり、青年になってくると（「十分に成熟した、成熟段階のはじまりにある」男の子／女の子）、そして結婚できるステージは（「結婚するに十分な」男女、あるいは「楯をつくるのに十分である」男の子、「料理をしに行くに十分な」女の子）、中年～老年男性（彼自身のダラを持っている男）、中年～老年女性（「子どもを持った」女）は年をとってきているがまださほど年をとってはいない段階である。そして最後のステージが長老男性（ジャドゥオン）、長老女性（ダヨ）と呼ばれる。

写真 4（右） 生前のオムシじいさん。村人から，しばしば様々な相談を受けていた。
写真 5（左） オムシは第一夫人とは仲がよくなく，老後の世話もこの第三夫人とずっと過ごしていた。

葬式の回数と埋葬場所で家族・親族内の序列が可視化

現代のルオ社会で興味深いのは、ライフコースのなかでも重要だった儀礼が省略化されるなかで、葬送儀礼のみがもっとも重要なものとして位置づけられ、丁寧に行われていることである［SHIINO 1997：椎野 2000］。かつては成人になるための通過儀礼として抜歯が行われていたが、植民地化から独立後あっさりと消滅し、結婚式も儀礼としてはかなり簡略化されるようになった。しかし、葬送儀礼はきちんと行う。その葬送儀礼の行われ方を決定づける属性は、①性別、②年齢、③結婚、④子どもの有無、⑤ダラの有無、⑥宗教、である。その中でも①と②は基本的な要素である。

一夫多妻で息子を多く持ち、ウシをたくさん持つ長老男性が亡くなると、盛大な葬送儀礼が行われる。埋葬式だけでなく魂を送るブル儀礼も二回行われ、そのほか細かな段階まで数えると一四段階ある。儀礼の際にはウシやヤギが屠られ、弔問客に振る舞われる。葬送儀礼を盛大にやることは、息子と

FUNERAL PROGRAMME FOR
THE LATE
MZEE VINCENT OMUSI OGWELA

BORN: 1916

DIED: 21ST APRIL, 2011.

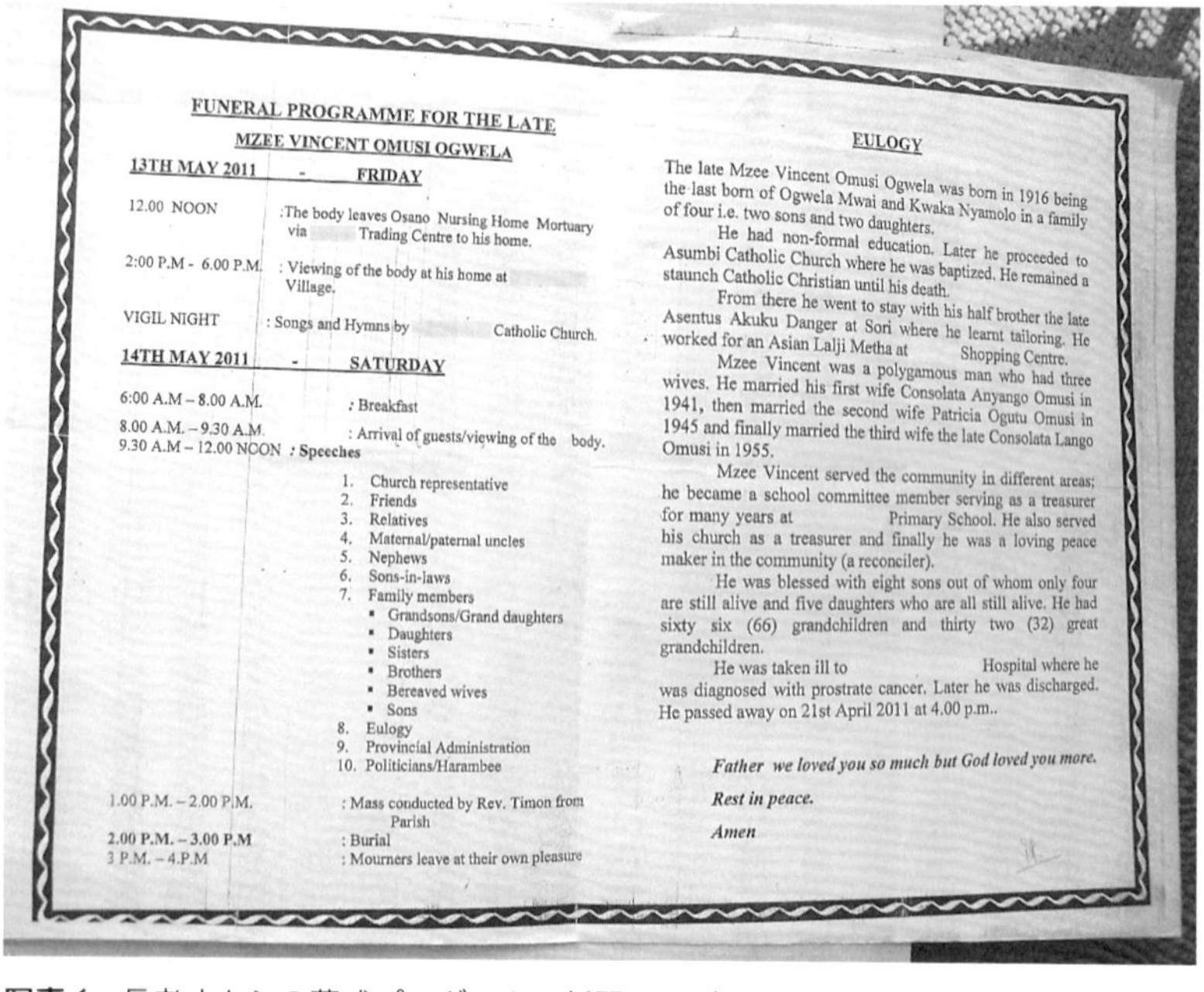

FUNERAL PROGRAMME FOR THE LATE
MZEE VINCENT OMUSI OGWELA

13TH MAY 2011 - FRIDAY

12.00 NOON :The body leaves Osano Nursing Home Mortuary via Trading Centre to his home.

2:00 P.M - 6.00 P.M. : Viewing of the body at his home at Village.

VIGIL NIGHT : Songs and Hymns by Catholic Church.

14TH MAY 2011 - SATURDAY

6:00 A.M – 8.00 A.M. : Breakfast

8.00 A.M. – 9.30 A.M. : Arrival of guests/viewing of the body.

9.30 A.M – 12.00 NOON : **Speeches**

1. Church representative
2. Friends
3. Relatives
4. Maternal/paternal uncles
5. Nephews
6. Sons-in-laws
7. Family members
   - Grandsons/Grand daughters
   - Daughters
   - Sisters
   - Brothers
   - Bereaved wives
   - Sons
8. Eulogy
9. Provincial Administration
10. Politicians/Harambee

1.00 P.M. – 2.00 P.M. : Mass conducted by Rev. Timon from Parish

2.00 P.M. – 3.00 P.M : Burial

3 P.M. – 4.P.M : Mourners leave at their own pleasure

EULOGY

The late Mzee Vincent Omusi Ogwela was born in 1916 being the last born of Ogwela Mwai and Kwaka Nyamolo in a family of four i.e. two sons and two daughters.

He had non-formal education. Later he proceeded to Asumbi Catholic Church where he was baptized. He remained a staunch Catholic Christian until his death.

From there he went to stay with his half brother the late Asentus Akuku Danger at Sori where he learnt tailoring. He worked for an Asian Lalji Metha at Shopping Centre.

Mzee Vincent was a polygamous man who had three wives. He married his first wife Consolata Anyango Omusi in 1941, then married the second wife Patricia Ogutu Omusi in 1945 and finally married the third wife the late Consolata Lango Omusi in 1955.

Mzee Vincent served the community in different areas; he became a school committee member serving as a treasurer for many years at Primary School. He also served his church as a treasurer and finally he was a loving peace maker in the community (a reconciler).

He was blessed with eight sons out of whom only four are still alive and five daughters who are all still alive. He had sixty six (66) grandchildren and thirty two (32) great grandchildren.

He was taken ill to Hospital where he was diagnosed with prostrate cancer. Later he was discharged. He passed away on 21st April 2011 at 4.00 p.m..

Father we loved you so much but God loved you more.

Rest in peace.

Amen

写真 6　長老オムシの葬式プログラム。新聞やラジオでも埋葬式についてアナウンスがなされた。

しての義務でもあるという。財政難でも、あちこち駈けずりまわり、いい葬式をやろうと奔走する。いかに父が偉大な男であったかが、葬送儀礼の規模で示されるのだという。つまり、葬式によってその人の人生が表されるのである。よって長老を失った遺族は、その死を迎えてから一連の弔いが終わるまで、多くの段階を踏むことになる。たとえば、のちに取り上げるアククの異母兄であった長老オムシはアククの亡くなった翌年に亡くなった。その埋葬式プログラムには、オムシは三人の妻がおり、八人の息子と五人の娘にめぐまれ、六六人の孫がいると書いてある。親族が遠方にもいるため、集まれる日取りを設定し、亡くなってからしばらく、埋葬式当日まで霊安所に遺体が保管されていた。

男性の場合、彼自身のダラの中心に埋葬されることになっている。もしまだ独立しておらず父のダラにいた場合、自分の小屋の右側に埋葬される。女性の場合、慣習法的規範では土地の所有権、相続権はない。またこれは、埋葬される場所も未婚であれば大きな問題になることを意味する。すなわち成熟した女性は適齢期には結婚するものであり、もし亡くなれば夫の土地で自らの家屋の近くに埋葬されるべきである、とされているのである。父は成長した娘を自分のダラ内に埋葬することはできないので、もし未婚の成熟した娘が亡くなると、遺体を妻として引き取ってくれる男性を探すか、ダラの外に埋葬することになるのである。つまり、結婚していない女性は、死者としてまともに埋葬してもらえないのだ。

よって未婚女性の死者の魂は、結婚できなかったという思いを残しているのでとりわけ親族内の女性に嫌がらせをすると信じられており、大変恐れられている。未婚の女性という社会的地位は分配する土地がない、というだけでなく宗教的な理由からも嫌がられる。また離婚という概念がもともとない社会であるので、夫婦仲がうまくいかない、あるいは暴力夫から逃げ出す女性もある程度いるが、彼女らも一〇年、二〇年経ち老女となり、ときには病身で、あるいは亡くなってから帰ってくることもある。なぜなら、妻として埋葬されるためである。当然、彼女の家屋は朽ちてなくなっているが、その夫や兄弟、親族たちは彼女のために目印となる簡易的な小屋を建て、その脇に埋葬することを受け入れるのである。

3　ルオ社会における老人たちの地位

「ルオのやり方」の相談役

ルオの村落社会の暮らしのなかで重要な思考として、序列がある。ルオ語ではドゥオンと呼ばれ、長幼の順番、そして婚入した順番が重んじられる。シーズンごとの耕作、播種や収穫といった農作業、家屋を建てる順番、結婚する順番など、あらゆる物事はドゥオンにしたがってなされるべきだとされ、人びとの行動の秩序が保たれると考えられている。長老男性はしたがって一番に食事が出されるなど、手厚く扱われる。

歳を重ねると、その人生経験から慣習的規範、すなわちルオの決まりごと――クウェルと呼ばれる「してはならないこと」、チックと呼ばれる「しなければならないこと」の数々、またそうした決まり事を違反してしまった場合の対処方法などを数多く知っていると考えられている。村人は困ったことが起きると、長老男性のところに相談しに行く。どういった過ちを起こすと、チラと呼ばれる不幸が生じるのか、知らずにルオの決まりを破り過ちを犯してしまった場合にどうしたらいいのか等々、具体的なケースとその対処法を記憶している長老が頼りになるのである。慣習的規範についてのルールブックがあるわけではないからだ。新しいモノ好きでナイロビ生活の長かった老人はあまり慣習的規範を知らず、そういう意味では頼りにされない。「(村の外にいる時間が長かったため)彼はルオのやり方を知らない」と言われる。たしかにルオランドに長くいなければ、そうしたことを学ぶ機会はない。ルオの慣習的規範を違反すると、場合により家族の暮らすダラ内に深刻なチラを呼ぶ可能性もあるので、ルオランドに長く暮らす老人たちは、相談役としては非常に重要な存在である。

また長老男性は、家族親族内、村落内での揉め事の相談、調停役としても期待されている。村には「チーフ」や

「サブ・チーフ」と呼ばれる行政区の長や副長がいるが、彼らは政府組織の末端の地域の長ではあるものの、比較的年齢も若く、村人からはさして尊敬されてはいない。中央政府との仲介人として、また揉め事が行政の裁判所に持ち込まれる、政府の法律にのっとって裁かれるときなどに大きな役割を持つ。チーフの下にいるのがまさに、村の代表としてのクラン・エルダー（氏族長）であり、チーフとクラン・エルダーが中心となり、毎週、村の寄合であるバラザが開かれる。男女を問わず、よく相談にのられやすい老人と、「邪視される」と恐れられる人、性格が強く、気に入らないと怒鳴って命令し、いやがられるような老人もいる。つまり特徴や癖によって、村人は恐れてあまり関わらないように避けるなど、その存在がさまざまであることはたしかだ。だが概して、相談・調停役、ダラ建設の場での儀礼的「父」としての立会人などの役割が老人の重要な役割であることは言うまでもない。

「ルオのやり方」の宗教的役割

アフリカの諸社会には、身体的な不調、人間関係のすれ違い、摩擦や嫉妬などで生じる揉め事、人生のあらゆる場面で生じる悩み事を解決しようとしたり、未来を占ったりするため等々、超自然的な力に頼るひとつのチャンネルとして呪術がある。ルオの人びとの暮らしのなかには、不幸を取り除こうとする呪術や、意図的に対象者に不幸をもたらそうとする呪術などさまざまにあるが、それは社会の一部として溶け込んでいる。その呪術を扱う呪医も、老人である場合がほとんどだ。

私の暮らしていた村のある老呪術師は、その家を訪ねると呪いがかけられる、あの怖い目つきでジッと見られて呪われ体調が悪くなる、などと怖がられて訪問客はほとんどいないように見えた。恐る恐る私が訪ねたあと村人が、興味深そうにどのようにもてなされたのかを聞きたがった。私が豆スープをごちそうになったと言うと、（呪術師の家で）出されたものを食べたの！と反応するほどだった。おそらく、そのように人があまり立ち入らない家だからこそ、人目に知れず依頼をしに行きたい人が行きやすいということもあるのかもしれないと思った。

老年女性、長老女性の場合、呪医に相当する役割をするのが産婆（ニャンムレルワ）である。お産のときだけでなく、さまざまな病に対応する豊富なハーブの知識と呪術的な知識（とりわけルオの決まりごとを違反した際に体を清めるハーブの処方など）に頼って訪ねる人が多い。ニャンムレルワになれるのは、そうしたハーブと慣習的規範の知識がある人で、たいていは母から娘、義母から嫁などに伝えられ、閉経期に入ってから活動することができる。有名なニャンムレルワのところには、村を超えた遠くからも人が訪ねてくる［椎野 2016］。

かつて、老年女性は年頃の孫を守り、性教育を行う存在として重要な存在だった。社会―文化人類学でいう冗談関係の間柄で、一世代へだてた者同士、気安い関係である。彼女らはピムと呼ばれる小屋で寝食を孫娘と寝食をともにし、性教育を行った。孫娘にとっては性のことから友人、両親との関係等々、すべてを気兼ねなく相談し話せる、教えを乞える特別な頼れる存在だった。だが西洋式の学校教育の導入により孫娘と過ごす時間が少なくなり、すっかり存在意義は変わった。ただ、年頃の娘は両親のダラで眠ることは禁じられており、祖母の家に眠りに来るため、両者は近しい関係にある場合が多い。

また、老いた女性は男性に比べ、儀礼的な場で特別な役割を期待されることが多い。とりわけ、死と性に関わる儀礼的な場で、老女はその介添え者として、また証人として立ち会うことが求められる。現在はすっかり聞かれなくなったが、初夜の際、男女ともに性行為を初めて行う場合に両者の介添えをしたり、花嫁が処女であったことを確認する役割があったと言う。また寡婦が夫の死後、代理夫と初めて行うべきチョド・コーデと呼ばれる儀礼的性交についても、老女が確認すべきであった、と何度か聞いたことがある。

特殊な事例としては、妊娠中の女（マインバ）が死んだ場合、墓の中に遺体が運び入れられると、老婆もともにいったん中に入り、遺体の中から子どもを取り出し、その子どもは母親の遺体とは別に埋葬されるべきだという。その後呪術師が羊を畜殺し、肋骨と後肢二本を彼の取り分としてもらう。子どもを取り出した老婆にはヤギが支払われた。

また結婚前の女の子が死ぬと、閉経をむかえた老婆が埋葬前に処女膜を破るために連れてこられるという。ルオの慣習では、処女膜を破る儀礼は一連の婚姻儀礼のなかでも最も重要なものであったからである。もしこの行為を怠れば女の子の霊はこの世に戻ってきて、彼女の家族や父系リネージのメンバーに、なぜ彼女は男との楽しみを持つことなく死ななければならなかったのか、と理由を求めて悪さをし、彼女の姉妹や義理の姉妹に不妊や死をもたらしたりするという［Ocholla-Ayayo 1976 : 143, 151］。

4　一夫多妻社会の老人たち

一夫多妻を行う人びとの老後とはどのようなものだろうか？　男性なら、年老いてからも若い妻を増やせる一夫多妻制は魅力だろうか？　実際、イスラーム国家で一夫多妻が実施されているサウディアラビアの年齢グループによるセンサスを見ると、二〇代後半から三〇代では男女ともにほぼ皆婚状態になるにもかかわらず、女性は徐々に寡婦や離婚者が増える一方で、男性は変わらず結婚状態にいる人がほとんどだった［辻上 2014］。これは、一夫多妻制であるがゆえ、ほかに妻がいることが多く、シングルになることはないからだ。また結婚は男性から女性に申し込むものであるので、男性はたとえ単婚者であったとしても妻が亡くなったり離婚したりしたあとにすぐ結婚できる確率が高く、シングルにはほとんどならない。アフリカでは、そのようなエイジグループにより範疇化して結婚状態のセンサスはとられていないが、一夫多妻であること、また男性から女性に結婚を申し込むことが前提となっている点から、サウディアラビアと同様に寡夫はほとんど見ないが寡婦が多いのは類似している。

一夫多妻のイメージどおり？

老いてもなお、妻に囲まれる一夫多妻者のイメージの代表的存在が、アクク・デンジャー（1917～2010）だろう。

彼の本名はアクク・オグウェラ。キケンな感じがカッコイイ、と英語のdangerから「デンジャー」というあだ名がついたという。私がケニア・ルオの村に暮らし始めて間なしにアククの存在を知ったとき、アククはすでに七八歳だった。その後ときおり新しい妻を娶ったと噂がまわってきた。老いてもなお、新しい妻を得ていたのである。たしかに、彼は特別な威厳を持つカリスマ的な存在であった。会ったときも緊張せざるを得ない雰囲気を醸し出していた。

〈ケース1〉　大規模な一夫多妻家族を築いた男、アクク・デンジャー

アククは、ケニアがイギリスの植民地下となって二〇年弱を経過したときに父オグウェラを中心とする大きな一夫多妻の家庭に生まれ、青年期は植民地時代まっさかりだった。彼はインド人の店で仕立ての修行をし、軍人の制服や洋服などを縫っていたという。四〇代半ばだった一九六三年にイギリスより独立、新生ケニア共和国が誕生してから、その独立の気運にのった時代を経験した。洋服をつくる技術を持っており、お洒落で、自分の店を持ってからは大変モテたという。本人いわく、「私の口説き方は芸術的だ」と。私が会ったときはすでに八〇近い高齢だったが、いつも首元はスカーフ、アフリカ人男性はあまり履かない、膝の出た半パンのサファリパンツ、会うたびに柄の異なる日よけ傘をさしていた。商才も人望もあり、仕立て屋だけでなく小さなキオスク、バー、安食堂、と人の集まる小さなマーケット広場につぎつぎと商店を展開していった。彼の出身の村は私が調査村としていたM村だったが、土地区画登録制度が始まるまえに彼を見込んだある人から譲られたという広大な土地をM村から数十キロメートルのA村に持ち、はじめはA村で妻と暮らし始めたという。妻を次々と増やし、やがて初期に結婚した妻たちはM村に移動。M村とA村に、妻たちを分散させて住まわせていった。老齢になってからもさらなるカリスマ的パワーを発したアクク・デンジャーは、歳をとってからもひたすら結婚をしつづけ、約五〇〇人の子ども、約一、〇〇〇人以上の孫がいたという。

写真7　いつもマーケットが開かれる日には異なるファッションでアククの姿が見られた。

彼は非常に教育熱心で、自分の子どもたちへの教育のために、自分でA村に小学校を建てた。当時は政府による学校すらなかった時代だ。やがて政府の管轄になり現在に至るその小学校には、三一二人の児童がいるが、そのうち七二人がアククの孫、ひ孫が児童であるという［Otieno 2008］。一般の村の子どもは小学校（八年制）を卒業すると、その上の中高等学校であるセカンダリスクール、そして大学へなど進める人はほとんどいない。だがアククの子どもたちは、ふつうの村人に比べ進学率が高い。なかには弁護士やパイロット、医者になっている人もいる。アククは商売をするかたわら、子どもの教育には理解があり、年老いてからの子どもたちは、むしろ成功したキョウダイたちからの援助で進学するようになっている。キョウダイ間での相互扶助の講の組織がつくられ、教育費や医療費などに困るキョウダイを助けるシステムが発達している。家族が巨大化し、父が責任を持てない現実から生まれた組織だ。実際のところ、アククは「子どもはもちろん全員覚えている、だが孫まで覚えきれない」と言っていた。

アククの晩年は、もっぱら一番若い妻のところで過ごしていた。ヴィクトリア湖岸の港町につづく幹線道路沿いに作ったかつてのテイラーの店兼自宅が、彼の主な居場所であった。自分ではもはや商売はせず、マーケットの日に会った息子や嫁たちから金をもらっていた。朝は必ず黒ビールとコーラのブレンドしたものを飲むが、それを楽しみながら道路沿いのベランダの椅子に腰かけ、眠るように逝った。最後まで頭も明晰で、歩行はゆっくりだったが足腰もしっかりしており、毎週の青空マーケットに通っていたという。また人びとを驚かせたことには、九三歳で亡くなったときには生後三ヵ月の彼の赤ん坊がいたのだった。

アククはルオのやり方である慣習的規範を守らないことが多いので、チラが息子たちを襲い、それゆえ息子がよく亡くなるのだ、とさえしばしば噂された。だが結果的に、新しいもの好きでルオの慣習は守らずに独自のやり方で人生を開花していった、彼の生き方がルオの強い男のイメージとしてキャラクター化していったのは興味深い。彼の生前も毎年、アククカレンダーは売り出され、ルオランド内の青空市場や路上で売られていた。

独立のあと半世紀を生き、独立以来のケニア憲法改正が決まり、新憲法が制定された二〇一〇年に亡くなった。アククの葬式は全国ニュースで何度も、さまざまな局で報道された［Nation Reporter 2010］。一万人以上の人が葬式に参加、様子を「見に」行ったようである。そしてまるで観光のように、お土産で売られていたのもカレンダーだった。結局アククも、最期はルオのカリスマ老人としてのシンボリックな、ルオ的で派手な葬式で人生を終えたことになる。

5　一夫多妻の表と裏

年老いた妻たちの悲哀と自由

アククは八〇歳を超えても結婚しつづけ、妻たちのなかには病死したり、逃げていったり、と変化はあったが、大きく二つの村に分散して妻たちは暮らしていた。

誰もが想像できる明らかなことは、一人の男性が四〇人以上の妻を持ち、平等に時間をともにし、平等に愛せるわけがない。現実はそうだ。妻たちのなかには淋しい思いをしている人も多い。アククはと言えば、彼の最終のよりどころは常に、もっとも若い妻のところだった。

ほかの妻にしてみれば、夫は生きているが、自分を訪ねてくることはめったにないのである。とりわけ娘しか持たなかった妻は、娘は婚出するため、ひとり暮らしだ。年老いて水汲み、洗濯、そして自分の畑を耕すのは大変な労働である。しかし食べていくためには耕さねばならない。まさに老齢のシングル女性である。それでも、カリスマ的な「アククの妻」である誇り、なによりも「お父さんの、あの危ない感じがすてきなのよね」と照れながら言う老妻もいるのだ。

他方、何が起きているかと言えば、夫がなかなか訪ねてこないゆえ、愛人との子どもを持っている妻たちもある程度見られた。まわりの人びとはもちろん、それを知っていて、おそらくアクク自身も知っていた。自分がしばらく訪ねていない妻が子どもを産んでいるのである、自分の生物学的な子どもでないことは明白だ。だが、興味深いことに、アククはそれを血眼になって追及するわけでもなかった。それはルオの伝統的な「子」の考え方すなわち自分が婚資を支払って嫁いできた妻は自分の妻であり、彼女の生んだ子どもはアククの子どもなのである。究極的な、婚資の意味――すなわち、子どもの嫡出性であることが見える。このアククのケースは、アククと妻たちの、互いの寛容性で成り立っている一夫多妻家族であるとも言える。

一夫多妻を支えるしくみ

一夫多妻という結婚制度は、一人の男性が複数の妻を持つことが可能である、という事実のほかに、その制度を補完するしくみが存在することもある。そのひとつが人類学でレヴィレートと呼ばれる慣習である。ルオ語では性を意味する「テール」に該当する。テールとはルオ語で性を意味する言葉で、夫を亡くした妻が、夫の代理となる男性（亡夫の類別的兄弟）と性的な関係を持ち、亡夫の生前と同じような、あたかも「夫」と「妻」の関係を保つ慣習的規範である。外から見ると夫婦のように見えても、男性は女性が亡くした夫の代理としての地位であるので「代理夫」、ルオ語ではジャテール（テールを行う人）とよばれる。

ルオ社会では、夫が亡くなったあとも、寡婦は必ず親族が認めた亡夫の代理としての代理夫を持つべきだとされている。つまり、夫が死んだとしても、その夫との結婚関係は終わらず、「代理」夫とともにその結婚関係を続けていくための制度がテールである。寡婦が若ければ代理夫とも子どもを成し、亡夫を社会的父とする系譜を続けていくことが期待される。男性側からしてみると、テール関係とは、正式に婚資を払わずとも代理「夫」になることができ、妻のような存在である寡婦と関係を持てる機会である。身体的に可能であれば、社会的父としては亡父がいるとはいえ、自分の生物学的な子をつくることができる。レヴィレート的関係ではあるが、実体としての夫婦生活が定着すると、自分の正式な結婚をしそびれて人生を終わる男性も出てくるのも、事実である［椎野 2006］。

独り者の老人男性の人生

ルオ社会では、結婚し、男子を持ち、そして自らのコンパウンドを持って初めて一人前の成人男性として村で認められる。結婚していない男はミスンバと呼ばれ、バカにされることが多い。ルオ社会では料理や洗濯、家屋の壁づくり、農作業も男女によるジェンダー分業が明確で「男の仕事」「女の仕事」とされ、異なるジェンダーの仕事をすると不幸（チラ）が訪ずれると考えられている。よって独り者の男性は、兄弟の妻や孫にあたる人に「女の仕事」をやってもらうことになる。つまり、訪ねきれないほどたくさんの妻を持ったアククとは正反対の独り者の老人男性の人生が同じルオの村にはあるのだ。

〈ケース2〉 盲目の独り者の老人、ニャネゴの「遅い春」

若い頃に結婚したらしいが、その後も何度か妻に逃げられてばかりいたらしい。重なる病で盲目となったいままで、独りで鍬を使い丹念に耕し、ある一定の収穫を得ていた。食事は隣のダラに暮らす弟の妻がつくっていた。ふつう、成人男性は妻が運んできた水で自分の家のダラ内にある浴室で水浴びし、川で水浴びをすることはない。だが彼は水を運んでくれる人がいないので毎日、川へ水浴びに行っている。杖をついて、やぶの中の小道を確かめながら、ゆっくりゆっくりとタオルと石鹸を持って川のほうへ歩いていく彼の姿を、何度も見かけた。

そういう彼も、じつは全くのひとりでないことがある。「ニャネゴの家に女がいる！」という噂は瞬く間に村じゅうを走る。本人に聞きにいくと「妻だ」と言う。つまり、夫の元を逃げてきたような、理由《わけ》ありの女性がしばらく滞在することがあった。そして知らぬ間に、いなくなっている状況がたまにあった。ルオ女性は実家には自分の居場所がないため、わけあって関係は長続きしないが、一時的でもニャネゴのような独り身の老人宅に身を寄せることがあるのだ。ルオ社会では慣習的には離婚が認められない。よって夫の暴力や性格の不一致、夫方親族との関係性など、結婚生活がうまくいかなかった女性は、実家には戻れず他の土地に逃げる。素性はよくわからないが、どこからか来て夫を探し自分の居場所を探している女性は、老人の妻になることが多いのである。

結婚ができない、あるいは妻に逃げられたまま一人、死別したまま一人、というニャネゴのような独り身男性も数は決して多くないが村落には存在する。自分の妻がいなくても生きていけるのがルオ男性である。それとは対照的に、ルオ社会では夫と別れたり、また夫が死んでからでさえ、パートナーを持たず女性がシングルでいることは極端に難しい。だがこうして夫から逃げてきた女性にとって、独り身のニャネゴのような老人は頼って身を寄せられる、お助けマンとして存在していることがわかる。そしてそこには、男と女の関係であることが前提としてある。

また、ニャネゴのようなシングル老人のもとには、夫を亡くした女性がテール関係を結ぶ際、夫亡き後初めての儀礼的性交、チョド・コーデを行ってくれるようお願いしに来ることがしばしばある。寡婦との初めての性交は亡夫の妬み、死因であったかもしれない病気をもらう可能性があり、恐れて避けようとする男性が多い。そこで初めの代理夫を見つけられない寡婦たちのお助けマンとして、このニャネゴが一番目の代理夫になることが多いのだ。実際、彼は数え切れないほど何度も、寡婦とテール関係を結んだことがある。

しかし、じつは寡婦には本命の男性がいて、ニャネゴがチョド・コーデを行って間なしに寡婦とその男が結託してニャネゴを追い出したり、ニャネゴが寡婦に追い出された直後に別の男がジャテールになっていたケースがよくあった。とはいえ、村中の寡婦にインタビューをしに回った際に、代理夫としてもっとも頻繁に耳にした名前がニャネゴだった。代理夫として、モテモテだったということだ。彼は老年になってから「春」を迎えたのである。

ルオ社会において、女性で未婚者はほとんどいない。身体にハンディがあっても、第二夫人、第三夫人として嫁ぐことが可能である。他方、男性は軽蔑されているものの、未婚者がときどきいるが、老いてくると事情が変わってくることがここで明らかであろう。一夫多妻をしつづけるアククのような男性もいれば、それとは対照的にニャネゴのような、代理夫として、あるいは正式な夫からの逃げ場として重宝され、忙しい老人もいるのである。

6 ルオ社会の老齢の男女

こうして見てくると、一夫多妻社会の男女の老後とはいかなるものか。

結婚については、冒頭に述べたように結婚年齢に男女差がある。女性は一六、一七歳で結婚するもので、夫は初婚ならば二〇歳後半～三〇歳以上であることが多い。夫が歳をとっていると、当然ながら妻は早くに寡婦になる確率が高くなる。私の調査村では、平均で女性は三〇代半ばで寡婦になり、そこから代理夫を探し、テール関係を結ぶ。代理夫との関係が悪くなると、寡婦は直接的、あるいは間接的に別れを告げ、別の男を代理夫として変えることもしばしばで、平均で夫の死後二人の代理夫と関係を持っていた。つまり、女性の人生は、婚資を支払ってくれた夫と過ごす時代と、夫の死後に代理の夫と過ごす時代がある、ということだ［椎野 2008］。他方で、アククの妻のように、一夫多妻の妻も愛人を持つ人が多い。

このように、一夫多妻社会における老齢の男女のあり方とは、さまざまな側面があることが見えるだろう。アククのように最後の最後まで、性的にもアクティヴで九三歳で乳飲み子を残して逝った超老人的活力に満ちた老人。彼とは正反対の人生を送っていたかのような、ひとり者の盲目のニャネゴは、老人になってから何人もの寡婦の代理夫になったことか。「男と女が夜に一緒にいて、やることは決まっているだろう」とさらっと言ってのけた。一夫多妻社会であぶれた男も老人になってから性愛を取り戻すのだ。

またアフリカ村落社会では水運び、薪集め、料理など多くの過酷な労働がある家事は、老齢になるほど行うのが難しくなってくる。ニャネゴのように独り身の老人のところでなくとも、第一夫人が老齢となってきた際に、あたかもケアワーカーとして、理由《わけ》ありな女性が第二、第三夫人として来ることもあるのだ。

さいごに、テール関係の老年男女のあり方にふれたい。テール関係とは、寡婦がまだ若ければ、代理夫との性的関係によって子どもができ、その子が亡夫の名を継ぐことが期待されるが、ルオ社会では閉経期に入った女性、老年女性も同じく代理夫と関係を結ぶことになっているのが興味深い。つまりこのテールという制度は、亡夫の名を継ぐ子どもの誕生を期待するだけでなく、老年になった寡婦のケアにもなっていると考えられる。老年の女性には、老年の男性が代理夫になることが多く、年老いた男性が女性を訪ねにいく様子を、息子家族があたたかく見守っている姿が観察された。歳をとっても、ひとりでいることはよくないことで、カップルとしていることが奨励され、男でありつづけ、女でありつづけるべきなのである。そして女性側にしてみると、正式な結婚は親や男性が仕組んだものであり彼女にとっては恋愛にもとづくものでないことも多いが、それとは対照的に女性が代理夫を選ぶテール関係の場合、亡夫との関係にはなかった、恋愛関係をもとにしたあからさまにラブラブな中高年カップルもいた。こうしてルオ村落には、老齢になってからの恋をまっとうしている人びとの姿があった。

［参考文献］

Kenya National Bureau of Statistics Census 2009 *Summary of Results, Ethnic Affiliation.* (http://www.knbs.or.ke/index.php?option = com_content&view = article&id = 151:ethnic-affiliation&catid = 112&Itemid = 638)

Nation Reporter 'Over 10,000 mourners to attend Akuku 'Danger' burial', *Daily Nation,* October 22, 2010. (http://www.nation.co.ke/News/regional/Over%2010000%20mourners%20to%20attend%20Akuku%20Danger%20burial%20%20%20/-/1070/1038308/-/vlqtsn/-/index.html（2015年9月19日閲覧）.

Ocholla-Ayayo, A. B. C. 1976 *Traditional Ideology and Ethics among the Southern Luo.* Uppsala : Scandinavian Institute of African Studies, University Uppsala.

Otieno, Kepher 2008 'People : Akuku Danger : Now a nonagenarian and still going strong', *The Standard* 2008 Sep14.

Shiino, Wakana 1997 'Death and Rituals among the Luo in South Nyanza.' *African Study Monographs* 18 (3-4), pp. 213-228, Kyoto University.

椎野若菜 2000「『ルオ人』として死ぬということ――ケニア・ルオ社会における死者の範疇化と葬送方法について」『比較家族史研究』14号、pp. 69-91, 弘文堂。

――― 2006「暮らしに埋め込まれた『レヴィレート』」椎野若菜編『やもめぐらし――寡婦の文化人類学』pp. 38-63, 明石書店。

――― 2008『結婚と死をめぐる女の民族誌――ケニア・ルオ社会の寡婦が男を選ぶとき』世界思想社。

――― 2012「人生を印づけるたいせつな行事――結婚と葬式」松田素二・津田みわ編『ケニアを知るための55章』pp. 272-277, 明石書店。

――― 2016「性と出産、産婆の呪術的役割――ケニア・ルオ社会の事例から」落合雄彦編著『アフリカの女性とリプロダクション――国際社会の開発言説をたおやかに超えて』pp. 107-130, 晃洋書房。

辻上奈美江 2014「サウディアラビアにおける社会の紐帯と個の遊離――結婚、ミスヤール、そしてシングル」椎野若菜編『境界を生きるシングルたち』pp. 127-144, 人文書院。

コラム3　アフリカ農村における手探りの高齢者ケア

野口真理子

老いた「土地の父」

二〇一四年三月、約一年半ぶりにエチオピア南西部に位置する、農耕民アリの人びとが多く住む村を訪れた私は、まず最初にある老人の家に向かった。二〇〇八年に調査を始めてから、調査地を訪れる際は必ず彼に会いに行っていた。私は彼のことをアッバ・バッシと呼び、訪問の際は毎回とても喜んでくれた。彼もまた、私のことを常に気にかけてくれ、訪問の際は毎回とても喜んでくれた。彼は「ペチャ・バーブ」として人びとの尊敬を集めていた。「ペチャ」とは土、または土地のことを指し、「バーブ」は特定の人、または父親を指す。「ペチャ・バーブ」とは、ここでは、「数多くの子を生み育て、この土地に住む多くの人びとの父となった者」を意味する。彼は今や、村で最も高齢であると言われるようになっていた。

彼はすでに一年以上ほぼ寝たきりの状態であったらしく、ベッドに横たわっていた。突然の訪問者である私の顔を見るなり、すぐに挨拶のために体を起こそうとした。それがとても大変そうに感じた私が、あわててそのままでいいと告げると、安心したように、上半身を少しだけ起こして左肘で支え、私を見た。私が彼の近くに自分の顔を寄せると、頬に挨拶のキスをしてくれた。

「病気だと聞いているけど、体の調子はどうですか」

「うん、もうずっと病気だし、膝が痛くてもう出歩くのが難しいんだ」

家の中には妻以外にもうひとり、私が会ったことのない中年の女性がいた。彼女のことを尋ねると、彼は自分の娘だと言った。その時ちょうど彼の妻は右腕を骨折していた。

「僕も妻もこんなだから、彼女にきてもらったんだ」

娘はアルカという名前で、村から徒歩で四時間ほどの別の村に婚出していたが、今は息子のひとりと一緒にこちらへ戻ってきていた。私が「旦那さんは?」と聞いても、彼女ははっきりとは答えてくれなかった。どうやらうまくいってないらしく、もう夫の家に帰る気はないようであった。彼女は、草葺き屋根の家（写真1）をアッパ・バッシの家のすぐそばに建て、彼からいくらか畑も分けてもらっていた。

本来、アリの人びとの社会規範として、老親のケアはその息子世帯が担うことになっている。一方、成長し、結婚した男子が親と同じ家屋に住むことは、規範上良くないことであるとされ、息子はある程度の年齢になると父親の家から出る。夫方居住婚が一般的なアリでは、父親から近くの土地をもらって、そこに家を建て、結婚し、新たな世帯を構えることが多い。娘は結婚を機に父親の家を出て夫の家に嫁ぐ。多くの女性が地区外、または村外へと婚出する。そうすると、両親が老い衰えた時にその世話をするのは、必然的に近くに住んでいる息子とその嫁、あるいは孫たちとなる。

写真1　アリで一般的な草葺き屋根の家

しかし、アッパ・バッシには息子がおらず、生まれ育った娘は、みな婚出していた。そのために、右腕を骨折した彼の妻の代わりに、婚出した娘のアルカが戻ってきて世話をしていたのである。彼女は、老いた両親の食事をはじめとする家事の面倒をみるだけでなく、父の体を拭くなど、身辺の細かな世話も行っていた。

手探りの介護

ベッドからの移動も思うようにいかなくなったアッパ・バッシの一番の問題は、排泄だった。ある日、私が暇を告げて彼の家を出ると、後からアルカが追ってきて私を呼び止めた。

「実は、言おうかどうか迷っていたんだけど、ひとつお願いがあるの。見ての通り、お父さんはあんな感じで……。もしかするとベッドマットみたいなものを手に入れられないかしら？」

この地域では、家の中に便所はなく、庭の一角に穴を掘った簡易便所まで行かなければならない。アッバ・バッシは木製のベッドを使用していたが、ベッドマットはなく、ヤシの葉で編んだござをベッドの上に直接敷いて寝ていた。詳しく話を聞くと、彼が用を足したくなっても、間に合わずにベッド上で失禁してしまうことがあるとのことだった。彼女にとって、ひとりで体を支えられない彼をベッドから移動させること自体がとても困難なことであった。

「そうなってしまうと、彼は全身が汚れてしまう。ベッドマットでなくても、それを吸ってくれるスポンジのようなものがあればいいのかなと思ったの。そしたら、体を汚すこともないでしょう」と彼女はつけ加えた。

ベッドマットを利用することで、アルカが語った問題が解決するかは私には疑問だった。ベッドマットがあれば失禁しても尿を吸収して体が濡れることはないかもしれないが、清潔であるとは決していえない。またベッドマットを洗うにしても、それはそれで大変な仕事であるように思えた。今から思えば洗面器やバケツを利用する方が合理的であったはずだが、私の滞在も残すところあと一週間という時だったので、私は彼女が希望したとおり、自分が使っていたベッドマットをあげることにした。

これまでの調査では、この地域に住む老人の多くが、食事や排泄、入浴、整容、着替えなど、身の回りの基本的な活動を自分で行っていることがわかってきた。アッバ・バッシのように寝たきりの状態が長く続くということは非常に稀なことである。高度な近代医療を受けることが難しいこの地において身体の不調への対処法は限られており、このような状態が長期化する前に亡くなることが多い。

このことは、介護を必要とする老人に日常的にかかわった経験を持つ者が少ないことを意味し、またそうした経験が積極的に語られ、情報が交換されることもほとんどない。村では保健婦が巡回することもあるが、その活動の中心は感染症とそれに付随する衛生面への対策で、かれら自身も介護に関する情報はさほど持っていない。

介護を必要とする老人にどのように対処すべきか、人びとは手探りであれこれやってみるしかないのである。

アフリカ農村と高齢者ケア

近年、アフリカ諸国においても、高齢化に対する関心は高まりつつある。サハラ以南のアフリカ諸国では、今後急速に六〇歳以上の人口が増えると言われている。エチオピアを例に挙げれば、二〇一〇年時点で、約四五〇万人（五・一パーセント）の六〇歳以上人口が、二〇五〇年には約一九〇〇万人（一〇・三パーセント）に達すると推計されている（国際連合 2012）。エチオピア政府も高齢者問題を認識してはいるものの、その解決に必要とされる公的年金や介護の制度は未だ整備されているとはいえない。政府が出した「高齢者に関する国家行動計画」では、「家族」による高齢者ケアを賞賛・推奨し、それをサポートするための「コミュニティの参加を基盤とした高齢者サービスの拡張・強化」をうたっている（エチオピア労働・社会政策省 2006）。ここで言うコミュニティとは、これまで長期にわたって世代間の連帯のもとに相互扶助を実践してきたような血縁・地縁集団が想定されているように受けとれる。実際に、近年エチオピアの農村において、コミュニティの活性化を目的とするような新しい取り組みが始まっている。例えば、「五人組」グループを結成し、農作業その他の活動における協力関係に連帯責任を負わせるものや、日雇労働、砂糖販売、木材加工に従事する人びとのグループを住民組織として結成させることを促進する取組などがある。その多くは、グループに属する者とその世帯構成員の生活向上を第一の目的としたもので、生業活動や家の再建など、一度に多くの労働力が必要な活動にかかわるものであることが多い（写真2）。

アッバ・バッシのように、農作業はもちろん、出歩くことすらままならなくなった人に対して、このような住民組織が直接にかかわる機会はほとんどないのが実情である。彼が困った際は、最も近くの五人組が支援することになっているると人びとは話すが、実際には機能していない。様々な人がかかわる子育てとは違い、長期化した介護はより限られた人びとにより行われているといえる。

政策に限らず研究の面でも、アフリカ農村地域における高齢者は、これまで「伝統的な家族」の中で「ケア」されて

写真2　五人組メンバーによる共同労働の様子

きたし、今もそうであるところが多いという理解が一般的にあるように見受けられる。しかしながら、「ケア」という言葉自体、医療的看護や介護から、世話、配慮というように、その意味範囲は広い。そしてその広さから、それぞれの文脈によって、この語が示す中身にはズレが生じているように思われる。それにもかかわらず、特に政策文書などにおいては、このズレがないもののように語られることが往々にしてあるのである。

この地においてかれらの暮らしぶりを見ていると、「アフリカ農村の高齢者が伝統的な家族の中でケアされている」と簡単に片付けていいとは決して思えない。さまざまな資源を活用して農耕活動を続け、時には息子や近隣の人びとに食料を援助し、亡くなる直前まで畑で農作業をしていた者もいる。また、ここで紹介したアッバ・バッシには世話してくれる娘がいたが、子が産まれなかったり、先立たれたりして周囲から「世話してくれる子がいない」と認識され憐れまれる老人もいる。そのような老人を含め、身の回りの作業や生活のやりくりに限界を感じた際には、近隣住民に食料や金銭を乞う者もいる。かれらは皆、自身の生活の必要にあわせた何かを求め、獲得し、日々の暮らしを続けているのである。ここに、かれらがもつ、周囲の人びとをつきうごかす力――〈老いの力〉と呼べるかもしれない――が働いているのではないだろうか。そして、身体的老化の程度も、生活状況も、それぞれの性格・人となりも異なる老人たちは、必ずしも「伝統的家族」であるとは限らず、また特定の誰かであるとも限らない「頼れる誰か」の存在に支えられ、時には支え合いながら生きている。その関係性のなかで日々、お互いに必要なものを認め、補い合うこと、それがこの地で実践されているケアのかたちなのである。

［参考文献・ウェブサイト］

エチオピア労働・社会政策省　2006「エチオピア連邦民主共和国　高齢者に関する国家行動計画（Government of the Federal Democratic Republic of Ethiopia, National Plan of Action on Older Persons(1998-2007)E. C.)」、アディスアベバ、http://www.molsa.gov.et/English/Resources/Documents/National%20Plan%20of%20Action%20Older%20Persons.pdf よりダウンロード（2015年7月22日閲覧）.

国際連合　2012「世界人口推計二〇一二年改訂版（World Population Prospects, the 2012 Revision)」、http://esa.un.org/unpd/wpp/Excel-Data/population.htm（2015年7月22日閲覧）.

第8章
〈老いの力〉の未来を左右する少子高齢化

増田　研

1 良き人生の祝福

二〇一四年の九月、私はケニア東南部のクワレにある県立病院にいた。その病院の敷地には私が勤務する大学の事務所がある。スタッフたちにひとしきり挨拶を済ませたところで、近くにあった新聞を手に取ったところ、あるページに目がとまった。死亡広告である。

九一歳、九二歳、九四歳……故人はいずれもみな、思いのほか長寿だった。

それから半時ほど、積んであった古新聞を片端から開いて、死亡広告を探した。一週間分の古新聞に一六人の死亡広告が見つかった。どれもフォーマットはほぼ共通している。先ず「安らかに眠れ」「良き人生の祝福」などの見出しがある。そして故人の写真（多くは正装・盛装したもの）があり、キャプションに故人の名前が記載されている。本文はどれも死亡を告げる文章で始まり、以下、家族や親族の名前が（ときに十数行にわたって延々と）続き、最後に葬儀や追悼式の日時・場所が記載される。親族が広告主となっているからだろうか、日本の新聞にある「おくやみ」欄と比べると惜別の熱量が高い。

一六人分の死亡広告を見比べてみると、いろいろなことが分かる。九人の記事には生年の記載があり、そこから年齢を計算してみるとかれら九人の平均年齢は八八歳になる。日本に匹敵するほどの長寿である。こうした老人たちが、新聞に広告を出せるくらいの経済力を持つ家庭の人であるという背景を考えても、この平均死亡年齢八八歳というのは驚くべき数字であろう。なぜかといえば、二〇一四年時点のケニアの平均寿命（出生時平均余命）は六一・七歳だからだ。

ほかにも気になることがある。生年が記載されている九人のうち二人の生年は「一九二〇年」と、なんともキリのよい数字になっている。私がケニア海岸地域で会った老人の身分証には「一九三〇年生まれ」と記載されていたが、二十世紀初頭のその地域に生年月日を記録している人がいたとも思えない。どうやらそれは身分証を作るために便宜的に考え出した「たぶんこの頃に生まれた」という当て推量の数字であろう。そのように考えると、死亡広告の出ていた一六人のうち生年の記載がない七人は、生年が分からないから記載していないだけだろうと勘ぐりたくなる。

長生きする人はほんとうに長生きする、というのがアフリカで過ごしたことのある多くの人の感想である。たしかにアフリカの平均寿命は日本に比べれば短いが、それは子どもの死亡率が高いことが理由であり、高齢になるまで生き延びた人は、それなりに長生きをする。そうした老人たちの中には、たくさんの子どもと、たくさんの孫に囲まれて「良き人生」を祝福されるほどの人たちもいるだろう。

アフリカではいま、全体的な健康状態が好転したこともあって、社会全体の長寿命化が進んでいる。将来は少子化が進行することが確実視されており、たとえば今世紀末、西暦二一〇〇年のエチオピアではいまの日本と同じくらいの高齢者比率になると予想されているのだ。都市化が進み、貨幣経済が浸透したアフリカは、もはや従来イメージされてきたような伝統社会ではない。いずれの国でも周辺に位置する社会(狩猟採集民や牧畜民、少数民族など)はますます国家に統合されるだろう。にもかかわらず、それぞれの国が抱える文化多様性はそう簡単には消えそうにない。一体、今世紀後半のアフリカにおいて、高齢者たちはどんな暮らしをしているのだろうか。

少子高齢化はどこでも避けて通れない道である。現時点ではいわゆる先進国の問題として認識されているが、東南アジアがすでに少子高齢化の時代を迎えつつあるし、アフリカにおいても今世紀半ば以降にその時代がやってくる。ここではまず、その人口変動の筋道を確認し、アフリカが将来的に少子高齢化社会を迎えるであろうとの見込みのもとで、どのような「アフリカ的少子高齢社会」「アフリカ的超高齢社会」を想像することができるのか、その想像作業に際して注意すべき点はどこか、アフリカに先んじて少子高齢社会となった日本の試行錯誤から学べることはないのか、といったことを考えてみたい。高齢化を考えるとは、社会の中で老人を位置づけ直し、社会の作り方そのものを再考することでもあるのだ。

2 二一世紀アフリカの人口予測

二〇一〇年時点で、世界人口七〇億人のうち一〇億人（一四パーセント）がアフリカに居住する。国連の予測ではその九〇年後、二一〇〇年の世界の人口はおよそ一〇〇億人、そのうち三五億人がアフリカに居住するとされる。世界全体の人口増加率（九〇年間に一・四倍）と比較すると、アフリカにおける増加の速度（三・五倍）は際立つ。

早瀬はアフリカにおける人口急増の背景を次のように説明する。

アジアやラテンアメリカ諸国の多くが、多産多死から多産少死を経て、現在では多くが少産少死となり人口転換をほぼ達成したのに対し、アフリカ諸国は未だ人口転換過程の初期から中期の段階でもっとも増加率が高まる多産少死の状況にあることが人口急増の直接的な要因である［早瀬 1999：三］。

ここにある人口転換とは、多産多死から多産少死の段階を経て少産少死に至るプロセスのことである。その最初の転換（多死から少死への転換）には、疫学転換が関わっている。疫学転換とは感染症による死亡が減少し、非感染症（生活習慣病など）による死亡が増加するという、死亡原因の転換のことである［ライリー 2008］。日本では一九五〇年頃を境に感染症で死ぬ人の割合が低下し、かわりに癌や循環器系疾患といった非感染症が死因別死亡割合の上位に現れてきた。これが日本の疫学転換であるが、その他の面、たとえば栄養の面からも全体的に健康状態が改善されたこと（健康転換）、また医療技術や制度が整備されたことなどにより、平均寿命が急激に伸びた。すなわち「長寿化」である。

だが、長寿化と人口高齢化は異なる概念である。人口高齢化は、人口に占める高齢者の割合の増加のことであるが、日本の場合は、長寿化とあわせて少子化も一気に進んだことから、急速に高齢化が進んだと言える。

現在のアフリカは、疫学転換が進んだ一方で人口転換が進まないという段階にある。アフリカの場合はもともと、他の地域と比べて出生率、死亡率いずれも数値が高かったことがあり、出生率、死亡率ともに一九七〇年代以降四〇年間の低下幅が大きい。しかしながら、二〇一三年の普通死亡率が千人あたり一一、普通出生率が三七・八という数字が示すのは、現在進行中の急激な人口増加である。

では今世紀中にその人口の構成はどう変わるのであろうか。年齢層別人口の推移予測によれば、二〇一〇年から二一〇〇年に向かって時代が下るにつれて長寿化が進むこと、そして生産年齢人口の膨らみかたが急激であることが確実視される。東アフリカでは一九五〇年に六七〇〇万人だった人口が二〇〇〇年には二億六千万人に急激に増えた。それが二〇五〇年には八億七千万人、二一〇〇年には一五億五千万人と、その人口増加に歯止めがかからない。

六五歳以上の高齢者の比率は二〇三〇年頃までは三パーセント台で推移するが、それ以降急激に高くなり、二一〇〇年には平均して一五パーセントになる。いうまでもなく高齢化の進行は国によって異なる。たとえば二一〇〇年のエチオピアでは東アフリカの平均を大きく上回り、六五歳以上の人口比率は二三パーセントにのぼると試算される。これは今世紀末のエチオピアが今の日本と同じ「超高齢社会」になることを意味する。

ここで東アフリカ諸国のなかから、エチオピアとケニアに焦点を合わせて詳しく見てみよう。

一九五〇年から二一〇〇年までのエチオピアとケニアの人口ピラミッド（図1）を見ると、裾野が広がる「富士山型」から始まり、時代が下るにつれて壺型あるいはペンシル型に変わっていくことがはっきりと見てとれる。これは、若い世代の人口が増えなくなり、高齢者の人口比率が高まることを意味している。だが、この人口ピラミッ

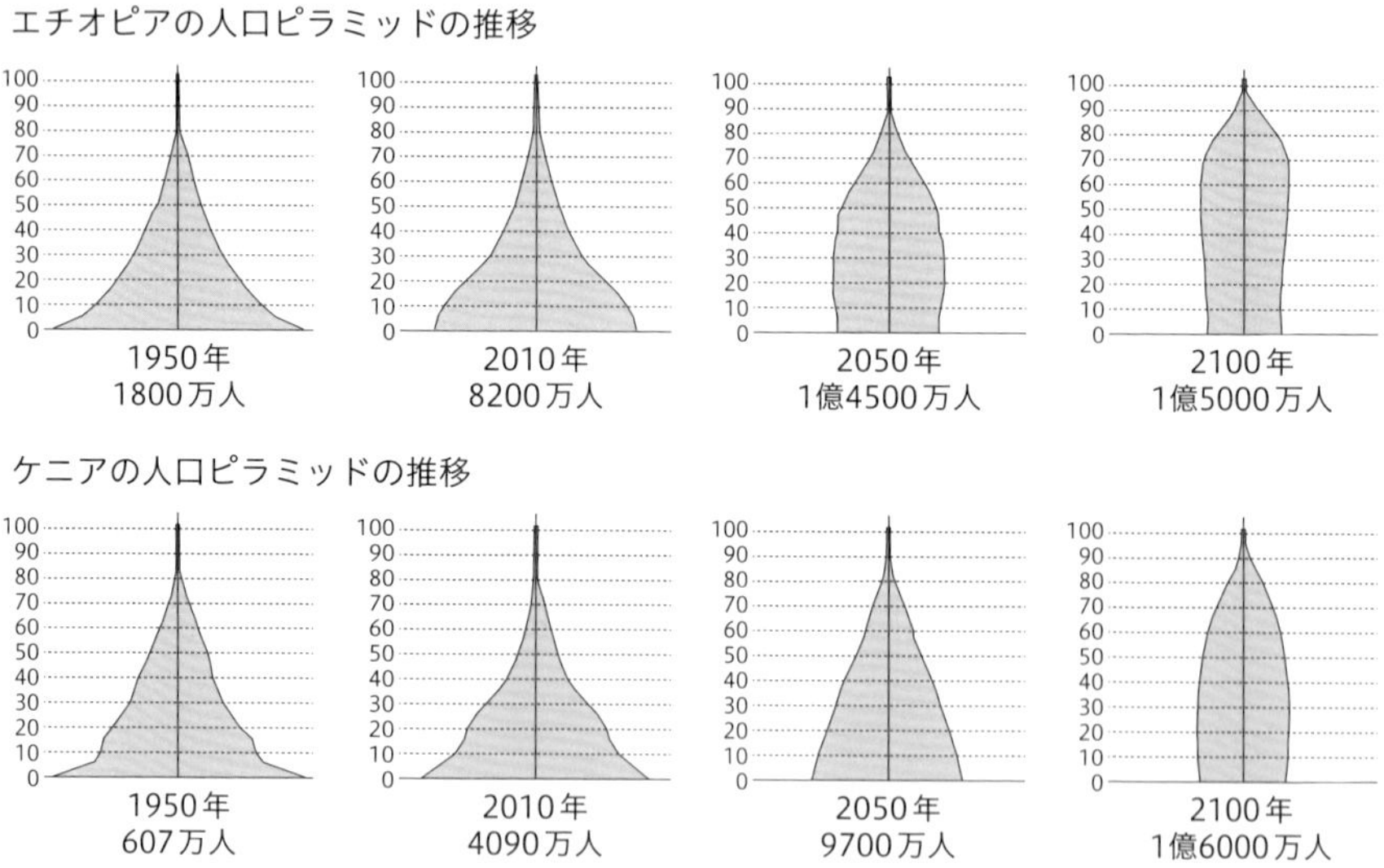

*http://populationpyramid.net/ をもとに筆者が作成。

図1　エチオピアとケニアにおける人口ピラミッドの変化の予測
（男性：左，女性：右）

ドが示してくれるのはあくまでも国ごとの様子であり、それぞれの国内における地域差などは分からない。

　人口動態や保健指標を確認するためには、まず各国における人口保健サーベイ（Demographic and Health Survey）が参照されることが多い。これは少数のサンプル調査をもとにそれぞれの国における人口の増減や健康状況の推移を明らかにするもので、日本の国勢調査のようには精度が高くないものの、全般的な傾向を知るのには役に立つ。残念ながら現在の人口保健サーベイには高齢者に関する数値が掲載されていないため、これを見ても高齢者の分布の地域差は分からない。だが、合計特殊出生率（一人の女性が生涯に生む子どもの数の平均）を見れば地域ごとの人口の増え方や保健状況が間接的にではあれ見えてくるだろう。

　エチオピアとケニアにおける合計特殊出生率と女性たちの教育歴および経済階層の関係を表1に示した。農村部に先行して都市部から出生率が下がりはじめること、そして、女性の教育歴と経済階層が高

表1　エチオピアおよびケニアにおける合計特殊出生率と教育歴，経済階層の関係*

		エチオピア	ケニア
居住地	都市部	2.6	3.1
	村部落	5.5	4.5
教育暦	なし	5.8	6.5
	初等	4.6	4.8
	中等	1.9	4.2
	高等教育以上	1.3	3.0
経済階層	最下位	6.0	6.4
	下位	5.7	4.7
	中間	5.3	3.8
	上位	5.0	3.1
	最上位	2.8	2.8
全体平均		4.8	4.6

*エチオピアについてはDHS2011を，ケニアについてはDHS2014を，それぞれ参照している。

くなるほど妊娠と出産の回数が低下することが、ここで確認できる。これらは人々の保健状況に関してはよく指摘される傾向である。

一般には出生率の低下は女性たちへの教育の普及に影響されると言われている。村落部における現時点での出生率の数値は高いままであるものの、じつはこれでも低下している。アフリカの農村部ではファミリープランニングの普及が進んでいて、教育歴だけが出生率の低下をもたらすわけではない。

先進国の例からは、子どもの死亡率の低下と出生率の低下に関連があることが示唆される。エチオピアの乳児死亡率（生後一年以内の死亡率、千分は、二〇〇〇年サーベイでは九七であったのが、二〇一一年には五九に半減している。だが一九六〇年の日本における乳児死亡率が約三〇であったことと比べると、この数値ではまだ高い。

合計特殊出生率を州ごとに図示すると図2のようになる。全般的な傾向としては、首都において数値が最も低く、エチオピアの首都アディスアベバに至っては「一・五」と、にわかには信じがたい数値

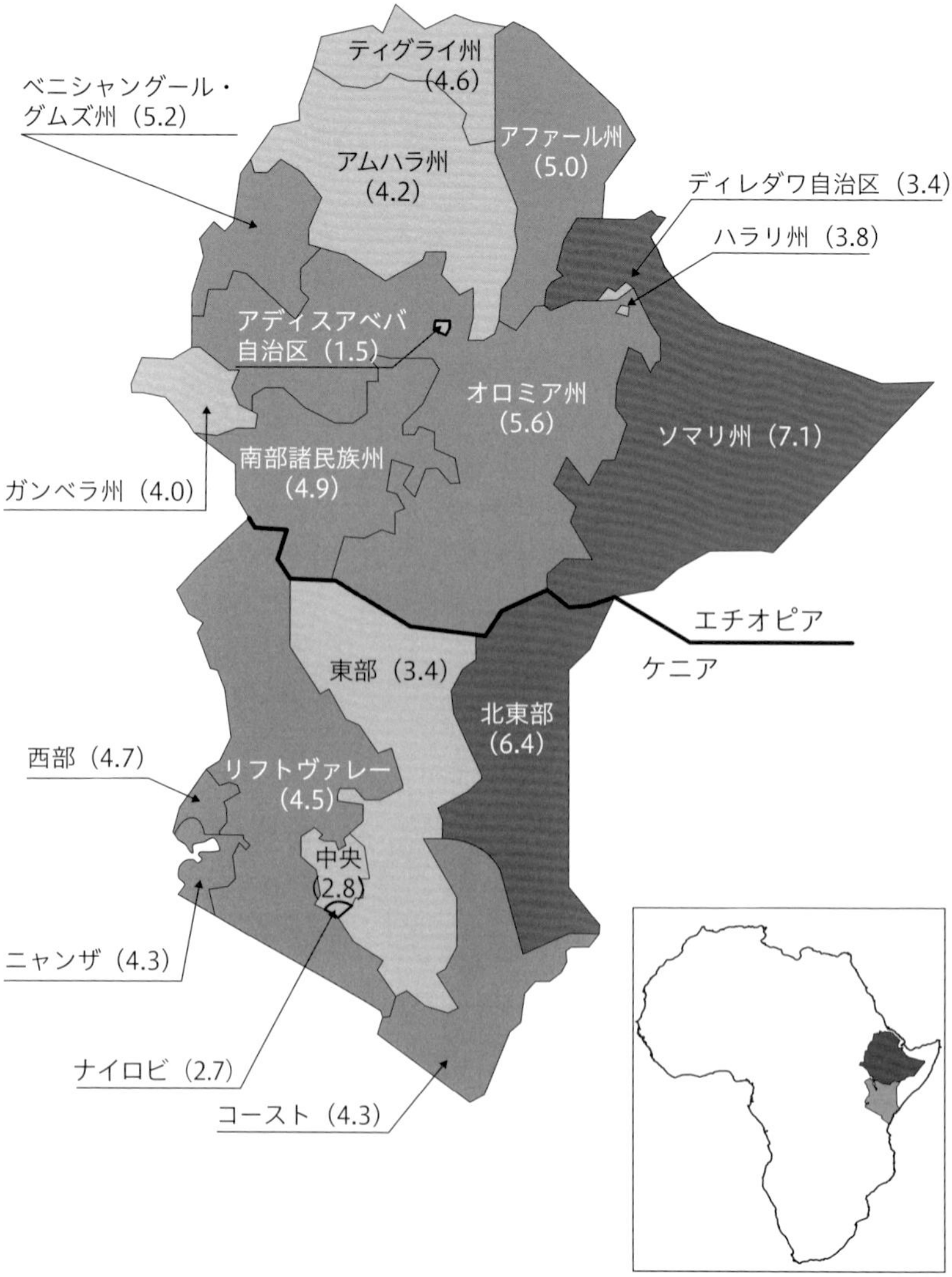

注）エチオピアはDHS2011，ケニアはDHS2014を元に増田が作成した。なおケニアでは2013年から47のカウンティー（日本の県に相当する）による行政制度を施行しているが，この図が依拠しているDHSの実施時点では州制度のもとで実施されたため，この図も州単位で表示している。

図2　エチオピアおよびケニアにおける州ごとの合計特殊出生率

を示している。これは教育や保健・医療の状況が首都において高いということと関連しているだろう。州単位のデータから言えることは、少子高齢化は都市部から始まり、時間をおいて地方においても波及するだろうということである。

注目すべきは、エチオピアのソマリ州において高い数値が出ていることと、ケニアにおいてソマリ民族が多く居住する北東州がもっとも高い値を示していることだ。イスラーム信者の多いソマリ民族の地域において出生率が高いということをどのように理解すればよいだろうか。宗教と人口の関わりについて林は、ナイジェリアにおける州ごとの乳幼児死亡率の違いが、キリスト教とイスラームとの人口割合と関わりを持つことを示している。だが同時に、インドやインドネシアとの比較をしてみると、宗教の教義そのものの影響力もさることながら、教育水準や貧困水準との関連において考えるべきであると述べている［林 2013］。図2ではソマリ民族が国境を越えて高い出生率を示しているように見える。これがソマリ的な規範によるものであるか、あるいは、イスラームという宗教の影響によるものなのか、それとも遠隔地ゆえの保健・医療の浸透の難しさを示しているのかという点については検討が必要である。

3 先進国の先行事例はアフリカの参考となるのか

六五歳以上の人口を生産人口（一五〜六四歳）で割った数字を「老年従属指数」と呼ぶ。図3は中間的な出生率の見積もりで計算した数値を示しているが、これによれば西暦二一〇〇年のエチオピアにおける老年従属指数は二〇一一年の日本のそれとほぼ同じ値になる。言い換えればいまからおよそ八〇年後のエチオピアは、現在の日本と同じ少子高齢化状況にあり、同じような問題に直面している可能性があるということだ。

この指数の推定は前提の立て方、とくに将来の出生率を高く見積もるか、あるいは低く見積もるかによってかな

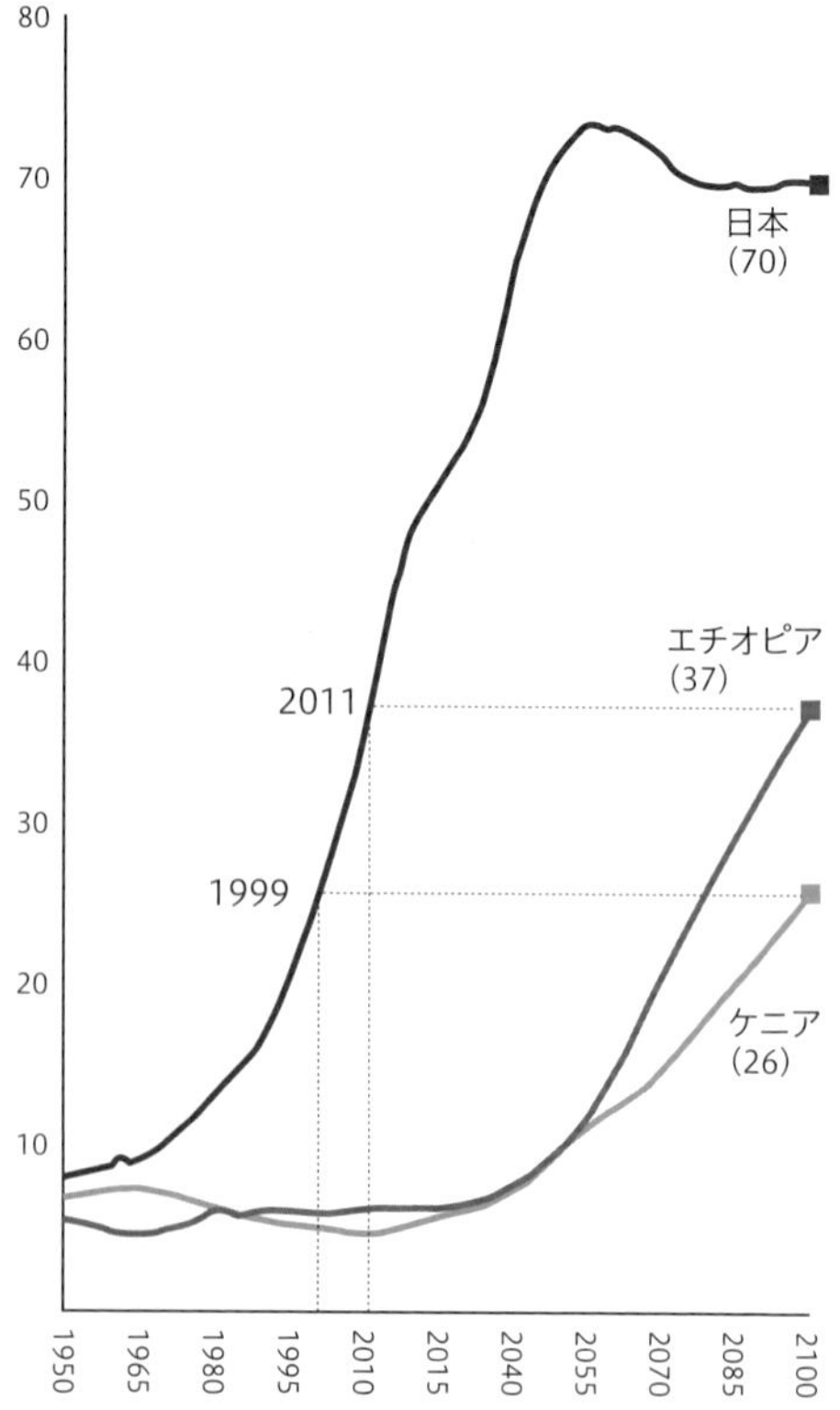

注）WPP2012_POP_F13_A_OLD_AGE_DEPENDENCY_RATIO_1564をもとに，1950–2010はEstimatesを，2015–2100はMedium Fertilityを用いて試算した人口推移の表を作成し，65歳以上の人口を生産年齢人口（15歳から64歳）の人口で除した数値をもとにグラフを作成した。2100年のケニアは日本の1999年と，エチオピアは日本の2011年と同じ老年従属指数になる。

図 3　老年従属指数の予測推移

りの幅を持つ。エチオピアの場合、二〇一五年時点の老年従属指数は六・三（生産人口一六人が高齢者一人を養う計算になる）だが、出生率を高く見積もれば二一〇〇年の老年従属指数は二八・八（生産人口三・五人が高齢者一人を養う）、低く見積もれば五一・二（生産人口二人が高齢者一人を養う）となり、大きな開きが生まれる。

　未経験の少子高齢化時代を迎えるに当たって、アフリカはこれまで経験してきた社会構造の再定義や組み替えを状況に応じて絶え間なく進めていく必要に迫られる。全般的に（あくまで全般的にだが）、こうした社会の再定義は、今後ますます国家を主体として進められるだろう。言うまでもなく、国家は福祉と暴力の装置であり、国民のための政策を作成し実施することもあれば、人権を踏みにじることもある。それはもちろん、国家が持つ統治や調停の能力の問題であるが、同時に、多言語・多民族・多文化状況下にあるすべてのアフリカ国家にとって、その国家としての進むべき道を左右しかねない重要案件でもあるのだ。

すでに述べたように少子高齢化はどこの国にも訪れるひとつの段階である。しかし、社会が安定しつつある段階にあったり、経済成長を謳歌していたりすると、そのことは忘れられがちだ。日本がまさにそうであった。日本では戦後の短期間で急激に少子化への転換を果たしたために、社会の高齢化もいきなりやってきた感がある。日本においても少子高齢化が心配され始めたのは一九七〇年代であるが、そのことが多くの人に意識されるようになったのは一九八〇年代の末頃、つまり人口に占める高齢者の割合が一〇パーセントに達した頃だったと言えるだろう。

ピーターソンは一九九九年の著作で、世界規模の少子高齢化がもたらす危機を訴え、そのための戦略策定を急ぐよう提案した［ピーターソン 2001］。少子高齢化にともなう社会的コスト、年金、貯蓄、医療、ケア、家族のあり方、労働力の調達など、心配事を数え上げたらきりがない。

同じ一九九九年に早瀬はアフリカの開発と人口問題に関する著作を発表した。このなかで早瀬は高い出生率、急激な人口増加、高い失業率、家族計画、エイズ問題、都市部への人口流入などが、アフリカの人口問題を論じるさいの相互に関連するトピックとして取り上げられると主張する［早瀬 1999］。二〇世紀末の時点で年少従属指数(1)は、アフリカの多くの国において一〇〇を超えている一方、老年従属指数は五程度と低い。つまり二〇世紀末のアフリカでは、高齢者が増えることはあまり問題ではなく、子どもが多いことのほうが気にされていた。これは二〇一五年でも同じである。

では、少子高齢化が進んだとして、アフリカの社会はどうなるのか。はたまた、アフリカの老人たちの暮らしはどのように変わるのか。コーエンらはアフリカにおける高齢者の調査を加速させる提案をしているが、そこでは、①収入や支出などの経済面、②健康と福祉、③家族のサポートとネットワーク、④公的あるいは非公的な高齢者保護、⑤ＨＩＶ／ＡＩＤＳ危機状況下における高齢者の役割と責任の変化、の五つを検討すべき課題として挙げている［Cohen and Menken 2006］。

これらのうち、①から④まではいわゆる先進国においても喫緊の課題とされる問題であり、その意味ではアフリカと日本の高齢者問題は同一の地平において検討可能なように見える。だが、もちろん条件は同じではなく、日本で考えられる「少子高齢化社会の課題」をそのままアフリカに適用できるわけではない。たとえば高齢者を養うための社会的コストの問題は、それを検討する前提条件がかなり異なる。

日本の高齢者の多くにとって、主たる収入源は年金である。現時点においてアフリカのほとんどの国に年金制度はあるが、日本のような国民皆年金が実現されているわけではない。予防接種や基礎的医療の普及など、二一世紀に入ってから、アフリカにおける医療サービスはかなり改善されたが、医療施設が各地に建設されても、とりわけ村落部では交通の便が限られるため「いつでも、だれでも、どこでも」の理想にほど遠い。エチオピアの人口動態を分析したモゲスら［Moges et al 2014］は、エチオピアが現状のままでは高齢者の福祉ニーズに対応できないことを指摘している。

たとえばタンザニアでは、HIV／AIDS対策において世界中のさまざまなアクター（基金やNGOなど）が多様な、そして短期的な介入を繰り返したことで、現地の医療実施体制が断片化してしまっている［Dilger 2012］。いまアフリカに行ってみれば、この「医療の断片化」は至るところに見られるだろう。ある村の保健施設では、サーベイランスのサービスはどこかの国の機関によって支援され、アウトリーチのクルマはどこかのNGOからの提供、ファミリープランニングは他の国際NGOの担当、HIV／AIDS対策はアメリカの財団から資金援助を受けたプロジェクト、といったように、一つの現場でも多様なアクターが関わっている。そして、地域のヘルスシステムの頂点に立つべき公立病院ではベッドが足りず、いつも患者が満杯で、そのうえ医療機器は不足している。アフリカにおける医療サービスは以前に比べれば格段に改善されたものの、ヘルスシステムのトータルなマネジメントからはほど遠い状態が続いているのである。ましてや、世界的に感染症対策への資源投下が続いている状態では、非感染症への対策や、高齢者にフォーカスした医療の提供などは、まだまだ後回しである。

上述した五つの課題のうち、⑤は現在のアフリカでよく議論される問題である。ひとつには高齢者のＨＩＶ感染やエイズ罹患そのものが問題とされるが、同時にエイズ孤児となった孫の世話を祖父母が担当する「世代スキップ世帯」[skipped-generation household] の問題も注目されている。この問題は、高齢者がいつまでたっても引退できず、孫の世話をし続けなければならないという社会の歪みとして論じられるのである [Kunkel 2014]。

こうした問題は日本では懸念されていない。そもそも家族や居住の形態が日本とアフリカではかなり異なる。アフリカ内部における家族形態の多様性については言うまでもない。日本はすでに高齢者福祉についてかなりの蓄積を持っているが、こうした社会環境の違いを考慮に入れると、どうやら日本の事例をそのまま参考にするわけにはいかないようである。

4 医療・社会保障・ケア——高齢化社会のドグマを超えて——

そもそもアフリカにおける高齢者とは誰のことなのだろうか。この章ではここまで、ほとんどのところで「老人」とは言わず、「高齢者」と書いてきた。老人は字のごとく「老いた人」であるが、高齢者はある一定基準の年齢以上の人々を総称する呼び方である。現在はアフリカのほとんどの国で六〇歳以上を高齢者としているが[2]、生年月日が記録されていない人も多く、誰がその基準年齢を上回っているのかを確認するのは容易ではない。つまり、年齢で定義しても、高齢者を正確に特定することはできないのだ。親子関係などを把握できれば「世代」は分かる。また個人間の相対的な長幼の序も分かるだろう。しかし、出生年を正確に記録しなければ年齢は分からないし、とくに農村では定年もないので、老人は身体の動くうちは働き続ける。

多様な社会環境を内包するアフリカにおいて、国家が策定する政策と生活レベルでのミクロな生活実践とが間接的にしか関わりを持ち得ないということはありうる。私はエチオピア南部のバンナという農牧民社会で暮らしたことがあるが、そこは南部の辺境地帯であり、バンナの暮らしと国家とのつながりが、たいへん見にくい場所だった。一例として教育政策を取り上げてみよう。エチオピア政府は一九八〇年代からバンナの子どもたちを学校に入学させる方針をとっているが、九〇年代の末までは学校に入る子どもはほとんどいなかった［増田 2001］。理由として考えられるのは、バンナの居住エリアが行政の中心地から遠く離れ、交通の不便なことから政府の方針を浸透させることが物理的に難しかったこと、そして学校教育が提示するライフコースと、バンナの人々が規範とするライフコースが大きく異なっていたことである。私が住んでいた村には一〇年ほど前に小学校が開設され学校へのアクセス問題は解消された。これにより子どもたちの多くが平日の午前中に学校に通うことができるようになったが、それでも全員が入学しているわけではない。

将来、ますます国家統合が進むであろうアフリカ諸国では、社会開発分野においてこのような「大きな話」と「小さな話」のすり合わせが必要とされるようになる。以下に述べるように、アフリカの人口高齢化に関しては数多くの懸念事項が指摘されている。そうした心配事の多くがいわゆる社会保障や医療、ケアに関することであるが、アフリカにおける高齢者たちの暮らしぶりの多様性についてはよく把握されていないのが現状である。サンプル調査によるサーベイではなく、民族誌的なアプローチによる高齢者像の提示が求められるのだ。

では、実際にどのようなことが危惧されているのだろうか。多くの研究がつぎのようなことを指摘している。農村人口の高齢化により農村全体が疲弊していく懸念、若年層の都市への流入が加速することによる農村の空洞化、経済成長にともなう経済格差の発生、制度整備の遅れによる社会保障の不均衡、そしてアフリカのいまの医療レベルでは対処しにくい健康問題。こうした危惧はしかし、あくまでも「大きな話」のほうに属する。

現状では、とりわけ村落部の人々の暮らしは保険や年金といった社会保障の外部にある。生業ベースで生きる彼らにとって現金は、「必要だがそれだけでは生きていけない何か」である。現金は食糧を手に入れたり、税を払ったり、酒を飲んだりするための手段にすぎないかもしれない。そういう彼らを前にして、年金や経済格差を語る意味はあるのだろうか。

医療についても同様である。二一世紀に入ってから、数多くの保健施設が開設されるようになったが、村落部における主たる業務は予防接種と簡単な診察、薬の配布に限られる。もう少し上位の（看護師が常駐するような）ヘルスセンターやクリニックへは歩いて何時間もかかったりする。医師がいる病院はさらに遠くにある。村落部の人々にとって医療施設とは、「とりあえずマラリア薬と抗生物質をもらえる場所」であり、ときには、担ぎ込まれたところで「死ぬ先」でしかない場所、である。日本で議論されているような看取りケアや長期介護を語ることは適切ではない③。

アフリカの高齢者研究の第一人者であるアボダリンは、アフリカの高齢者の健康に関しては、慢性疾患のリスクおよび医療へのアクセシビリティーの悪さというふたつの課題があると指摘し、高齢者のための具体的な政策の策定を急ぐべきであると主張する。そのために彼女がくりかえし訴えているのは、アフリカの社会・文化的な文脈に則した詳細なエビデンスの積み重ねと、それによって政策の陳腐化を回避することの重要性である。

たとえばこれまでのアフリカ高齢者に関する研究は、アフリカの個人主義化――家族の絆は失われ、個人主義がはびこり、高齢者ケアはおろそかになるという変化――を暗黙の前提にしている［Aboderin 2010］。たしかに社会の近代化にともなってそうした傾向があることはたしかだろう。西欧的な個人主義の影響がとくにアフリカの若い世代に浸透しつつあり、集団の重要性が薄れているという指摘は少なくない。ここには、アフリカにおける集団主義的行動様式が西欧的価値観によって浸食されることで、これまでの敬老の精神や、家族によるケアを重んじる態度が薄れていくことへの懸念がある。

だがそれはあくまでも一般論であり、その理解の仕方でもって個々の社会における高齢者の生活をあまねくカバーできるかといえば、そうでもない。そもそも、高齢者をめぐる社会福祉の観点から想定される「脆弱な高齢者」像は、民族誌研究が示してきた老人の姿――加齢とともに力を蓄え、地域社会において中心的な役割を果たす老人像――とはだいぶ異なる。「大きな話」のほうで心配されていることはたしかに大事だが、その心配は老人を脆弱な存在であると見なすことを前提としていないだろうか。「脆弱な高齢者」像は、たとえば「老人は社会のキーパーソンである」「アフリカにはもともと敬老の精神があった」といった定型的フレーズとともに、それにすがってしまうことによって、老人の社会的布置や存在感、つまり〈老いの力〉を理解することを妨げてしまうドグマであると言えよう。

すでに述べたように、国家レベルで考えられた政策とミクロな現実とはときに大きく乖離する。アボダリンは、たとえば手段的日常生活動作（ＩＡＤＬ）調査をアフリカにそのまま当てはめて実施することに疑問を呈する。階段を上り下りできる、何かに一〇分間集中するなどという調査が、たとえばエチオピアかどこかの農村（二階建て家屋もなければ、識字率も低い）で意味のある調査と言えるだろうか？　ほかにも、従来型調査が人々の居住地を単純に「都市」と「村落」に固定化して実施されていることや、経済状況の調査が個人単位ではなく世帯単位でしかなされないこと、そして何よりも、社会における高齢者――いや、むしろ「老人」と表記した方が適切か――の位置づけという論点がないがしろにされていること。アフリカの高齢者を取り巻く現状把握には、まだまだこのような弱点があるのだ［Aboderin 2013］。

高齢化や公衆衛生、保健が話題になるとき、その議論のよって立つデータは統計が中心になるし、議論はどうしても国家を単位としてしまう。だが、世界を見渡してみよう。経済的な面においても、文化的な面においても、均質な国家などほとんどない。日本を論じる時に「国と地方」「大都市圏と地方」といった枠組みが頻繁に参照されるのと同じく、アフリカ諸国家においてはとくに「都市と農村」「都市部と村落部」という対比が多く用いられる。この対比は「都市」や「村落」の厳密な定義に基づくものではないが（都市の定義は国によって異なるうえに、とくに定義せずに使われていることも多い）、農業や牧畜、漁労といった一次産業に依拠する「村落部」と、国内各地からの移民によって人口が構成され貨幣経済と流通に強く依存する「都市部」という社会経済的な側面から、人々の居住地を質的に異なる二つの空間に便宜的に分類することには必然性がある。だが、都市と村落を区分することですべてが説明できるわけではなく、むしろそうした分類に寄りかかることでかえって見えにくくなるものも多いだろう。

年金のような社会保障政策が導入されたあとについても、社会の文脈に則した理解が必要であることには変わりない。牧野（2011）が紹介する南アフリカの年金の事例はまさにそうである。南アフリカでは非拠出型の年金（高齢者手当）が、高齢者（六〇歳以上）の七〇パーセントに支給されているが、支給された年金は三世代家族の生活に欠かせない収入として世帯内で配分されている。フォーマルセクターの労働者には企業年金があるが、アフリカ系住民の受給率は低い。高齢者個人に配分される高齢者手当が世帯内で分配されることは、一定の貧困軽減効果がある反面、それによって、高齢者の貧困問題そのものが見えにくくなっているのだ。

5 「高齢者問題」をローカルな文脈から語り直す

ここまで、アフリカで人口高齢化が進行するメカニズムと、それに対してさまざまに議論されてきた懸念や心配事を紹介してきた。すでに高齢化どころか超高齢化している日本からすれば、それはまだまだ遠い未来のことにしか思われないかもしれないし、あるいは、日本がすでに経験している諸問題（たとえば介護、ケア、福祉施設、介護保険、年金などなど）を参考にして、早めの対策を取るべきだと助言したくもなるだろう。それはもっともな話なのだが、すでに書いてきたように、いわゆる先進国のモデルをそのままアフリカに適用できるわけではない。そもそも、いまを生きるアフリカの高齢者たち、あるいは「老人」たちがどのような暮らしをしているのか、どのような〈老いの力〉を発揮しているのか、そんなことすらもよく分かっていない。

その点で、私はアフリカにおける老年人類学もしくは老年民族誌に人びとの関心が向くことを期待している。私がここで老年民族誌と呼ぶものは、老人の暮らしを記述したり、それを個別文化の規範や脈絡に則して理解することを促すだけでなく、社会保障やケアといった分野への示唆を含み、かつ、既存の議論や言説を相対化する契機を宿すような、そういうものである[4]。

社会保障や医療の浸透といった「大きな話」が一方にある。それは国家によって進められるナショナルなものであるが、同時に多様なアクター（たとえば国際機関やＮＧＯ）が介在するグローバル・イシューでもある。

他方には多様な暮らしを営む人びとがいて、現在進行中のさまざまな変化のなかを生きている。その「多様性」はこれまで、多様な民族、多様な文化、多様な社会制度といった切り口で語られてきた「何か」であるが、そうした語り口の有効性は次第に失われつつある。将来やってくる高齢化社会においては、○○民族のための○○社会保障制度といった紋切り型の政策が実効性を持つとも思えない。

だが、それでもなお、「大きな話」と「小さな話」のそれぞれを語る視点をどれだけ上手に馴染ませられるかという点が、アフリカの高齢者＝老人の未来を考えるうえで重要であり続けるだろう。老年民族誌は、どこかの「民族」の誌ではなく、民族誌的なアプローチのことなのである[5]。

先ほど、手段的日常生活動作の調査をそのままアフリカに当てはめることの不適切さに触れたが、エチオピア南部のアリ社会で老人の生活調査を行った野口もまた、アリの老人たち（ガルタ *galta*）の日常生活動作（ＡＤＬ）を測定している。だが、野口は同時に身体の衰えに対する彼らの対処法と、それに対する説明のあり方を詳細に記述した［Noguchi 2013］。先述の「世代スキップ世帯」は、高齢者の負担の増加という観点からのみ考えられがちだが、人類学において冗談関係と呼ばれる、互隔世代（祖父母との孫の関係）間の親密な関係においてこそ躾がなされるという社会規範がそこにあるとすれば、世代スキップ世帯は異なる光を当てられるかもしれない。

今後、数十年かけてアフリカ各国で少子高齢化が進行することは確実視されている。今世紀末にはいまの日本と変わらない超高齢社会になる国も現れる。その一方で、アフリカ諸国は目前の感染症対策や食糧問題への対処、インフラ整備といった課題に多くのリソースを割かざるを得ない状況にある。高齢者の生活と健康のための社会保障は端緒についたばかりである。

人類学的に老人問題、高齢者問題に関わるとは、おそらく、グローバルな「高齢者問題」をローカルな文脈において語り直す試行錯誤になるかもしれない。それは、すでに少子高齢化社会を経験している日本の研究者だからこそできることであるように思われるのだ。

［注］

（1）生産年齢人口（一五～五九歳の人口）に対する年少人口（一四歳以下）の割合。この数字が高いほど子どもの人口比率が高く、社会全体での子どもの扶養負担が高いことを意味する。

（2）本章では、統計資料をもとに産出する場合にすべて六五歳以上を高齢者と定義して計算している。

（3）アフリカでは長寿化や高齢化が始まったことで、医学研究における関心にも変化が起きつつある。従来、アフリカで病気と言えば感染症のことであり、マラリアやＨＩＶ／ＡＩＤＳへの関心はいまでも高く、重要な取り組み課題であることは間違いない。だが近年ではアフリカにおける高血圧患者の増加などにも注目が集まりつつある。肥満や認知症についても近年、研究論文は増えている。

（4）ここでは詳しく紹介できないが、高橋によるフィンランドの地方部における老いと福祉の民族誌は、老年人類学や福祉の支配的言説に対する批判的検討を多く含んでおり、たいへんに示唆に富む［高橋 2013］。

（5）その意味で、公衆衛生分野や国際保健分野で方法としての民族誌（エスノグラフィー）に注目が集まっていることは、それが人類学者が実施するようなものではないとはいえ、保健系分野における関心のあり方の変化をうかがわせる。研究産物としての民族誌と、方法としての民族誌の違いについては多くの研究がある。

［参考文献］

Aboderin, I. 2010 Global Ageing : Perspectives from Sub-Saharan Africa. In *SAGE Handbook of Social Gerontology*. Sage. pp. 405–419

Aboderin, I. 2013 Addressing Health Challenges of Ageing in sub-Saharan Africa : Policy Perspectives and Evidence Needs. MacDaniel, S. A. and Z. Zimmer (eds.) *Global Ageing in the Twenty-First Century : Challenges, Opprtunities and Implications*. Ashgate Publishing. pp. 121–138

Cohen, B. and J. Menken (eds.) 2006 *Aging in Sub-Saharan Africa : Recommendations for Furthering Research*. The National Academic Press.

Dilger, H. 2012 "Targeting the Empowered Individual : Transnational Policy Making, the Global Eonomy of Aid, and the Limitations of Biopower in Tanzania" in S.A. Langwick, H. Dilger, and A. Kane (eds.) *Medicine, Mobility, and Power in Global Africa : Transnational Health and Healing*. Bloomington : Indiana University Press. pp. 60–91.

Kunkel, S. R. et. al. (eds.) 2014 *Global Aging : Comparative Perspectives on Aging and the Life Course*. Springer Publishing.

Moges, A. G., Tamiya, N. and H. Yamamoto, 2014 Emerging Population Ageing Challenges in Africa : A Case of Ethiopia. *Journal of International Health* 29(1): 11–15

Noguchi, M. 2013 Aging among the Aari in Rural Southwestern Ethiopia : Livelihood and Daily Interaction of the *"Galta"*. *African Study Monographs*, Suppl. 46 : 135–154

高橋絵里香　2013『老いを歩む人びと――高齢者の日常からみた福祉国家フィンランドの民族誌』勁草書房。

林玲子　2013「宗教と健康・死亡力」早瀬保子・小島宏（編著）『世界の宗教と人口（人口学ライブラリー13）』原書房、pp. 63–85.

早瀬保子　1999『アフリカの人口と開発』アジア経済研究所。

ピーターソン、P・G・2001『老いてゆく未来――少子高齢化は世界をこう変える』（山口峻宏訳）、ダイヤモンド社。

牧野久美子　2011「南アフリカ――一家の生活を支える高齢者手当（特集「新興諸国の高齢化と社会保障」）」『アジ研ワールドトレンド』188号（5月号）、pp. 28–31.

増田研　2001「教育をめぐる政治と文化――エチオピア南部における紛争事例を中心に」、『アジア・アフリカ言語文化研究』62号、pp. 165–200.

ライリー、J・2008『健康転換と寿命延長の世界史』門司和彦ほか（訳）、明和出版。

あとがき

アフリカの老いについて考えるようになり、自らの老いについてもよく考えるようになった。人類学ではひとつの社会を対象として長期間のフィールドワークを行うので、そこの人々とのつき合いはしばしば生涯を通じたものになる。人類学者の人生はフィールドの人々とともにあり、ともに老いていくのだとも言えるだろう。

本書の執筆者にはさまざまな年代の研究者が含まれており、それぞれフィールドに入ってからの年月も異なっている。未来に目を向けた視点からアフリカの高齢者問題に鋭く切り込む若手研究者もいれば、自ら老境に入り、年齢を重ねた者だからこそ持ちうる視点から、もの静かに老いの意味について深く思索をめぐらす研究者もいる。同じ老いをテーマとしながらも、それぞれの章には執筆者自身の年代が反映されているように思う。

共編者の三名はみな五〇代前後で、そろそろ初老を感じはじめている年代だ。それぞれフィールドに通うようになってすでに二〇年以上になる。最近では調査における体力の衰えやもの覚えの悪さについて愚痴をこぼし合うことも多くなってきた。初めてフィールドに入った年に生まれた赤ん坊が成人し、子供たちが結婚し、娘は母となり、同年代だった青年は腹の出た中年になり、壮年だった者たちはすっかり老人になった。そして、あの時すでに老人だった方々の多くは亡くなり、わずかになってしまった。調査地の人々とともに調査者自身も老いる。若い頃はそんなことを考えもしなかった。

老いとともに自分のものの見方もずいぶん変わったように思う。それは、対象社会についてより多くを知るようになったからというだけでなく、年齢とともに見えてくる風景が違ってきたように感じられるのだ。もし、もっと若い頃に老いについて取り組んでいたとしたら、きっと違った見方をしていたのだと思う。老いて初めて見えてくることがある。それが実感として分かるようになってきた。

二〇代の若者が何も分からないままフィールドに入り、右往左往していたあの頃のことを思い返せば、自分がいかに老人たちにお世話になってきたかということにあらためて気づかされる。人類学の調査において老人はとても重要な存在である。アフリカの多くの社会において長老の権威は未だ健在であり、調査地の社会に入り込むにはしばしば彼らの承認が必要となる。あやしげなよそ者である調査者にとって長老たちの後ろ盾を得ることは強い味方である。

また、老人たちは人類学者が最もお世話になる情報提供者である。その社会の歴史や伝統的文化について知ろうとするなら、まず老人たちに聞くのが間違いない。彼らは隣近所のゴシップにもよく通じていて、その社会の裏事情についても実に詳しい。よいインフォーマントとなる老人に出会えるかどうかが調査の成功の鍵となる。おそらく人類学者が書いた民族誌のほとんどの部分は、主に老人たちによって語られたことに基づいていると言ってもよいのではないだろうか。

二〇年以上経てば、調査初期にお世話になった老人の多くが亡くなっているが、幸いなことに、その声の一部はカセットテープやハードディスクの中に記録され、フィールドノートに書き記されている。アフリカの植民地時代や独立をめぐる紛争についての体験や、まだ市場経済が浸透していなかった頃の村の生活について語ってくれる老人は今ではわずかになってきている。もはや語られなくなった口頭伝承や、行われなくなった儀礼についての記憶は調査資料の中にしかないこともある。

老人たちの語りの記録が持つ意味は時間とともにその重みを増す。老いた研究者がそれをどのように語り継ぐのかという問いを抱え、老いた自らの役割についても考えさせられるようになったとき、過去を語り、文化を伝承する老人の持つ社会的役割の大きさについても改めて分かるようになった気がする。

しかし、自らが老いを迎え、老いという主題について考え始めて思うのは、老人という存在を長老や賢人としての社会的役割だけによって理解することは、本当の老いという問題の広がりを捉え損なうことになるのではないかということだ。

フィールドの人々と過ごしてきた長い時間をふり返り、その時間の中に老いの情景を思い浮かべるとき、そこに登場するのは調査や研究に役立つ優良老人ばかりではない。むしろ、強く印象に残っているのは、何を聞いても答えてくれなかった頑固じじいや意地悪ばあさん、いつもスケベな冗談ばかり言いタバコをせびる不良老人、聞くたびに違うことを言うぼけ老人たちである。実際は、そうした一癖も二癖もある彼らとのやり取りこそが、フィールドワークにおける日常なのだ。

老人たちにとって村をうろつく調査者はひまつぶしのための恰好のからかい対象だ。大人のくせに半ズボンをはくのはみっともないだとか、離婚したばかりの六人の子持ちの娘と結婚しろだとか、そんなからかいが周囲を笑わせる。今から思えば、そうした冗談によってどれほど異邦での孤独や不安がとり除かれ、救われたことだろう。

研究に役立つようなことは一切聞いたことはないが、私のことを友人と呼び、杖をつきながらの散歩がてらにやってきて、ほとんど話もせず、ゆっくりと静かにコーヒーを飲んでは「また来るぞ」といって帰っていくおじいさん。いつもゴザを編みながら日陰で居眠りしているが、なぜか私が通る時には眼をさまし、いろいろな記憶がすっかり曖昧になっているのに、小銭をせびることだけは忘れないおばあさん。そんな老人たちの印象がいつもフィールドの情景の中にある。

彼らの存在こそが老いを考える上で何か重要な部分なのではないかと思うようになっている。彼らの一人ひとりがそれぞれの人生の皺を刻んだ、実に個性あふれる顔をして日常の中にただ存在している。そして、特にアフリカにおける老人たちは、静かに木の根元に座っているだけでもその姿が何かを語っているようであり、その表情はおだやかではあっても、なにかとてつもない迫力をもっている。彼らの存在そのものが社会であり、文化であり、歴史である。老人の存在そのものが持つ力。居眠りする老人の風景から阿部（第1章）が問いかけているのはそういうことではないのか。

われわれはその長老の問いかけにどれだけ答えることができただろうか？　こうして本をまとめてみると、残念ながら、あの老人たちについてはまだ書くことができていないという思いが残っている。われわれはまだ若すぎたのかもしれない。居眠りする老人の横で、ともに居眠りするようにならなければ分からないこと。いつかそれについて書くことが次の課題として残されているような気がしている。

だが、アフリカという地における老いのあり方をそれぞれの切り口から捉えた論考をこうして並べてみると、アフリカにおける老いの相貌の多様性とともに、そこに広く共通するアフリカ的な老いのあり方の特徴や独自な問題が見えてきたのではないかと思っている。そして、もしかしたらアフリカの老いをめぐる想像力の豊かさを知ることで、老いをマイナスとして捉えがちな日本の老い観とは異なる視点から老いという問い自体を広げ、新たな老いの未来について語る可能性も開かれるのではないかという希望も感じている。できれば読者のみなさんとわれわれの希望を共有できたら幸いである。

二〇一六年二月

共編者

執筆者紹介（①現職　②最終学歴　③主著　④研究テーマ　⑤アフリカで体験したエピソードなど）

第1章　**阿部年晴**（あべ・としはる）

①埼玉大学名誉教授　②東京大学大学院社会学系研究科人類学専攻課程博士課程単位取得退学　③『アフリカの創世神話　新装版』［紀伊國屋書店 2013］。『アフリカ人の生活と伝統』［三省堂 1982］　④ケニア・ルオ人の世界観、アフリカの伝統的世界観、基層社会論、神話論　⑤私が滞在した村の一つに、逆らう人を暴力でおどす首長がいた。ひどい目に遭っても意に介する風もなく彼に楯突いていたのは一見ひ弱そうに見える老占い師だった。占い師の多くは治療師も兼ねている。薬草採取の必要からブッシュに親しみ独自の守護霊を祀っていて、首長などの権力からも世間の仕来りからも相対的に自立した「知的な自由人」と呼びたいような人物も少なくない。個人としての占い師を、ものの考え方まで含めて研究することは実り多いのではないだろうか。

第2章・コラム1　**慶田勝彦**（けいだ・かつひこ）

①熊本大学文学部教授　②九州大学大学院教育学研究科博士課程中退　③「エヴァンズ=プリチャードの遺産と隠された半分の真実――アザンデにおけるベンゲ型言説と司法的手続き――」。『文化人類学』80巻2号［2015］。「キベラ・レッスン――ケニアにおける土着性とヌビのアイデンティティ」太田好信編『政治的アイデンティティの人類学――二一世紀の権力変容と民主化に向けて』［昭和堂 2012］　④ケニア海岸地方ギリアマ社会における影（キヴリ）の思想に関する研究　⑤二〇一六年正月、私はギリアマの故郷ムァトーヤ・アジェニの屋敷に戻った。ポップな「晴れ着」姿の子どもたちがわらわらと群がってくる気配に、調査初期の子どもたちによる「まとわりつき攻撃」の記憶が甦り、反射的に身構えた。ムズング～（外人～）と叫んで、私に全速力で駆け寄ってきた礼儀知らずな男子がおり、よく見ると彼は交通事故で亡くなった私の弟カタナ・ジョラに瓜二つの息子ダニーだった。私は「馬鹿たれ息子だな」と彼のパンチパーマ系の頭をぐりぐりしてやった。ダニーはどこか照れくさそうにしていたが、私への「まとわりつき攻撃」をやめることはなかった。不意に、ギリアマでの〈老い〉を感じとった瞬間だった。

第3章　**深澤秀夫**（ふかざわ・ひでお）

①東京外国語大学アジア・アフリカ言語文化研究所教授　②一橋大学大学院社会学研究科博士課程単位取得退学　③『ルイ・カタ著『マダガスカル旅行記一八八九年～一八九〇年』一八九五年所収画像・解説』［東京外国語大学アジア・アフリカ言語文化研究所 2015］。飯田卓・森山工・深澤秀夫編『マダガスカルを知るための六二章』［明石書店 2013］　④マダガスカルを中心とするインド洋西域島嶼世界における人・モノ・観念の相互関係と共振性の社会人類学的研究　⑤一九八一年からマダガスカル現地における調査をはじめ、以来繰り返し調査地の村を訪れた結果、私は第二次世界大戦に〈フランス兵〉として参加した大家の男性の私生児であるとの噂が流れました。

序章・第4章　**田川　玄**（たがわ・げん）

①広島市立大学国際学部准教授　②一橋大学大学院社会学研究科博士課程修了　③『人と動物、駆け引きの民族誌』[共著、奥野克巳編、はる書房 2011]。『せめぎあう宗教と国家エチオピア　神々の相克と共生』[共著、石原美奈子編、風響社 2014]　④世代と年齢の人類学　⑤かれこれ二〇数年前、町で友人と一緒にいると傍を通りかかった少年たちが私のことを噂していると友人が教えてくれました。彼によれば、私も知っている教師が「ボラナの文化を調査している人類学者は誰か」という試験問題を出したそうです。答えである人物に出会ったというわけでした。

第5章　**中村香子**（なかむら・きょうこ）

①京都大学アフリカ地域研究資料センター研究員　②京都大学大学院アジア・アフリカ地域研究研究科博士課程修了、博士（地域研究）　③"Adornments of the Samburu in Northern Kenya : A Comprehensive List" [Center for African Area Studies, Kyoto University, 2005]。『ケニア・サンブル社会における年齢体系の変容動態に関する研究』[松香堂書店 2011]　④東アフリカ牧畜社会と年齢体系、観光と民族文化、アフリカ女性のライフコース　⑤調査助手に大金（ウシ二頭分）をだまし取られたとき、逆上して「あなたと私の間に生えた草はすべて枯れ果ててしまえ！」と叫んだ私に、人びとは「呪いはよくない」と言いました。最も理解が難しいと感じていた「呪い」を意図せず自分がかける側になっていたのです……。

コラム2　**亀井哲也**（かめい・てつや）

①中京大学現代社会学部教授　②埼玉大学大学院文化科学研究科修了　③ Ndebele Decorative Cultures and their Ethnic Identity, in Yoshida, Kenji & John Mack (eds.), *Preserving the Cultural Heritage of Africa : Crisis or Renaissance?* [James Currey & SA : UNISA 2008]。「伝統と近代のずれ：ンズンザ・ンデベレの領域」[『リトルワールド研究報告』第19号、2003]　④民族意識と博物館　⑤知り合いのンデベレの老人に「切り餅」を土産に手渡すと、「固いな」と一言。孫息子が火をおこし、網にのせ焼く。ぷくっと膨れ上がり、爆ぜる様に驚き、海苔を黒紙と訝りながら口に運ぶ。「柔らかい」、「美味い」と笑う孫息子。ひと口食べた老人、「歯無しでも食える」と満面の笑み。今では一番人気の土産となっている。

第6章　**花渕馨也**（はなぶち・けいや）

①北海道医療大学看護福祉学部教授　②一橋大学大学院社会学研究科博士課程修了　③『精霊の子供』[春風社 2005]。『コモロ諸島の民話Ⅰ&Ⅱ』[小田淳一・Salim Hatubou・Abodou Bacar Said 共編訳、東京外国語大学・アジア・アフリカ言語文化研究所 2015]　④フランスのコモロ系移民と故郷とのトランスナショナルな紐帯　⑤コモロの長老たちはなかなかお洒落だ。とくに履物にはうるさい。私がクロックス（風）サンダルを履いて道を歩いていると、よく呼び止められる。長老は私のサンダルを手に取ってしげしげと眺め、「孫よ、今度来るときは日本からこのサンダルを持ってきてくれ」と要求してくる。すでに、何人かの長老は私が贈ったクロックス（風）サンダルを履いているが、残り

の長老たちの妬ましい視線をどうかわすかが調査地での目下の悩みだ。

第7章　椎野若菜（しいの・わかな）

①東京外国語大学アジア・アフリカ言語文化研究所准教授　②東京都立大学大学院社会科学研究科社会人類学専攻単位取得退学、博士（社会人類学）　③『結婚と死をめぐる寡婦の民族誌―ケニア・ルオ社会における女が男を選ぶとき』［世界思想社　2008］。『シングルのつなぐ縁　シングルの人類学1』［編著、人文書院　2014］　④家族・親族、ジェンダー、セクシュアリティ、居住　⑤本書でも取り上げたカリスマ的老人の複婚者である、アクク・デンジャーの息子のひとりに、あくまで「調査」目的で彼を訪ねたり、友人つきあいをしたりしていたのだが、好意と勘違い。彼のねちねちした物言いと、ニッと笑いかけながらの求婚に耐え難くなり、彼を通じた調査は断念。アククの特徴的な顔立ちは、息子たちにも引き継がれる。その青年の笑みも、たくさんいるアククの息子に会うたびに共通して見られ、しばらくゾッとするはめになった。

コラム3　野口真理子（のぐち・まりこ）

①日本アフリカ学会会員　②京都大学大学院アジア・アフリカ地域研究研究科博士課程修了、博士（地域研究）　③「アフリカ農村社会における高齢者の暮らし――エチオピア西南部における高齢者の活動量と生活自立度の評価から――」『ZAIRAICHI：アフリカにおける社会的な性差を基盤にした知識や技法を理解するためのあらたなアプローチ』［2013］。“Aging among the Aari in rural southwestern Ethiopia: Livelihood and dailyinteractions of the 'Galta'”, in [Kaneko, Morie and Shigeta, Masayoshi eds., 2013 African Study Monographs Supplementary Issue, No. 46, 2013]　④アフリカにおける老いとケア　⑤私がフィールドでとてもお世話になったアンクシさんは、二〇一一年に他界した。彼の死後も、私は彼の家にお世話になり続けたが、ある日奥さんが、牛小屋の屋根に彼の髪の毛が丸めて置いてあるのを発見した。話を聞くと、彼は自分の髪を切っても捨てられず、集めて丸めていろんなところに隠すのだという。「じゃあまだまだいっぱいあるかもね」と私が言うと、奥さんは「そりゃあるわよ」と笑った。彼女は「どうしよう、捨てられないし」と言いながら庭畑をしばらく歩きまわるのだった。

第8章　増田　研（ますだ・けん）

①長崎大学多文化社会学部、熱帯医学・グローバルヘルス研究科准教授　②東京都立大学大学院社会科学研究科社会人類学専攻博士課程単位取得退学、博士（社会人類学）　③『フィールドの見方（FENICS　一〇〇万人のフィールドワーカー　第二巻）』［増田研・梶丸岳・椎野若菜共編著、古今書院　2015］　④国際保健における人類学的アプローチ、アフリカ社会の人口高齢化　⑤私が出会った最長老の男性は二〇〇一年頃に推定九〇歳で亡くなりましたが、妻が一〇人、子供の数は（私が記録できただけで）三九人いました。幼児死亡率が高かった時代のことですから、産まれた子どもは一〇〇人くらいいたかもしれません。時代は過ぎて、いまではそのような豪傑は一人もいなくなりました。

タ行

ナ行

ハ行

マ行

ヤ・ラ・ワ行

サ行

索　引

アフリカの老人《ろうじん》
老いの制度と力をめぐる民族誌

2016年3月31日 初版発行

編 者 田川 玄
慶田 勝彦
花渕 馨也

発行者 五十川 直行

発行所 一般財団法人 九州大学出版会
〒814-0001 福岡市早良区百道浜 3-8-34
九州大学産学官連携イノベーションプラザ 305
電話 092-833-9150(直通)
URL http://kup.or.jp/
印刷・製本/大同印刷㈱

 ISBN978-4-7985-0178-9